国有资产监管
专业化体系化法治化的
理论和实践

张金昌　杜莹芬　马大明◎著

经济管理出版社
ECONOMY & MANAGEMENT PUBLISHING HOUSE

图书在版编目（CIP）数据

国有资产监管专业化体系化法治化的理论和实践 /
张金昌，杜莹芬，马大明著. -- 北京：经济管理出版社，
2025. 4. -- ISBN 978-7-5243-0300-8

Ⅰ. D922.291.04

中国国家版本馆 CIP 数据核字第 2025PQ5577 号

责任编辑：申桂萍
助理编辑：张　艺
责任印制：张莉琼
责任校对：蔡晓臻

出版发行：经济管理出版社
　　　　　（北京市海淀区北蜂窝 8 号中雅大厦 A 座 11 层　100038）
网　　址：www. E-mp. com. cn
电　　话：(010) 51915602
印　　刷：唐山玺诚印务有限公司
经　　销：新华书店
开　　本：787mm×1092mm/16
印　　张：16. 25
字　　数：363 千字
版　　次：2025 年 4 月第 1 版　　2025 年 4 月第 1 次印刷
书　　号：ISBN 978-7-5243-0300-8
定　　价：98. 00 元

前　言

　　当前，新一轮科技革命正在席卷全球并将重塑产业链供应链生态，这为国有企业提供了难得的发展机遇和发展空间。面对新机遇，党中央、国务院对国有企业的改革与发展提出了新要求、新任务：要通过科技创新把发展的主动权牢牢掌握在自己手中；要构建现代产业体系，促进我国产业迈上全球价值链中高端；要发展实体经济，做国民经济的"排头兵"和抵御风险的"中流砥柱"；要发展数字经济，推动智能化革命；要在更大范围、更广领域和更高层次上参与国际竞争与合作、打造国际竞争合作新优势；要坚持三个有利于原则，坚持以人民为中心在促进共同富裕上善于作为；要坚持在高质量发展中"做大蛋糕""分好蛋糕"，坚持做世界和平的建设者、全球发展的贡献者。

　　按照党中央、国务院的要求，探讨新时代国有资产监督管理改革新方向，形成具有专业化、体系化、法治化特色的国有资产监管新体制，具有重要的理论和现实意义。本书围绕这一问题进行了专题研究，期望通过回顾国有资产监管历史，总结国有资产监管成就，提出完善国有资产监管体系的对策建议。总体来看，国务院国资委在构建专业化、体系化、法治化国有资产监管体系方面做了大量工作，取得了较大成绩，但在建设数字化、智能化国有资产监管体系方面，也出现了一些值得关注的问题。例如，近年来在国务院国资委的部分文件中，要求"建立横向到边、纵向到底的穿透式国资监管体系""建立全级次、全过程、全链条、全覆盖的国有资产监管体系""国有资产监管从结果监管、事后监管向事前监管、过程监管转变""通过全球最先进的司库系统建设实现企业重要经营信息的动态归集和穿透监测""建立智能化穿透式国有资产监督管理体系"等，呈现出国有资产监管的要求有从"管资本"向"管企业"发展的势头，这导致国有企业做优做大做强的责任由承担经营主体责任的国有企业转移到承担国有资产监管责任的国资委身上。而国资委作为政府特设机构，受其自身职责定位和岗位编制的限制，很难有足够的人力资源去完成从过去的结果监管向目前要求的全过程监管的转变重任。而国有经济在过去能够发展壮大，一个很重要的原因就是充分发挥了地方国资委和国有企业的作用和力量。

　　因此，建议各级国资委要紧紧围绕以管资本为核心开展国资监管，充分保障国有企业的经营自主权，充分发挥国有企业自身的创造力。建议限制将国资委的监管触角延伸到企业的采购、生产定价、投融资等企业经营管理活动领域，不要去管"企业家"应该管的事情，更不要去管企业下面的经营单位应该承担经营责任的事情。建议赋予国有企业党委企业治理主体（机关）的设定权和职业经理人管理制度的决策权，赋予国有企业投资决策自主权，让企业家精神在国有企业具有发挥空间、具备发挥条件。要重新梳理国资监管各环节主体职责，将业务审批监督、决策过程监督、纪委巡查监督合并，将事中内部控制监督、法务合规监督、风险控制监督合并，将事后审计决算监督、离任审计监督、绩效考核监督合并，将过去国有企业的监督主体由党委书记（分管审计监督）、纪委书记（分管巡查监督）、总会计师（分管财务监督）、总法律顾问（分管法务、合规）、首席风险官（分管内控、风险）、外派审计专员、外派董事（董事会审计、风险、合规委员会）等多人监督简化为两人或者三人监督，消除重复监督、过度监督，减少交叉监督，建立能够让国有企业工作人员放开手脚经营和发展国有企业的制度环境、监管环境，让那些想干事、能干事的国有企业工作人员有可能去干事。可以借助于国有企业数字化转型、智能化发展的良好机遇，进行国有企业监管相关制度、做法的根本性改变，让国有企业各层级工作人员重新焕发出干事创业的积极性、主动性，赋予他们在国有企业干事创业的可能性，这是当前发展和壮大国有企业的当务之急，也是提振国民经济活力、赋予国民经济发展内生动力的根本途经。

目　录

企业专题研究

地方国有资产监管研究报告

第一章　我国国有资产监督管理体制的历史回顾

国务院国资委自成立以来建立了国资委履行出资人职责和代表政府行驶国有资产管理职责的基本制度，推动国有企业从行政单位向市场化主体转变，搭建了国有资产管理基本体系，在推动国有企业市场化改革的基础上实现了专业化、法治化的国有资产监管，为发展壮大国有经济、做强做优做大国有资本和国有企业发挥了重要作用。

一、国有企业从政府行政单位向市场主体的转变

在1978年之前我国实行的是计划经济体制，国有企业由政府直接管理和经营，国有企业的监督和管理职责分别由上级主管部门和国有企业厂长或党委书记行使。1978年召开的党的十一届三中全会确立了调整国家与企业之间利益分配关系的国有企业改革方针，通过"拨改贷""两步利改税""税利分流"等改革措施逐渐明晰企业和国家之间的利润分配关系，赋予企业自主经营、自负盈亏的市场主体地位。

（一）利税分流，国家征税，企业创利

1983年4月，国务院批转财政部《关于全国利改税工作会议的报告》和《关于国营企业利改税试行办法》，在国营企业中普遍推行第一步"利改税"改革，将中华人民共和国成立后实行的国营企业向国家上缴利润的制度改为缴纳企业所得税的制度，将国营企业上缴财政利润中的一部分以所得税的形式纳入国家预算收入，另一部分则仍以利润的形式上缴。1984年9月，国务院批转财政部《关于在国营企业推行利改税第二步改革的报告》，发布《中华人民共和国国营企业所得税条例（草案）》和《国营企业调节税征收办法》，实施第二步"利改税"，将第一步"利改税"中的上缴利润也变为上缴税收，彻底实现"以税代利""利税分流"，自此国营企业改为按照11个税种向国家缴税，不再上缴利润。

（二）赋予企业经营自主权

1984年5月，国务院颁发了《关于进一步扩大国营工业企业自主权的暂行规定》，从生产经营计划、产品销售等十个方面放宽了企业经营管理权限。1986年11月，国家经济体制改革委员会发布《实行企业经营责任制试点意见》，确定在沈阳、重庆、武

汉、石家庄等 6 个城市开展试点。1988 年 2 月，国务院颁布《全民所有制工业企业承包经营责任制暂行条例》，指出承包经营责任制是在坚持企业的社会主义全民所有制的基础上，按照所有权与经营权分离的原则，以承包经营合同形式，确定国家与企业的责权利关系，使企业做到自主经营、自负盈亏的经营管理制度。

（三）确立企业自主经营、自负盈亏的市场主体地位

1988 年 8 月 1 日，《中华人民共和国全民所有制工业企业法》（以下简称《全民所有制工业企业法》）正式施行，规定企业的财产属于全民所有，国家依照所有权和经营权分离的原则授予企业经营管理权，明确指出全民所有制工业企业是依法自主经营、自负盈亏、独立核算的社会主义商品生产和经营单位。这是在法律层面首次对国家与国有企业之间的关系做出明确界定，确立了国有企业的法律地位，对"两权分离"改革原则做了更为明确的规定，以法律形式确定了企业的权责利。《全民所有制工业企业法》提出的所有权与经营权分离，是我国国有企业改革在理论上的重大突破，标志着政府直接管理、经营企业的体制发生了根本性变化。

在这一阶段，由于处于计划经济向市场经济过渡的特殊时期，国营企业实现了从"政府经济部门"向"独立市场主体"的转变，在这一阶段并未明确由谁代表国家行使国有企业出资人职责，企业的经营管理责任仍然由国务院行业主管部门承担。但《全民所有制工业企业法》从法律层面确立了"政企分开、政资分开"的基本改革方向，为国有资产监管体系的搭建提供了基本原则。

二、探索政企分开、政资分开的国有资产管理体制

（一）国有资产产权登记，理顺企业产权关系

1992 年 3 月，国务院办公厅转发国家国有资产管理局、财政部、国家工商行政管理局《关于 1992 年在全国范围内开展国有资产产权登记工作的请示》，指出 1990 年以来 18 个省、自治区、直辖市和部分国家机关开展的产权登记工作，对加强国有资产产权管理，防止国有资产流失，推进企业所有权和经营权适当分离的改革，都起到了积极作用，为此建议 1992 年在全国范围内开展产权登记工作。1992 年 10 月，党的十四大报告《加快改革开放和现代化建设步伐，夺取有中国特色社会主义事业的更大胜利》提出"政企分开"，强调通过理顺产权关系，实行政企分开，落实企业自主权，并指出加快政府职能转变的根本途径是政企分开。另外，该报告还强调进一步改革计划、投资、财政、金融和一些专业部门的管理体制，同时强化审计和经济监督，健全科学的宏观管理体制与方法。

（二）建立现代企业制度

1993 年 3 月，第八届全国人民代表大会第一次会议通过宪法修正案，将宪法有关条文中的"国营经济"和"国营企业"分别修改为"国有经济"和"国有企业"。一字之差，表明了国家不再直接经营管理企业，而是从所有者角度行使所有权。1993 年

11月，党的十四届三中全会通过了《中共中央关于建立社会主义市场经济体制若干问题的决定》，明确要求建立"产权清晰、权责明确、政企分开、管理科学"的现代企业制度，成为长期指导我国国资国企改革的一项基本方针。1994年底，国务院出台了《关于选择一批国有大中型企业进行现代企业制度试点的方案》，国有企业开展建立公司制度试点在全国正式推开，设定目标是到20世纪末使大多数国有大中型企业初步建立现代企业制度。公司制度的建立逐渐实现了企业出资人（所有权）和企业经营权（法人财产权）的分离。

（三）建立国家授权投资的机构行使股东权利

1993年12月，第八届全国人民代表大会常务委员会第五次会议通过《中华人民共和国公司法》，对有限责任公司、股份有限公司和国有独资公司的组织机构作出了规定，规定公司作为企业法人，具有独立的法人财产，享有法人财产权；公司中的国有资产所有权属于国家，股东按照出资比例分取红利。更重要的是，《中华人民共和国公司法》首次提出了"国家授权投资的机构"这一主体，其第六十六条规定国有独资公司不设股东会，由国家授权投资的机构或者国家授权的部门，授权公司董事会行使股东会的部分职权，决定公司的重大事项，但公司的合并、分立、解散、增减资本和发行公司债券，必须由国家授权投资的机构或者国家授权的部门决定，由此开启了对国有企业出资人代表机构的探索过程。

（四）税利分流，建立国有资产收益分配和预算制度

1993年12月，国务院印发《关于实行分税制财政管理体制的决定》，全面实施税利分流，逐步建立国有资产投资收益按股分红、按资分利或税后利润上缴的分配制度。1994年3月，《中华人民共和国预算法》出台，明确预算收入包括"依照规定应当上缴的国有资产收益"。1995年11月，《中华人民共和国预算法实施条例》进一步指明，我国各级政府预算按照复式预算编制，分为政府公共预算、国有资产经营预算、社会保障预算和其他预算，正式明确国有资产经营预算为国家预算的重要组成部分。

（五）授权国有资产管理部门代表政府管理国有企业产权

1996年1月，国务院印发《企业国有资产产权登记管理办法》，对产权登记工作进行统一规范，明确企业国有资产产权登记是指国有资产管理部门代表政府对占有国有资产的各类企业的资产、负债、所有者权益等产权状况进行登记，依法确认产权归属关系的行为。国有企业、国有独资公司、持有国家股权的单位以及以其他形式占有国有资产的企业，应当依照规定办理产权登记。

（六）探索管资产、管人、管事三结合的国有资产管理体制

1999年9月，党的十五届四中全会要求继续推进政企分开，政府对国家出资兴办和拥有股份的企业，通过出资人代表行使所有者职能。2002年11月，党的十六大指出，国家要制定法律法规来建立管资产和管人、管事相结合的国有资产管理体制。

党和国家在总结前一阶段经验的基础上，在这一时期探索出国有资产管理的正确方

向。通过宪法修正变"国营"为"国有",通过出台公司法等基础法律进一步明确国有企业的独立法人地位,通过出台产权登记、国有资产经营预算等方面的法律法规明确了国有资产监管的部分工作,由此形成了较为清晰的国有资产监管体制概念。

三、履行出资人职责的监督管理体制

(一)国有资产监督管理委员会成立

2003 年 3 月,第十届全国人民代表大会第一次会议决定成立新的国有资产管理机构——国有资产监督管理委员会(以下简称"国资委"),在国有资产国家统一所有的前提下,由中央政府和地方政府分别代表国家履行出资人职责,享有所有者权益,建立权利、义务和责任相统一,管资产和管人、管事相结合的国有资产管理体制。同年 4 月,国务院国资委正式挂牌,作为国务院直属正部级特设机构,根据国务院授权对中央企业依法履行出资人职责,监督管理企业国有资产。此后,各省市的国有资产监督管理机构陆续组建,由此而完成了国有资产所有者代表机构的探索和确立任务。

(二)国有资产监督管理委员会代表政府履行出资人职责

2003 年 5 月,为建立适应社会主义市场经济需要的国有资产监督管理体制,进一步搞好国有企业,推动国有经济布局和结构的战略性调整,发展和壮大国有经济,实现国有资产保值增值,国务院颁布施行《企业国有资产监督管理暂行条例》(以下简称《监管条例》),标志着我国国有资产监督管理方面的立法迈出了实质性步伐。《监管条例》明确了国有资产管理体制的基本框架。一是在坚持企业国有资产由国家所有的前提下,规定由中央人民政府和地方人民政府分别代表国家履行出资人职责。二是明确要求国务院、省级人民政府、地市级(设区的市、自治州)人民政府分别设立国有资产监督管理机构,根据同级人民政府授权,依法履行出资人职能,并按照"权利、义务和责任相统一,管资产与管人、管事相结合"的原则,规定了国有资产监督管理机构的职责和义务。三是明确要求各级人民政府实行政资分开,国有资产监督管理机构不行使政府的社会公共管理职能,政府其他部门、机构不履行企业国有资产出资人职责。这些基本制度的确立和施行,为国资委依法履行出资人职责,推进国有资产管理体制改革,实现国有资产管理制度创新,提供了法律依据。《监管条例》作为一部企业国有资产监督管理方面的重要法规,在《中华人民共和国公司法》等法律规定的基础上,进一步完善了企业国有资产管理制度,对企业国有资产监督管理的原则、框架和基本制度等进行了设计,对企业负责人管理、企业重大事项管理、企业国有资产管理、企业国有资产监督等作了比较系统的规定。

(三)企业出资人职责和政府的公共管理职责分开

2003 年 10 月,党的十六届三中全会通过的《中共中央关于完善社会主义市场经济体制若干问题的决定》明确要求建立健全国有资产管理和监督体制,坚持政府公共管理职能和国有资产出资人职能分开,国有资产管理机构对授权监管的国有资本依法履行出资人职责，建立国有资本经营预算制度，这成为国资国企改革进程中的一个转折点和一个新起点。

（四）国有资产监督管理机构的确立

2005 年修订的《中华人民共和国公司法》进一步将"国家授权投资的机构或者国家授权的部门"修改为"国有资产监督管理机构"。其第六十七条规定："国有独资公司不设股东会，由国有资产监督管理机构行使股东会职权。国有资产监督管理机构可以授权公司董事会行使股东会的部分职权，决定公司的重大事项，但公司的合并、分立、解散、增加或者减少注册资本和发行公司债券，必须由国有资产监督管理机构决定；其中，重要的国有独资公司合并、分立、解散、申请破产的，应当由国有资产监督管理机构审核后，报本级人民政府批准。"

（五）国有资产监督管理体制基本框架的确立

2008 年 10 月 28 日第十一届全国人民代表大会常务委员会第五次会议通过《中华人民共和国企业国有资产法》（以下简称《国资法》），在法律层面确认了现行国有资产管理体制，标志着我国对企业国有资产管理有了最高层级法律的刚性约束与规范。《国资法》共九章，除第一章总则和第九章附则外，第二章和第三章是对履行出资人职责的机构和国家出资企业的权利、义务和责任的规定；第四、第五、第六章从"管人、管事、管资产"三个方面，对履行出资人职责的机构与国家出资企业之间的关系做了规定；第七章和第八章对国有资产监督及相关法律责任进行了规定。《国资法》要求，国务院和地方人民政府应当按照政企分开、社会公共管理职能与国有资产出资人职能分开、不干预企业依法自主经营的原则，依法履行出资人职责，为国有资产监督管理机构作为纯粹的出资人设计了法治框架，《国资法》和《中华人民共和国公司法》等相关法律完全对接。此外，该法对赋予国有企业充分的自主经营权、规范国有企业高管管理制度、防止国有资产流失、推进国有企业改革等重大问题也进行了相关规定。

这一阶段的改革和立法，构建了较为完整的国有资产管理体制。特别是国资委系统的建立，实现了政府公共管理职能和出资人职能分离，保值增值责任得到落实，政府部门不再直接管理企业。这一国有资产监管体系是 30 年来改革经验的结晶，是中国特色社会主义市场经济条件下发展国有经济的重要保障。在《国资法》和《监管条例》规定的框架下，国务院国资委按照"先立规矩后办事"的原则，不断健全国有资产监管各领域、各环节的规章制度，逐步形成了较为完善的国有资产监管体系。

四、"三位一体"国有资产监督管理体系的建立

（一）国务院和地方政府代表国家行使国有企业所有权

《中华人民共和国宪法》第六条规定"中华人民共和国的社会主义经济制度的基础是生产资料的社会主义公有制，即全民所有制和劳动群众集体所有制"，第七条指出"国有经济，即社会主义全民所有制经济，是国民经济中的主导力量"。《国资法》第三条规定："国有资产属于国家所有即全民所有。国务院代表国家行使国有资产的所有权"，第四条规定："国务院和地方人民政府依照法律、行政法规的规定，分别代表国家对国家出资企业履行出资人职责，享有出资人权益。国务院确定的关系国民经济命脉和国家安全的大型国家出资企业，重要基础设施和重要自然资源等领域的国家出资企业，由国务院代表国家履行出资人职责。其他的国家出资企业，由地方人民政府代表国家履行出资人职责"。这些规定明确了国务院和地方政府代表国家行使国有企业所有权。

（二）国有资产监督管理委员会代表政府履行出资人职责和国有资产监管职责

《国资法》第十一条规定："国务院国有资产监督管理机构和地方人民政府按照国务院的规定设立的国有资产监督管理机构，根据本级人民政府的授权，代表本级人民政府对国家出资企业履行出资人职责。"这明确了国有资产监督管理机构履行国有企业出资人职责的法律地位，构成了我国现行国有资产管理体制的顶层设计。按照《国资法》第二章"履行出资人职责的机构"的规定，履行出资人职责的机构享有资产收益、参与重大决策、选择管理者等出资人权利，同时承担制定或者参与制定国家出资企业的章程，参加股东大会会议并发表意见、行使表决权，重大事项报请本级人民政府批准，防止国有资产损失，不得干预企业经营活动，向本级人民政府报告履行出资人职责的情况，接受本级人民政府的监督和考核，对国有资产的保值增值负责等义务和职责。这些规定明确了国有资产监督管理机构作为出资人享有的权利和应当承担的义务，同时也明确了其与国有资产所有者代表政府和国有企业之间的关系，形成了国有资产出资人职责体系。《国资法》同时明确国有资产监督管理机构在履行国有资产保值增值、防止国有资产损失监管职责的同时，不得干预企业的经营活动，实现企业所有权和经营权的分开。《监管条例》第六条规定，国有资产监督管理机构根据授权，依法履行出资人职责，依法对企业国有资产进行监督管理。由此，国资委被赋予"出资人职责"和"国有资产监督管理"两项职责。

（三）在国有企业中坚持和加强党的领导

2015年3月，党中央成立国务院国有企业改革领导小组，领导小组办公室设在国务院国资委。2016年10月，习近平总书记在全国国有企业党的建设工作会议上强调要坚持"两个一以贯之"，即"坚持党对国有企业的领导是重大政治原则，必须一以贯之；建立现代企业制度是国有企业改革的方向，也必须一以贯之"。重点强调了党的建设对于深化国有企业改革的重要作用，深刻回答了坚持党对国有企业的领导和建立现代企业制度的辩证统一关系。习近平总书记指出，"中国特色现代国有企业制度，'特'就特在把党的领导融入公司治理各环节，把企业党组织内嵌到公司治理结构之中，明确和落实党组织在公司法人治理结构中的法定地位，做到组织落实、干部到位、职责明确、监督严格"，且"要明确党组织在决策、执行、监督各环节的权责和工作方式，使党组织发挥作用组织化、制度化、具体化。要处理好党组织和其他治理主体的关系，明确权责边界，做好无缝衔接，形成各司其职、各负其责、协调运转、有效制衡的公司治理机制"。2018年9月，习近平在东北三省考察时指出，要一以贯之坚持党对国有企业的领导，一以贯之深化国有企业改革，努力实现质量更高、效益更好、结构更优的发展。2019年11月，习近平总书记在中共中央政治局会议上强调，要坚持中国特色现代企业制度改革方向，把加强党的领导和完善公司治理统一起来。坚持党的领导、加强党的建设是国有企业的"根"和"魂"，是我国国有企业的光荣传统和独特优势。

（四）以管资本为主推进国有资产监管职能转变

2015年10月，国务院印发《关于改革和完善国有资产管理体制的若干意见》，指导各级国有资产监督管理机构准确把握履行出资人职责定位。2017年5月，《国务院国资委以管资本为主推进职能转变方案》发布，要求把精简监管事项同完善企业法人治理结构结合起来，指出要改进监管方式手段，更多采用市场化、法治化、信息化监管方式。2019年11月，国务院国资委印发《国务院国资委关于以管资本为主加快国有资产监管职能转变的实施意见》，要求针对国有资产监管越位、缺位、错位问题，从监管理念、监管重点、监管方式、监管导向等方面作出全方位、根本性转变。该意见还对突出管资本的重要内容、优化管资本的方式手段和强化管资本的支撑保障等方面的内容做了详细规定。

（五）改革国有资本授权经营体制

2019年4月，国务院印发《改革国有资本授权经营体制方案》，提出优化出资人代表机构履职方式，分类开展授权放权。2019年6月，国务院国资委印发《国务院国资委授权放权清单（2019年版）》，共涉及35项授权放权事项，其中对各中央企业的授权放权事项21项，对综合改革试点企业的授权放权事项4项，对国有资本投资、运营公司试点企业的授权放权事项6项，对特色企业的授权放权事项4项，这将促使国有企业加快形成有效制衡的公司法人治理结构、灵活高效的市场化经营机制。

（六）确立"三位一体"的国有资产监督管理体系

2020年，习近平总书记主持召开中央全面深化改革委员会第十四次会议，审议通过《国企改革三年行动方案（2020—2022年）》，成为落实国有企业改革"1+N"政策体系和顶层设计的具体施工图，是可衡量、可考核、可检验、要办事的。截至2022年底，改革主要目标任务完成，推动国资国企领域发生全局性、根本性、转折性变化。其间完善了国有资产监督管理职能体系，强化了各级国资委履行国有企业出资人职责、专司国有资产监管职责和负责国有企业党的建设"三位一体"的职能配置。国有资产监督管理效能切实增强，建立"一利五率"（利润总额和净资产收益率、研发投入强度、资产负债率、全员劳动生产率、营业现金比率）高质量发展指标体系，统筹稳增长、抓改革、强创新、促发展、防风险等多重监管目标，强化全方位、全过程体系化监管。

可以发现，这一阶段的国有资产监督管理是在"管资本为主"的方针指引下进一步"完善"国有资产管理体制。主要方式也并非如上一阶段那样出台重磅法律，而是由党中央、国务院出台一系列关于国有资产监督管理、国有企业改革发展的指导意见，随后国务院国资委根据相关文件精神出台规章和规范性文件，以指导国有资产监督管理工作。

第二章 构建专业化、体系化、法治化国有资产监管体系的理论基础

构建新时代专业化、体系化、法治化的国有资产监管体系，着力实现新的"三统一、三结合"，把全面履行国有企业出资人职责、国有资产监管职责、国有企业党的建设工作职责三者统一起来，推动管资本与管党建相结合、履行出资人职责与履行国有资产监管职责相结合、党内监督与出资人监督相结合的国有资产监管模式，更需要强有力的理论支撑，如此才能使实践的步伐更坚定、更有力量。在传统的产权理论、委托代理理论、信息不对称理论的基础上，双阶理论、分工理论、中国特色现代企业理论可以作为"三化"监管的理论基础，解决国有资产监管实践中的争议。分工理论凸显了专业化监管的重要性；双阶理论可以解答对国资委特设机构职能定位的争议，具有正本清源的作用；中国特色现代企业理论作为中国的独创理论，提出党的领导要贯穿公司治理的全过程，党建"嵌入式治理"在防止国有资产流水方面收到了明显的成效。

一、国有资产监管专业化、体系化、法治化的内涵

（一）国有资产监管专业化的内涵

1. 专业化的定义

构建专业化的国有资产监管体系，就是要统筹安排国有资产监管机构，划分国有资产监管权责，形成分工明确、监管有效、政令畅通的国有资产监管体系，重点回答谁行使国有资产监管权、行使什么内容的国有资产监管权和以什么样的体制机制进行国有资产监管三大问题。当前，国有企业由国资委这一个部门来监管，就是让专门的机构行驶国有资产监管权的体现，并使国资委专业化于国有企业监管，区别于过去由行业主管部门和国家公共行政部门管理国有企业的情况。

2. 专业化的原则

国有资产监管专业化的核心是要让专业的监管机构、专业的监管人员去做专业的监管之事，实现精准、科学、有专业水平的监管。首先，要处理好政府与市场、所有者和经营者、监管机构和被监管企业之间的关系，设计好国有资产监管的顶层架构，实现监管体制的合理化；其次，要将专业的监管之事按照专业的监管流程交给专业的监管机构

来做，实现监管体系的科学化；最后，要将专业化做事的方式、方法提炼出来，持续改进优化，并将其融入信息化监管系统，实现监管手段的智能化。

3. 专业化的目标

国有资产监管的专业化，一是要设计好国有资产所有权代表机构，解决国有资产所有者虚位、缺位的问题；二是设计好国有企业出资人代表机构，让出资人代表能够在国有企业履行好出资人职责；三是设计好国有资产监督管理机构，处理好国有资产监管上下级关系，做强做优做大国有资本，发挥国有资本的引领作用，使其成为社会主义制度的依靠力量；四是设计好国有企业内部治理体系，使国有企业能够做强做优做大。

4. 专业化的意义

国有资产监管的专业化明确了国有资产监管的部门、职责，确定了国有资产监管工作的基本分工和架构，形成了国有资产监管工作的顶层设计，是国有资产监管一切工作开展的基础。

（二）国有资产监管体系化的内涵

1. 体系化的定义

构建体系化的国有资产监管格局，就是要从体系、流程、方式、方法上进行梳理，让承担国有资产监管职责的机构能够科学、高效、体系化地开展监管工作，以实现国有经济持续发展壮大、国有企业活力充分发挥、国民经济持续健康发展的目的。体系化监管重点回答如何建立科学、合理、高效的监管体系、流程、方式、方法以促进国有经济、国有企业快速发展的问题。

2. 体系化的核心

国有资产监管的体系化，一是要合理设置国有资产监管机构，明确其监管职能，采用科学的监管方式、设置合理的体制机制，形成权责分明、流程顺畅、运转高效的监管工作体系；二是要消除重复监管、冲突监管、缺位监管、无效监管、越位监管、过度监管，使监管工作效能得到充分发挥；三是要通过监管行为达到做强做优做大国有资本和国有企业的目的。

3. 体系化的目标

国有资产监管的体系化就是要处理好监管体系与流程、监管方式与效果、监管制度与效率之间的关系，其核心是要选择和设置专业的监管职能部门来做专业的监管工作，既要充分发挥市场在资源配置中的决定性作用，又要更好发挥政府作用，使有为政府和有效市场有机结合；既要发扬国有经济能够集中力量办大事、能够促进共同富裕的优势，又要发扬市场主体能够快速响应、能够及时满足市场需求的优势，使发挥人的主观能动性和尊重市场经济规律有机结合；既要实现国有资产有效监管、防止国有资产流失，又要赋予国有企业动力活力、提高国有企业控制力、影响力和抗风险能力，让国有企业在国民经济中发挥"顶梁柱""压舱石"的作用。

4. 体系化的评价

评价国有资产监管是否实现了体系化，一是看监管体系、流程、方式、方法是否科学、合理；二是看投资规划、决策执行、财务监督、考核分配、责任追究等监管工作是否促进了国有企业健康高效运转；三是看国有资产监管工作是否推动了国有企业高质量发展，推动了国有资本和国有企业做强做优做大。

（三）国有资产监管法治化的内涵

1. 法治化的定义

构建法治化的国有资产监管体系就是要将专业化、体系化的国有资产监管分工、流程、方式、方法提炼、凝聚到国有资产监管相关政策及法律规定之中，并能够及时根据监管环境、监管工作、监管体制的变化对相关政策和法律规定做出调整。法治化监管主要回答依据什么政策和法律规定开展监管工作的问题，同时实现对监管不力、监管失败的追责。

2. 法治化的目标

国有资产监管的法治化，一是要建立国有资产监管工作法律法规体系，做到有法可依、违法必究；二是要根据国有资产监管工作的实际需要和外部环境的变化对相关政策和法律规定及时做出修订和调整，实现与时俱进的法治化监管；三是要持续梳理、固化先进、科学、合理的监管流程和监管方式、方法，使国有资产监管工作能够顺畅、高效、有条不紊、体系化、专业化地开展。

3. 法治化的原则

国有资产监管的法治化就是要处理好理论与实践、政策法律与客观实际、严格执法与灵活调整、执纪追责与实事求是之间的关系，其根本目的不是束缚人们的手脚、限制人们的首创精神，而是让人们能够公平、公正、合理、合法、有序、科学、高效、顺畅地工作。国有资产监管法治化的核心是要对实践中科学、高效的做事方式、方法进行总结并使之法律化。国有资产监管法治化的生命力是将紧跟时代步伐，持续修订已过时的法律条款，固化先进做法，以促进国有资产监管健康、有序发展。国有资产监管的法治化应该建立在国有资产监管职责清晰、体系先进、方法科学、流程优化的基础上，其成功来自对实践中科学、高效、专业的做事方式、方法的总结和法律化。

4. 法治化的问题

法治化的问题突出表现为法律条文相对固定，带来以下问题：一是在对客观实际了解不深不透的情况下颁布的法律条款之间相互冲突、难以执行；二是现实情况快速变化而相关法律条款未能及时修改，导致相关法律难以执行或无法执行；三是相关法律规定不合理、不科学，执行之后带来效率的下降或经济损失；四是法律条款约定的有限性、不完整性和现实生活的多样性、变化性之间的矛盾始终存在，总会存在一些事情无法可依的情况，需要依靠人们的主观判断和科学决断。因此，需要持续更新完善相关法律，构建体系化、法治化、专业化、数字化同步推进的国有资产监管法治化机制和工作格局。

二、产权理论与国有资产监管

科斯是现代产权理论的奠基者。产权不明确的社会通常存在资源配置效率低下的问题，因为交易和资源分配可能会受到不确定性的影响，从而使交易成本增加，进而导致资源配置不足、市场效率低下。因此，明确和稳定的产权是资源配置效率提高和市场稳定的基础。科斯第一定理指出，只要不存在交易成本，各方就可以免费进行信息交流和协商，任何一种资源分配方式都能达到经济效率。这种是比较理想的状态，现实中并不容易实现。科斯第二定理说明，当存在交易成本时，通过产权的明确划分，可以最大限度地降低交易成本，提高资源配置效率。科斯第三定理指出，当交易成本极高无法通过产权划分降低时，只能通过公共政策干预来实现经济效率。在这种情况下，政府可以通过税收优惠、财政补贴等措施来引导市场交易，从而促进资源的有效配置。不过，这种政策干预也可能带来负面影响，如产生歧视性问题，因此需要权衡政策成本与效益。

企业作为法人主体，拥有自己的财产权，并形成了保护机制。长期以来，困扰国有企业改革的"政企不分"的问题，很大程度上是由国有企业法人财产权不独立导致的，国有企业的产权和国家所有权没有完全分开。独立法人财产权的确立，使法人的财产具备明确性、专有性、可转让性和可操作性，同时也赋予了法人在自身财产管理方面的自由权，在引领资源整合和有效配置的同时，也为经济体系的发展夯实了基础。

1993年《中华人民共和国公司法》的出台，在法律上明确了企业拥有法人财产权，企业成为独立的法人主体，两权分离的公司制产生，初步实现了政企分开、产权明晰。但是实践中又出现新的矛盾：政企完全分开可能带来国有资产流失的风险、政企不分开国有企业又无法成为独立的市场主体，与市场经济体制不相适应。根据科斯第二、第三定理，明确国有企业法人财产权，形成明确、稳定的产权关系，以管资本为核心，完善国有资产监管体制，实现国有资产监管的专业化、体系化、法治化，才能让国有企业成为真正的市场主体，才能使国家出资人的权益得到保障。

三、"双阶理论"与国有资产监管

德国学者易普森是"双阶理论"的首创者，后来德国行政法学界提出了"双阶理论"的理论假说，形成了行政司法活动中"前阶公法+后阶私法"的法律关系模式。双阶理论可以处理同一个法律关系中存在的多个行为，为剖析公私兼备的法律关系提供新的思维路径和研究路径。公法与私法并不是不可逾越的两个领域，二者之间时而有机融合、时而相互制约。因此，完全可以借鉴德国的"双阶理论"思维范式来解构和剖析国资委代表国家或政府履行出资人职责和国有资产监管职责的公私兼备的两项权能。

国家主体的政治属性决定了国家为一个受法律约束的政治共同体。鉴于国家的主权属性和"公共人格"定位，国家在本质上应始终以公法人格的身份存在，作为代表全体公民公共利益的公权主体。为了有效履行国家的经济职能和特定功能，国家可以以私法的方式介入经济生活，并参与民事领域的活动，适用民法规则，从而成为民事法律关系的主体。然而，这并不代表国家就自动获得了私法人格、成为自然的民事主体。准确地讲，出于实现特定功能的需要，国家以民事主体的身份参与民商事活动，这只是公法人格在私法领域的运用。由此可见，国家将国有资产投资于企业并进行市场化运营、资本化运作，在法律意义上已经从财产所有人转变为公司企业的股东，目的在于通过市场化的私法行为来发挥国有资产的功能，从而行使国家所有权。因此，可以将国家作为出资人的职能定位为国家所有者职能。尽管国家以私法的方式充当股东，但作为出资方，国家仍然保持公法人格，并以公权主体的身份行使权益。在这种情况下，国家及其代表机关不仅需要遵守公法规定，作为国有资产的经营者还必须遵守民商法律的规定。在民商法律框架下，国家与个人和法人享有平等的法律地位，这意味着国家在经营国有资产时必须与其他主体平等相处，并遵守适用于民商法律的准则。

综上所述，国家作为出资人主体具有了公私兼备的法律属性。国家出资人的监管权能属于"公"，而股东治理权则属于"私"，二者并存一体，体现了国家出资人职责公私兼备、权利与权力一体同存的特性。在市场经济条件下，国家所有者职能的公私兼备特性，决定了国家出资人职责具有监管与治理"一体双阶"的权能结构。不能将两者割裂开来，学界存有争议的"出资人说"或"监管人说"都是片面的、不可取的。"双阶理论"可以作为国资委履行出资人职责和国有资产监管职责相统一的理论基础，新时代构建专业化、体系化、法治化的国有资产监管体系必须立足于将履行出资人职责和国有资产监管职责统一起来，提升国有资产监管的效能，确保国有资产保值增值。

四、专业化分工理论与国有资产监管

亚当·斯密在《国富论》中提出了劳动分工理论，认为通过分工，劳动生产力可以得到显著提升，并且市场经济也会因此得到推动，实现繁荣。专业化指的是将劳动分为不同的岗位和领域之后，每个人专注于某个特定的工作内容，以发挥自己的特长和技能。进行专业化分工之后，专业的工作由专门的人来负责，能够提高劳动者的效率和技术水平，从而提升整体的生产力水平。通过合理的协调和组织，不同领域的劳动者可以密切合作，形成一个紧密的生产网络。各个环节之间的协同合作可以最大限度地发挥每个人的优势，提高生产效率和品质。

分工理论还强调劳动者之间的互相依存与互补关系。每个人专注于自己的领域，与他人形成互补的关系，通过协同合作来完成复杂的任务。这种互相依存的关系促进了合作和团队精神的形成，提高了整体的生产效能。总体来看，分工理论认为通过专业化的分工，可以提高生产力水平，推动市场经济发展。专业化使劳动者能够发挥自己的专长，促进了劳动者之间的协同合作，进而可推动整体经济的发展和进步。

分工理论也是新时代国有资产监管专业化的理论基础。国有资产监管专业化和国有资产监管机构专门从事国有资产监管工作很好地诠释了分工理论的核心要义。这种角色的分工进一步明确了出资者和经营者的权责边界。专业分工使所有权和经营权分离，大大提高了企业的运营效率。在确立企业法人财产权的前提下，分工理论阐明了专业化分工的重要性，有助于实现有效的资源配置和协同合作。这种分工体系在某种程度上实现了政企分开、政资分开，在提高经济效率、保护财产所有者权益的同时，促进了企业的高质量发展。

五、信息不对称理论与国有资产监管

美国经济学家赫伯特·A. 西蒙于 1954 年指出，在完全竞争的市场条件下，资源是稀缺的，如果信息完全或信息对称，那么任何人都可以根据自己对市场的判断来安排自己的行动。因而每个人都会努力提高自己的生产效率，以尽可能多地占有资源。然而现实情况是存在信息不对称问题，拥有信息优势的一方利用自身的优势做出对自己有利而对另一方不利的事情，从而使市场经济效率降低。

从国有资产管理的链条来看，信息不对称问题依然存在。《国资法》规定，国有资产属于国家所有即全民所有。然而，尽管国有资产所有权属于全体人民，但是全体人民并不能直接行使权利，所以法律规定由国务院代表全民行使所有权。国务院及地方人民政府分别设立国有资产监管机构，作为政府的直属特设机构，专司国有资产监管并根据政府授权履行出资人职责。而国有资本投资运营机构的设立，形成国有资产监管机构—运营机构—国有企业的三层架构。作为国有资产经营主体的国有企业依法对国有资产享有占有、使用、收益和处分的权利。

对国有资产的经营管理，存在五个不同的主体：国有资产所有权主体（国家）、国有资产所有者代表主体（政府）、国有资产监管主体（国有资产监管机构）、国有资产运营主体（国有资产运营公司）、国有资产经营主体（国有企业）。这五个主体之间，以授权为基础，以履责为核心，形成了从"以管企业为主""以管资产为主""以管资本为主"到"管人、管事、管资产相结合"的国有资产治理逻辑，不同治理逻辑之间的差异表现为不同国有资产管理主体之间的权责划分问题，核心都是通过一种治理安排，消除信息不对称所带来的"搭便车"和损害其他主体利益的"败德"行为。

六、中国特色现代企业理论与国有资产监管

中国特色现代企业理论是考虑中国社会主义市场经济发展的需要，并结合实践经验，形成的一套关于国有企业发展和管理的理论体系。这一理论将习近平新时代中国特色社会主义思想和现代企业管理实践相结合，旨在提高国有企业的经营效益和创新能力，同时保持和加强国有资本在经济发展中的主导地位。

中国特色现代国有企业制度，"特"就特在把党的领导融入公司治理各环节，把企业党组织内嵌到公司治理结构中，在党的领导下建设世界一流国有企业。中国特色现代

企业理论是来源于实践并指导实践和接受实践检验的科学理论体系。它解决了长期以来在学习西方公司治理架构的过程中存在的党的领导弱化问题，解决了源自西方的公司治理模式与中国国情以及国有企业发展情况不相匹配的问题，解决了在集团化、国际化、多元化发展过程中国有企业管理体系和管理能力发展的问题。

在中国特色现代企业理论的指引下，国有资产监管要与国有企业党组织建设一体推进。要充分发挥企业党委（党组织）把方向、管大局、促落实的政治领导核心作用，实现党委以及公司其他治理主体依法行权履职。要加强基层党组织建设，增强基层党组织的政治功能和组织力。要推动党建考核和企业经营业务有机融合，实现党建与改革同频共振，以高质量党建促企业高质量发展。要在党的领导下，坚持以人民为中心，在促进共同富裕上善于作为，坚持在高质量发展中"做大蛋糕""分好蛋糕"，坚持做世界和平的建设者，做全球发展的贡献者，做中华优秀文化的传播者，做人类现代文明的缔造者。

第三章　国有资产监管专业化的理论与实践

一、国有资产监管专业化的历史成就

按照 2003 年 5 月国务院颁布的《监管条例》和 2008 年 10 月第十一届全国人民代表大会常务委员会第五次会议通过的《国资法》的规定，国务院国资委专门从事国有资产监督管理工作，并在实践中逐渐形成了监管机构的专业化、监管职能的专门化和行权履职的系统化三个方面成就。

（一）国有资产监管机构的专业化

1. 成立国有资产监督管理委员会以专职专责履行国有企业出资人职责

按照产权理论，国家所有的企业因为财产归国家即全民所有而存在所有权虚置和所有者代表缺位的问题。我国法律规定，国有企业资产归国家所有，国务院和地方人民政府代表国家行使国有资产所有权。国务院和地方人民政府如何代表国家行使国有资产所有权并让企业能够以市场主体的身份自主经营、自负盈亏、参与市场竞争，是一个世纪难题。为了破解这一难题，国务院于 1988 年批准成立国家国有资产管理局，受当时国有企业归各个行政行业主管部门管理的现实情况限制，国家国有资产管理局未能发挥所有者代表的职能，形成"九龙治水"的局面。1998 年国务院决定撤并国家国有资产管理局。2003 年 3 月第十届全国人民代表大会第一次会议决定成立国有资产监督管理委员会，5 月国务院颁布《监管条例》，从国家层面的机构设置和权责划分上确立了国资委代表政府行使国有企业出资人职责的地位，从顶层设计上解决了国有企业所有者代表虚置和出资人代表缺位问题。

2. 授权国有资产监督管理委员会行使国有资产监督管理职责

《监管条例》规定，国务院、省级人民政府、地市级（设区的市、自治州）人民政府分别设立专门的国有资产监督管理机构，根据同级人民政府授权，依法履行出资人职责，并明确国有资产监督管理机构不行使政府的社会公共管理职责，政府其他部门、机构不履行企业国有资产出资人职责。这一规定划清了国资委和其他部委之间的关系，使政府其他部门不再直接管理国有企业，国有企业的出资人职责统一交由国资委承担。各级国资委根据同级人民政府授权，依法履行出资人职责，由此实现了在国有资产国家统一所有、政府分级代表履行出资人职责的条件下，政府的国有企业出资人职责和政府的社会公共管理职能的分开，改变了过去国有企业由不同行业主管部门管理的状况，为建立以国资委监管为核心的国有资产管理体制提供了制度保证。

3. 建立管资产、管人、管事相结合的国有资产管理体制

《监管条例》要求按照权利、义务和责任相统一，管资产和管人、管事相结合的原则建立国有资产管理体制，并对如何履行出资人职责和国有资产监督管理职责做出了明确规定。这些规定在 2005 年修订的《中华人民共和国公司法》中得到了进一步体现，国有独资公司的董事会经国有资产监督管理机构授权代表国有资产监督管理机构行使股东会职权，决定公司的重大事项，但公司的合并、分立、解散、增加或者减少注册资本和发行公司债券，必须由国有资产监督管理机构决定，重要的国有独资公司合并、分立、解散、申请破产的，应当由国有资产监督管理机构审核后，报本级人民政府批准。《中华人民共和国公司法》规定国有资产监督管理机构作为国有企业的股东进行企业负责人管理、企业重大事项管理，享有国有资产收益等权利。这些规定显示出国有资产监督管理机构和国有企业之间形成了较为明确的权责关系，使国有企业和其他所有制企业一样，受《中华人民共和国公司法》的约束和保护，在制度上解决了政企不分问题，实现了国有资产监督管理机构作为政府特设机构和国有企业之间的职责划分。

4. 赋予企业经营自主权

2008 年 10 月第十一届全国人民代表大会常务委员会第五次会议通过《国资法》，明确国家出资企业依法享有的经营自主权和其他合法权益受法律保护，国家出资企业对其动产、不动产和其他财产依照法律、行政法规以及企业章程享有占有、使用、收益和处分的权利，国有资产监督管理机构在依法履行企业负责人管理、企业重大事项管理、企业国有资产管理等出资人职责时不干预企业依法自主经营。这些规定明确了国有资产监督管理机构和国有企业之间的权责划分，夯实了政资分开、政企分开、落实企业经营自主权的制度基础，使国有资产监督管理机构成为履行国有企业出资人职责和国有资产监督管理职责的专职机构。

（二）国有资产监管职能的专门化

国务院国资委成立之后按照党中央、国务院的决策部署，专职专责行使国有资产监督管理职责，逐步建立起了履行出资人职责、监督管理国有资产、发挥国有企业党组织领导作用"三位一体"的国有资产监管体系，实现了国有资产监管职能的专门化。

1. 专门履行出资人职责

根据《国务院关于机构设置的通知》，国务院国资委作为国务院直属特设机构，主要履行以下职责：①根据国务院授权，依照《中华人民共和国公司法》等法律和行政法规履行出资人职责，监管中央所属企业（不含金融类企业）的国有资产，加强国有资产的管理工作。②承担监督所监管企业国有资产保值增值的责任。建立和完善国有资产保值增值指标体系，制订考核标准，通过统计、稽核对所监管企业国有资产的保值增

值情况进行监管，负责所监管企业工资分配管理工作，制定所监管企业负责人收入分配政策并组织实施。③指导推进国有企业改革和重组，推进国有企业的现代企业制度建设，完善公司治理结构，推动国有经济布局和结构的战略性调整。④通过法定程序对所监管企业负责人进行任免、考核并根据其经营业绩进行奖惩，建立符合社会主义市场经济体制和现代企业制度要求的选人、用人机制，完善经营者激励和约束制度。⑤按照有关规定，代表国务院向所监管企业派出监事会，负责监事会的日常管理工作。⑥负责组织所监管企业上交国有资本收益，参与制定国有资本经营预算有关管理制度和办法，按照有关规定负责国有资本经营预决算编制和执行等工作。⑦按照出资人职责，负责督促检查所监管企业贯彻落实国家安全生产方针政策及有关法律法规、标准等工作。⑧负责企业国有资产基础管理，起草国有资产管理的法律法规草案，制定有关规章、制度，依法对地方国有资产管理工作进行指导和监督。⑨承办国务院交办的其他事项。

2. 专门履行国有资产监督管理职责

《监管条例》第十二条强调："国务院国有资产监督管理机构是代表国务院履行出资人职责、负责监督管理企业国有资产的直属特设机构"，地方国有资产监督管理机构同样履行这两项职责，并且"上级政府国有资产监督管理机构依法对下级政府的国有资产监督管理工作进行指导和监督"。按照这一规定，国有资产监督管理机构不但履行本级政府行使所有权的企业的出资人职责和国有资产监督管理职责，还要履行指导和监督下级国有资产监督管理机构的职责，使国有资产监管职责纵向和横向行使专门化于国有资产监督管理机构。《监管条例》第十三条规定，国有资产监督管理机构的主要职责是：①依照《中华人民共和国公司法》等法律、法规，对所出资企业履行出资人职责，维护所有者权益；②指导推进国有及国有控股企业的改革和重组；③依照规定向所出资企业委派监事；④依照法定程序对所出资企业的企业负责人进行任免、考核，并根据考核结果对其进行奖惩；⑤通过统计、稽核等方式对企业国有资产的保值增值情况进行监管；⑥履行出资人的其他职责和承办本级政府交办的其他事项。这些规定赋予国有资产监督管理机构制定企业国有资产监督管理规章、制度的权利。

3. 承担国资委系统党的领导职责

2016年，习近平总书记指出，坚持党对国有企业的领导是重大政治原则，必须一以贯之；建立现代企业制度是国有企业改革的方向，也必须一以贯之。要把加强党的领导和完善公司治理统一起来，建设中国特色现代国有企业制度。2020年12月31日，《国有企业公司章程制定管理办法》印发，明确了国有企业出资人、党组织、董事会、监事会、经理层等治理主体的职责权限，实现了"党建入章"，破解了长期以来困扰国有企业的党的领导虚化、基层党组织边缘化、党建工作难开展的问题，使国有企业党风、企风焕然一新。

（三）国有资产监管行权履职的系统化

国务院国资委在行权履职过程中，建立起了一系列系统性、制度性的国有资产监督管理工作体制机制，推动了国有资产监管工作的系统化、专业化。

1. 出资人职责履行系统化

国务院国资委准确把握依法履行出资人职责的定位，在公司治理、投资规划、科技创新、产权管理、财务监督、考核激励、收益分配、监督追责、社会责任等方面形成了系统化、一体化的国有企业出资履职工作体系，并结合企业的功能定位、主责主业、发展阶段、行业特点、治理能力及管理基础，形成了一系列有针对性的分类管理办法，在防止国有资产流失的同时努力激发微观主体活力，形成了较为系统的被出资企业管理体系。

2. 经营性国有资产集中统一监管

2018年，中共中央办公厅、国务院办公厅印发《关于推进中央党政机关和事业单位经营性国有资产集中统一监管试点的实施意见》，提出坚持政企分开、政资分开、所有权与经营权分离，理顺中央党政机关和事业单位同所办企业关系，推进经营性国有资产集中统一监管，发挥国有资产监管机构专业化监管优势，逐步推进国有资产出资人监管全覆盖。加强国有资产基础管理，有效防止国有资产流失，建立覆盖全部国有企业、分级管理的国有资本经营预算制度。截至2022年底，全国省级经营性国有资产集中统一监管比例达到99%，资源配置效率和企业竞争力大幅提升。

3. 构建国有资产监管大格局

建立健全中央、省、市三级国有资产监管机构上下联动的工作机制，逐步形成机构职能上下贯通、法规制度衔接规范、行权履职协同高效、改革发展统筹有序的良好格局。大力推进地方经营性国有资产集中统一监管，省级层面绝大部分党政机关、事业单位所属企业的国有资本已纳入国有资产监管体系，有力改变了过去经营性国有资产监管条块分割的局面。持续深化央地合作，推动中央企业积极服务支持国家重大区域战略，助力构建全国统一大市场。

4. 国有资产监管手段系统化

各级国资委不断强化共商共建共享的发展理念，持续推进信息化系统建设，印发国有资产监管信息系统建设管理办法和国资国企在线监管系统建设工作方案，初步建成了国有资产监管在线监管系统，实现了信息系统从分散建设，到集中共享，再到在线监管的发展。国有资产监管信息化系统围绕国有企业财务、产权、重大投资、改革、薪酬分配、科技创新、干部管理、外事管理、企业监督、企业党建等业务，不断完善实时动态监管体系，防止国有资产流失，确保国有资产保值增值。另外，各级国资委积极推动国有资产监管业务的数字化转型，努力构建国有资产监管动态化、协同化、智能化和可视化新模式，提升国有资产监管智能化水平。

二、国有资产监管专业化的理论思考

构建专业化的国有资产监管体系要立足于国有资产监管机构的特殊职能定位，采用有别于行业主管部门和社会公共管理部门的专业化监管方式，重点回答谁行使国有资产监管权、行使什么内容的国有资产监管权和以什么方式行使国有资产监管权的问题，形成分工明确、监管有效、政令畅通的国有资产监管体系，使有为政府和有效市场有机结合。

（一）进一步明确国务院国有资产监督管理委员会的职能定位

自 2003 年国务院国资委成立以来，国有资产监管体系不断健全完善，在助推国有企业做强做优做大方面做出了卓有成效的贡献。国务院直属特设机构这个特殊功能定位，作为党的十六大以来国有资产监管体制改革的一项创设，目前在理论界仍然处于争论之中。《监管条例》第六条规定，国有资产监督管理机构根据授权，依法履行出资人职责，依法对企业国有资产进行监督管理。由此而赋予了国资委"出资人职责"和"国有资产监督管理"两个职责。在新时代，构建专业化、体系化、法治化的国有资产监管体系，首先需要回答的是国资委的职能和定位，应当从中国道路、中国模式、中国特色角度对"国资委以及国资委监管行为的性质究竟是什么"给予正面回答，以正本清源、消除错误认识。

1. 如何处理国家监管机构和企业出资人的关系？

首先，依据《中华人民共和国宪法》第八十五条和第八十九条①的规定，国资委这一"履行出资人职责"的机构作为国务院的直属特设机构，显然是国务院组成部门之一。而国务院是最高的行政机关，作为国务院组成部门的国资委也应当具有行政机关的性质。其次，根据《国务院国有资产监督管理委员会主要职责内设机构和人员编制规定》，国务院国资委内部组成部门的人员均属于机关公务员编制，这从国家机构设置上也能佐证国务院国资委的行政属性。最后，从国家专门设立国有资产监管部门的历史来看，国务院国资委可以看作对 1988 年成立、1998 年撤销的国家国有资产管理局的继承，与国有资产监管局不同的是，国资委与企业之间建立起了出资人的关系，是为了履行国有企业股东这一出资人职责而建立起来的组织。

---

① 《中华人民共和国宪法》第八十五条规定，中华人民共和国国务院，即中央人民政府，是最高国家权力机关的执行机关，是最高国家行政机关。《中华人民共和国宪法》第八十九条规定，国务院行使下列职权：（一）根据宪法和法律，规定行政措施，制定行政法规，发布决定和命令；（二）向全国人民代表大会或者全国人民代表大会常务委员会提出议案；（三）规定各部和各委员会的任务和职责，统一领导各部和各委员会的工作，并且领导不属于各部和各委员会的全国性的行政工作；（四）统一领导全国地方各级国家行政机关的工作，规定中央和省、自治区、直辖市的国家行政机关的职权的具体划分；（五）编制和执行国民经济和社会发展计划和国家预算；（六）领导和管理经济工作和城乡建设、生态文明建设；（七）领导和管理教育、科学、文化、卫生、体育和计划生育工作；（八）领导和管理民政、公安、司法行政等工作；（九）管理对外事务，同外国缔结条约和协定；（十）领导和管理国防建设事业；（十一）领导和管理民族事务，保障少数民族的平等权利和民族自治地方的自治权利；（十二）保护华侨的正当的权利和利益，保护归侨和侨眷的合法的权利和利益；（十三）改变或者撤销各部、各委员会发布的不适当的命令、指示和规章；（十四）改变或者撤销地方各级国家行政机关的不适当的决定和命令；（十五）批准省、自治区、直辖市的区域划分，批准自治州、县、自治县、市的建置和区域划分；（十六）依照法律规定决定省、自治区、直辖市的范围内部分地区进入紧急状态；（十七）审定行政机构的编制，依照法律规定任免、培训、考核和奖惩行政人员；（十八）全国人民代表大会和全国人民代表大会常务委员会授予的其他职权。

《国务院国有资产监督管理委员会主要职责内设机构和人员编制规定》《中华人民共和国公司法》《监管条例》《国资法》均规定国资委是履行出资人职责的机构,行使获取资产收益、参与企业重大决策、选择管理者等职权,这实质上属于股东权益,可以认为其代表国家所有者在企业行使股东的职权。除股权职权外,国资委还行使出资人职责,建立和完善了国有资产保值增值体系,使较为抽象的出资人职权变成了企业国有资产产权界定、产权登记、资产评估监管、清产核资、资产统计、综合评价等较为具体的、基础性质的工作,同时根据相关法律的要求,上级政府国有资产监督管理机构依法对下级政府的国有资产监督管理工作进行指导和监督,这也是国家政府机构上级对下级行使行政职权的表现。因此,结合国资委这一机构的主体形式和其工作内容来看,国资委兼具行政职权和出资人职权,并且具有国有资产行政监管职能。

2. 如何实现出资人职责和监管职责行使的统一

从行为形式来看,首先,国务院国资委有制订规范性文件的权利,其制订规范性文件的程序与国务院其他组成部门制订规范性文件的程序相同;其次,规范性文件的受文对象不仅仅包括中央企业,还包括地方国有资产监管部门以及其他行政机关。所以就规范性文件的发布行为而言,国资委具有履行出资人职责和履行政府监管部门职责的双重任务。

从行为实质上看,首先,国务院国资委颁布的规范性文件中有关于股东和中央企业出资关系的内容,这部分可以归类为国务院国资委对中央企业履行出资人职责的规范;其次,在针对中央企业及其子企业尤其是上市公司相关股权转让的审批方面,由于国务院国资委与中央企业持股的上市公司之间并没有直接的出资关系,因此这种审批行为可以被认为是代表政府行使行政职权。

从国务院国资委行为的形式和实质两个方面来看,国务院国资委兼具行使出资人职权和监管职权的双重属性。而且,所有者的监管,实质上是公司治理问题,是出资人或股东对所属企业的监督和管理。作为国务院的直属特设机构,国务院国资委显然不能单一地做"出资人",它必须代表国务院行使"监管者"的职责。

实践证明,这种"一体双阶"的职能设定,契合新时代专业化、体系化、法治化和"三统一、三结合"的国有资产监管要求,双重身份的设定,与中国国有企业数量较大、国有经济在国民经济中的占比较高相关,具有中国特色,符合中国特色社会主义制度,也符合市场经济规律和企业发展规律,是行之有效的。

3. 从国有企业监管角度明确国有资产监督管理委员会的职能定位

习近平总书记指出,国有企业是中国特色社会主义的重要物质基础和政治基础,关系公有制主体地位的巩固,关系我们党执政地位和执政能力,关系我国社会主义制度。习近平总书记的重要论述,深刻揭示了国有企业在党和国家事业发展全局中的战略地位,不能将中国的国有企业与西方体制下的公司等同起来,不能简单粗暴地认为只要行使监管职责就是在履行政府公共管理职能,就是政企不分。在中国特色社会主义制度下，国资委作为国有资产监管机构，不能单一地行使出资人（股东）职责，必须将出资人职责、监管职责、党建职责统一起来，才能与国有企业的功能定位相匹配，与社会主义制度相适应，才能建设和形成具有中国特色的社会主义市场经济体制。

总之，让出资人代表政府监督管理政府出资的国有企业及其资产，从理论上来讲顺理成章、合乎逻辑，从实践角度来看也没有必要在履行国有企业出资人职责的基础上，再成立一个专门的行使国有资产监管职能的政府机构，那样必然会出现机构重叠、职能交叉。让出资人监督管理自身出资企业的资产，具有信息掌握全面、出资和出资管理职责合一的优势。

（二）进一步明晰以管资本为主的国有资产监管的内涵

在党的十八届三中全会提出"以管资本为主加强国有资产监管"之后，2015 年《中共中央　国务院关于深化国有企业改革的指导意见》提出了以管资本为主推进国有资产监管机构职能转变、改革国有资本授权经营体制的具体要求，国务院国资委也下发了《关于以管资本为主加快国有资产监管职能转变的实施意见》。这些要求和意见的提出和出台，说明党的十六大以来，中央和地方政府分别代表国家履行出资人职责建立起来的管人管事管资产相结合的国有资产监管体制在执行过程中出现了"管企业"的情况，因此要以管资本为主推进国有资产监管职能转变。

1. 以管资本为主的实质内涵

以管资本为主加强国有资产监管，目的是充分保障出资人权益和企业法人财产权。《国资法》规定："企业国有资产，是指国家对企业各种形式的出资所形成的权益。"国资委作为国有资本的所有者代表，享有所有者权益，承担所有者义务和责任。无论是民营企业还是国有企业，企业所有者都很难与自己所投资的企业完全分开。所有者权益即企业的资本，也很难离开企业和企业的资产而独立存在。国有资本身就包含着国有资本，不存在离开国有资产的国有资本。以管资本为核心，强调不要以管资产、管企业的名义，去管住企业的手脚，让企业无法行使法人财产权，无法行使经营自主权。党的十八届三中全会、党的十九届四中全会提出的以管资本为主加强国有资产监管的核心是通过管资本来实现国有资产保值增值，防止国有资产流失。管资本的实质内涵是以产权和资本为纽带，通过授权经营的方式，明确出资人与企业法人的权责利边界，从而各司其职、各尽其职。

2. 明确国有资本投资公司和运营公司履行管资本职责的定位

提出以管资本为主的要求一方面是期望并要求国有企业的出资人代表，不要直接从事企业的经营管理工作，应该授权企业独立经营管理；另一方面是期望国有企业的出资人代表关注国有资本布局、国有资本回报、国有企业资本安全等更宏观的问题，专业化于国有资本的管理和运营。基于此，建立国有资本投资公司和运营公司（统称"两类公司"），形成国资委、资本投运公司、企业三层架构，"两类公司"根据国资委的授权，以管资本为核心开展资本投资和运营工作。应当说，这是在推进国有资本运营专业化方面的一种有益探索，这种探索能够将国有资本做强做优做大的责任落实到具体的企业身上，使其能够按照市场经济的逻辑实现国有资本的保值增值，防止国有资产的流失。从这个角度来讲，成立"两类公司"并非要在国资委和国有企业之间建立"防火墙"，而是要使国资委管资本职能的行使更加专业化，应当继续坚持探索。

3. 充分授权放权，实行分类监管

事实上，自党中央、国务院提出以管资本为主的要求以来，国务院国资委已经进行了一系列探索，并用实际行动回答了以管资本为主的内涵：一是以管资本为主推进国有资产监管机构职能转变，建立监管权力清单和责任清单，该管的要科学管理，绝不缺位，不该管的要依法放权，绝不越位；二是以管资本为主改革国有资本授权经营体制，建立国有资本投资、运营公司，作为国有资本市场化运作的专业平台，通过资本运作优化国有资本布局，促进国有资本流动，实现保值增值；三是以管资本为主推动国有资本合理流动优化配置，以市场为导向、以企业为主体，进行国有资本的专业化整合，优化国有资本布局，增强国有经济整体功能；四是以管资本为主推进经营性国有资产集中统一监管，加强国有资产基础管理，建立覆盖全部国有企业、分级管理的国有资本经营预算制度。

三、构建专业化国有资产监管体系的对策建议

（一）理顺国有资产监管体制，为专业化监管创造条件

1. 各级国有资产监督管理委员会之间上下贯通的对策

在国资委内部分设履行出资人职责和履行国有资产监管职责的机构。政府授权国有资产监督管理部门履行出资人职责的同时，授权该机构履行国有资产监督管理职责。这样做的好处是国资委在履行出资人职责的过程中，已经掌握了有效监督管理国有资产的方法，让其代表政府行使国有资产的监督管理职责避免了政出多门、重复监管的问题。但是，履行出资人职责接触的对象是企业，而履行国有资产监督管理职责接触的对象是下级国有资产监督管理部门。建议重新梳理政府对国有资产的监督管理职责，明确国务院国资委开展国有资产监管工作的重点是制定相关制度法规、进行统计报告、梳理和解答与国有资产监督管理相关的问题。可以将国资委履行国有企业国有资产监督管理的职责扩大到履行全部企业国有资产监管的职责，重新建立相关职能厅局。例如，产权登记局负责全部国有资产产权的登记工作；规划发展局负责国有经济布局的工作与被出资的中央企业布局的工作分离，分设国有经济规划发展局和国有资本结构优化局，使履行出资人的职责和履行政府对国有企业资产管理的职责分离。国资委将出资人的职责授权给新组建的国有资本运营公司，由国有资本营运公司专职履行出资人职责，国资委则代表政府行使国有资本运营公司的授权和管理职责。

2. 针对各级国有资产监督管理委员会内设机构存在差异问题的对策

各级国有资产监督管理部门的内设机构和权责划分尽可能趋同。将政府职责和出资人职责分开之后，各级政府的国有企业管理机构可以设置相同的内部机构，以便上级指

导和监督下级。同时，在履行出资人职责的机构中增设调整资本结构、优化资本布局、促进科技创新的机构，来执行国家重大发展战略，在出资人代表层面实现从管资产向管资本的转变。尽可能将相同和相近的职责归入一个厅局处室，从组织机构层面降低政出多门的可能，减轻企业负担。

各级国资委内部机构的设置求同存异，尽可能与国务院国资委趋同。在国资国企监管系统建设全面启动、国有资产监管数字化智能化要求的大背景下，这种趋同的机构设置非常重要。因为如果各级国资委的机构设置不同，则难以在组织上实现上下贯通、在业务上实现对口交流，也难以在信息化、数字化系统建设过程中实现系统复用和经验分享。建议下级国资委和国务院国资委共同设置规划改革、财务监督管理、政策法规监督、党建引领、领导人管理、科技创新、国际合作、综合办公八个职能部门，尽可能实现"对口部门对口权责"，以减少政出多门和一件事项在国资委内部多个部门流转的情况出现。

3. 国有资产监督管理委员会内部形成监管一盘棋的对策

国资监管要聚焦主责主业。将企业经营管理权限全部下放，将与资本投资、运营相关的事项尽可能上移。凡是授权给企业行使的权利，如企业战略规划、企业章程的制定等权利，就应该彻底下放给企业，由企业自行决策并承担责任。国资委主要进行事前相关管理制度的制定和事后考核追责，在正常情况下没有必要在事中进行监督、检查和管理。否则会出现，企业的发展方向（主业）是国资委确定的，企业如何治理也是由国资委确定的，而企业在这些决定自己生死的重大事项上没有自主权，则让企业领导人承担企业经营不善的责任则勉为其难。在这种情况下对企业领导人追责也是权责不对称的。凡是应当由企业自主决策的经营管理事项，如工资总额控制、两金两费控制，只需依据相关制度执行，无需每年召开专题会议、进行重点检查。

4. 针对干扰企业经营自主权问题的对策

尽可能在坚持政企分开、政资分开、保障企业经营自主权的前提条件下开展监管工作，以管资本为核心，防止以"加强国有资产监管"的名义将监管触角延伸到企业经营管理上来，以确保企业经营自主权及企业经营创造力和活力的发挥。

（二）以管资本为主优化国有资产监管方式

近年来，国有资产监管有从"管资本"向"管经营"发展之势、从"授权经营"向"财务管控"发展之势、从"财务监督"向"财务管理"发展之势、从"规范资本运作"向"实时监督企业运营"发展之势。正是出现了这些发展之势，企业界和理论界对"管资本"的实质和内涵产生了疑问，必须对这些问题给予正面回答。

1. 建立国有资产穿透式监管体系的问题与对策

问题：国有资产监管信息化系统建设要求建立"横向到边、纵向到底"的穿透式国有资产监管体系。这一要求在当前的企业信息化、自动化水平条件下很难实现：一是国有企业之间的差异较大，各个企业生产的产品、业务并不相同，建立穿透到企业产品和业务层次的资金流动穿透式监管系统，存在客观困难；二是与国有企业业务相关的各个信息化系统，在系统技术架构、开发语言、数据结构方面也存在较大的差异，系统之间实现数据间接穿透需要时间，数据直接穿透则需要先建立统一的系统，更难实现；三是一些企业的业务较为复杂，难以实现穿透。例如，企业的"三重一大"决策，涉及多层次、多方面的工作内容，如果仅仅是数据的填报，则难以实现穿透，如果是过程、流程的监控则需要投入大量软硬件资源来实现决策穿透。目前能够做到的是相关数据的填报只能按照"规定动作"实现形式、流程、文字报告上的穿透，很难做到实质性穿透。

建议：按照专业化、体系化原则明确国有资产监管的内容，国资委要聚焦资本监管和财务监管，要以资本监管、财务监管为主开展监管工作。企业的采购、生产定价、投融资等事宜应该由企业自主决定，国资委不要去建立阳光采购系统、生产调度系统、资金管理系统（司库管理系统）来追求穿透式监管。凡是涉及企业经营的事项，如确实需要监管，可以建立监管清单明确告知企业。从出资人的角度看，国资委进行国有资产监管需要"事先定目标"，主要通过立法和签订责任书的方式约定双方的权责范围，以监督考核主要经营责任人、选择聘用企业负责人的形式监督国有企业；"事后问结果"，即通过税务部门和审计部门监督审查企业经营的效果，国资委监管两头就可以了，至于对经营过程的监管还是应该由企业内部的监管机构来完成。

2. 建立全过程、全链条、全方位监管体系的问题与对策

问题：部分地区的国资委或国资委授权的资本运营公司建立起了包含企业投资管理、财务管理、资金管理、采购管理、人事管理、项目管理等涉及企业内部经营管理工作的众多系统。企业使用这些系统如果仅是为了填报数据、留存备案，则没有必要这样做，因为企业自身就有数据记录和备案系统，相关部门可以随时抽查或检查。如果是为了进行实质性监管，开展事前审批、事中预警、事后追责，那么谁来承担决定企业经营成败的决策和管理责任？作为企业的股东代表、出资人代表的国资委或国有资本运营公司在建立全过程、全流程监管系统之后就对企业经营失败或者风险事件不承担监管失职的责任了吗？既然进行事前审批，决策责任就已经转移给了审批部门，企业为什么要承担经营失败的责任？企业投资、采购等商业活动，如果都要在国有资本运营公司建立的系统之上开展，以实现全流程监管，那企业技术秘密、商业秘密泄露的责任又由谁承担？如果企业出现风险事件，由于相关业务过程已经被记录，那么追究企业相关决策人员的责任也非常容易实现，在这种情况下，谁愿意承担风险做出决策？这也是为什么，一些地方国资委经过多年的努力，建立了多个涉及企业经营管理工作的系统，企业却不愿意使用，也不愿意将这些系统和企业内部的系统贯通的根本原因。

建议：国资委应当加强重点环节、重点领域的监管，不要去管"企业家"应该管的事情，更不要穿透去管企业下面的经营单位应该管的事情。企业是否建立全流程、全过程、全覆盖的监管体系应当由企业根据自身的经营需要和信息化水平来决定。现阶

段，在国有资产监管信息化系统建设和使用还处于初级阶段的情况下，全过程、全链条、全方位的实时监管难以实现，也许在企业信息化系统和国资委数字监管系统建设成熟之后，才有可能利用机器实现全流程、全链条、全方位的实时、智能监管。

3. "两类公司"的定位不清晰的问题与对策

问题：建立国有资本投资公司和运营公司，使出资人职责的履行机构增加了一层。一般来说，"两类公司"可以定位为"战略管控型"或"财务监控型"公司，专司国有资本的投资、经营和管理，不行使企业的经营管理职责。但是，在实际执行过程中，特别是在建立全流程、全覆盖的信息化系统过程中，"两类公司"出现了对企业发展进行具体管理的倾向，如建立司库系统对下级企业的资金往来进行直接管理、建立共享中心对下级企业的会计核算进行直接管理、建立投资管理系统对企业投资进行直接管理等。

建议："两类公司"要严格按照定位开展工作，不要从"财务监控型"发展成为"财务管控型"或"财务管理型"，"战略管控型"投资公司也应当聚焦战略把控和财务监督。建立"两类公司"、开展授权经营是要把企业经营的事项交给实体企业来办，出资人作为股东应当通过"财务或战略的监管"实现"管资本"的目的。"财务型监控"就是从资本层面进行以结果为导向的监管，监管企业对"资本保值增值"目标的完成情况。"战略型管控"指从战略层面管控企业的经营绩效，并不需要去管企业具体的成本及其变化。"管资本"的核心就是不要去管"企业家"应该管的事情，更不要去管企业下面的经营单位应该管的事情。建立"两类公司"在出资人监管机构与企业之间架设一道"防火墙"，进一步推动了政企分开、政资分开，是国有资产监管专业化的体现，应当坚持。

第四章 国有资产监管体系化的理论与实践

一、国有资产监管体系化的主要成就

国务院国资委在专业化开展国有资产监管工作的过程中形成了国有资产监管体系，实现了国有资产监管的体系化：一是以管资本为主提升监管效能；二是开展国有资产分级分类监管提升监管针对性；三是建立国有企业分类改革体系，提升国有企业竞争能力；四是建立国有资本布局优化体系，增强国有资本核心功能；五是建立市场化激励约束长效机制，夯实监管根基；六是以党建引领企业，发挥党组织在国有企业中的领导核心作用。

（一）建立以管资本为主的监管体系，提升监管效能

2015 年 10 月，国务院印发《关于改革和完善国有资产管理体制的若干意见》，要求各级国有资产监管机构准确把握履行出资人的职责定位，建立以管资本为主的授权经营体制。

1. 转变监管理念和方式，提高监管效率

2019 年 11 月，国务院国资委印发《国务院国资委关于以管资本为主加快国有资产监管职能转变的实施意见》，要求发挥国有资产监管机构专业化监管优势，突出管资本的重要内容、优化管资本的方式手段、强化管资本的支撑保障，加快建立以管资本为主的国有资产监管体系。转变监管方式，从对企业的直接管理转向更加强调基于出资关系的监管，从关注企业个体发展转向更加注重国有资本整体功能，从行政化管理转向更多运用市场化法治化手段进行管理，从关注规模速度转向更加注重提升质量效益，切实转变出资人代表机构职能和履职方式，实现授权与监管相结合、放活与管好相统一，不断增强国有经济活力、控制力、影响力和抗风险能力，努力培育具有全球竞争力的世界一流企业，使国有资产监管效能有效提升，国有资产管理体制不断完善。

2. 建立监管清单体系，分类实施监管

2017 年，国办发布《国务院国资委以管资本为主推进职能转变方案》，要求针对国有资产监管越位、缺位、错位等问题，改进监管方式手段，更多采用市场化、法治化、信息化监管方式，把精简监管事项同完善企业法人治理结构结合起来，从监管理念、监

管重点、监管方式、监管导向等方面作出全方位、根本性转变。精简监管事项，明确监管重点，每年全面评估授权放权事项，动态调整授权放权清单，加强清单管理和事中事后监管。重点管好国有资本布局、规范资本运作、提高资本回报、维护资本安全，更好服务于国家战略目标，实现国有资产监管职能的根本性转变。针对不同股权结构，分类推进改革。实行公司制股份制改革，推进混合所有制改革，积极引入其他国有资本或各类非国有资本实现股权多元化，根据不同情况实施保留国有独资、绝对控股、相对控股、参股或退出国有，使国有企业真正成为依法自主经营、自负盈亏、自担风险、自我约束、自我发展的独立市场主体。通过分类改革、分类促进发展、分类实施监督、分类定责考核，推动国有企业同市场经济深入融合，促进国有企业经济效益和社会效益有机统一。

3. 组建"两类公司"，开展专业化资本运营

2018 年，国务院印发《关于推进国有资本投资、运营公司改革试点的实施意见》，明确了"两类公司"的功能定位、组建方式、授权机制、治理结构、运行模式、监督与约束机制，要求以市场为导向、以企业为主体，优化国有资本布局结构，增强国有经济整体功能和效率。2022 年，国务院国资委印发的《关于国有资本投资公司改革有关事项的通知》将中国宝武、国投集团、招商局集团、华润集团和中国建材 5 家企业正式转为国有资本投资公司，国有资本投资公司试点企业增至 19 家。发挥资本运营公司专业化优势，切实转变出资人代表机构职能和履职方式，实现授权与监管相结合、放活与管好相统一，切实保障国有资本规范有序运行。对国有资本投资公司、国有资本运营公司、产业集团公司、创新创业企业、境外国有企业进行分类，按照功能定位、责权对应、激励与约束相协调的原则实施分类监管，促进国有资本做强做优做大，防止国有资产流失。

(二) 建立国有资本布局优化体系，增强核心功能

国资委立足国有资产监管工作全局，加强系统谋划、整体调控，通过优化国有资本布局和结构，增强国有资本整体功能，提升国有资本运营效率，实现国有资产保值增值。

1. 指引重点行业进行布局结构调整

按照各级政府对国有企业的功能定位，指引重点行业进行布局结构调整，加快传统产业改造升级、数字化转型，大力发展绿色低碳产业，积极培育壮大战略性新兴产业，加大新一代信息技术、人工智能、生物技术、新能源、新材料、绿色环保等产业的布局力度，强化航空航天、轨道交通、海洋工程、智能装备、芯片等高端制造业布局，以更好地服务国家战略、产业战略以及区域发展战略，充分发挥国有经济和国有企业在经济发展中的引领作用。

2. 以市场化方式开展专业化整合，建设产业链链长

稳步提高直接融资比重，培育和推动更多符合条件的企业上市融资、增资扩股，在

装备制造、检验检测、医药健康、矿产资源、工程承包、煤电、清洁能源等领域推动专业化整合，切实提高产业竞争力。深化现代产业链链长建设，以链带面、织链成网，助力构建有序链接、高效畅通的现代化产业体系。加速资本链和产业链的深度融合，促进国有企业成为创新技术策源地、产业链链长、关键核心技术持有者，在更大范围、更深层次、更广领域统筹配置国有资本，持续优化布局结构，促进国有资本合理流动，推动国有经济不断发展壮大，更好服务国家发展战略。

3. 聚焦主责主业，促使国有企业向关键领域集中

建立国有企业主责主业分类管理体制，推动国有企业向关系国家安全、国民经济命脉和国计民生的重要行业和关键领域集中，向战略主导产业、传统优势产业、重点扶持产业、优先发展产业、区域特色产业、未来新兴产业集中，向具有核心竞争力的优势企业集中，使国有资本集中于关键领域、优势产业和核心企业。

（三）"一企一策"考核评价，提升监管科学性

根据国有企业充分竞争程度、股权参与程度以及城市功能定位和资本运营模式的不同，"一企一策"地对国有企业进行分类授权、分类监管、分类考核，做到权责对等、动态调整。

1. 建立规范的企业经营业绩考核评价体系

将劳动生产率、研发投入强度等纳入考核评价体系，开展降杠杆、降"两金"（应收账款、存货）、降成本、减亏损、提升资产质量和管理效益（以下简称"三降一减一提升"）专项行动，开展行业对标，将定量指标和定性指标相结合，在坚持质量第一、效益优先的基础上，更加突出服务行业战略、创新驱动发展、深化供给侧结构性改革、加快数字化转型、推动绿色发展、强化风险防控等对标导向，引导国有企业提升企业竞争力。

2. 建立健全高级管理人员激励和约束责任体系

实行三年一任期的企业负责人任期经营责任制，并以岗位价值、绩效贡献为薪酬管理切入点，优化领导人员的岗位绩效年薪制。推行职业经理人契约化管理，综合考虑企业负责人的经营业绩和承担的政治责任、社会责任，制定与企业负责人选任方式相匹配、与企业功能性质相适应的差异化薪酬分配管理办法，全面履行经济责任、政治责任、社会责任。

3. "一企一策"设计差异化工资决定机制

根据企业不同功能定位，实行工资总额与企业经济效益、与行业平均水平、与社会通货膨胀率相挂钩的"一企一策"的差异化工资决定机制，引导国有企业落实国有资本保值增值责任。对主业处于充分竞争行业和领域的商业类国有企业，主要选择与利润总额（或净利润）等经济效益指标挂钩、动态调整的工资决定机制；对主业处于关系国家安全、国民经济命脉的重要行业和关键领域、主要承担重大专项任务的商业类国有企业，采用在考虑经济效益的同时，考虑完成国家战略、保障国家安全和国民经济运

行、发展前瞻性战略性产业以及其他特殊任务完成情况的工资决定机制；对主业为保障民生、服务社会、提供公共产品和服务的公益类国有企业，采用兼顾经济效益、社会效益的工资决定机制。

4. 探索引入适合国有企业的中长期激励方式

采用股权激励的方式，促进高管人员、科研人员、技术骨干等不同群体共担风险、共享利益。激励中央企业加大技术投入、调动科研设计人员积极性、提高自主创新能力，允许中央企业计提技术奖酬金，并设置业余设计奖。探索"中央和地方国企优势+市场化机制+战略伙伴协同"的国有企业改革发展新模式，同时进行有限增资扩股、股权转让、骨干员工持股计划，实现了股东利益、企业利益和个人利益有机结合。

（四）建立党建引领体系，发挥党组织领导核心作用

国务院国资委按照两个"一以贯之"和加强党对国有企业的领导的要求，开展了"三项行动"，形成了"三项制度"，实现了党的建设与公司治理同步推进，使党组织在国有企业中重新焕发了活力和生命力。

1. 建立起国有企业党建工作法规体系

开展中央企业党建工作落实年、党建质量提升年、基层党建推进年"三项行动"，逐渐建立起了国有企业党建工作法规体系，把党的政治领导力、思想引领力、群众组织力、社会号召力转化成引领和带动中央企业高质量发展的核心竞争力。

2. 建立国有企业党的领导工作制度体系

建立中央企业党委（党组）向国务院国资委党委报告年度党建工作、党委（党组）书记向国务院国资委党委现场述职、基层党组织书记抓党建述职评议"三项制度"，使党委（党组）在国有企业中的领导核心作用、党支部等党的基础组织在国有企业中的战斗堡垒作用、共产党员在国有企业中的先锋模范作用逐渐得到发挥。

3. 确立国有企业党的领导核心地位

围绕发挥企业党委（党组）把方向、管大局、促落实的领导作用，在公司治理各环节全面加强党的领导，实现党委（党组）发挥领导作用和公司其他治理主体依法行权履职有机统一。

4. 加强基层党组织建设，发挥基层党组织作用

从基本组织、基本队伍、基本制度严起，不断增强基层党组织的政治功能和组织力。推进党建责任考核与生产经营责任有机融入企业治理体系，实现企业党的建设与改革发展同频共振，以高质量党建引领保障企业高质量发展。

5. 形成党内监督问责机制

在国有企业层面严肃查处违反中央"八项规定"精神的干部，严厉惩治腐败"一把手"，严格追究不落实"两个责任"主体的责任，坚决斩断政治腐败和经济腐败相互交织的利益链条，从根本上破解长期以来困扰基层党组的党建工作难开展、党的领导地位难加强、基层党组织软弱无力的"老大难"问题。

（五）建立国有资产监督追责体系，形成监管闭环

进一步完善业务监督、综合监督、责任追究"三位一体"的出资人监督闭环，打造出资人监督完整链条。建立监督协调机制，形成监管闭环。推动出资人监督和纪检监察监督、巡视监督、审计监督等各类监督有机贯通、有机协同、形成合力。持续加大对违规经营投资问题的查处力度，印发《国资监管责任约谈工作规则》，增强制度和规定的刚性约束力，强化责任追究"兜底"作用，使国有资产监督"长牙带电"，国有资产安全防线进一步筑牢夯实。

二、国有资产监管体系化梳理

国务院国资委在专业化开展国有资产监管工作的过程中，坚持全面高效履职，把履行出资人职责、国有资产监管职责、党建职责统一起来，推动管资本和管党建相结合、履行出资人职责和履行国有资产监管相结合、党内监督和出资人监督相结合，逐渐形成了"三统一、三结合"的国有资产监督管理体系（见图4-1），实现了经营性国有资产的集中统一监管。

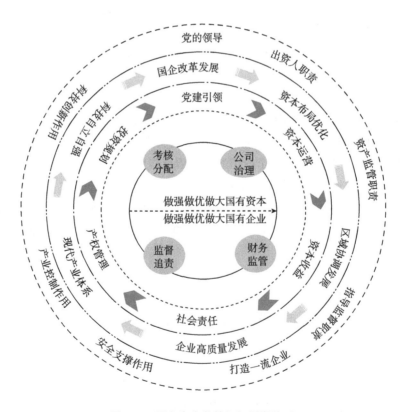

图4-1 国有资产监管行权履职体系

（一）党的领导体系

1. 确立党在国有企业的领导核心地位

2016 年 10 月 10 日，习近平总书记出席全国国有企业党的建设工作会议，就国有企业改革发展和党的建设发表了一系列重要讲话，指出坚持党的领导、加强党的建设是国有企业的"根"和"魂"，是我国国有企业的光荣传统和独特优势，强调抓好党建是最大的政绩。之后，国务院国资委通过举办各类中央企业宣传思想工作培训班、召开多场次中央企业学习《习近平谈治国理政》《习近平经济思想学习纲要》等学习交流会，不断强化党建理念。从 2017 年开始，国务院国资委党委一年一个主题压茬推进中央企业党建工作落实年、党建质量提升年、基层党建推进年、党建巩固深化年、党建创新拓展年五个专项行动，推动国资国企改革发展与党的建设同频共振，逐渐确立了党在国有企业的领导核心地位。

2. 将党的领导融入公司治理

《中国共产党国有企业基层组织工作条例（试行）》第十一条和第十三条明确规定，国有企业党委（党组）要研究讨论企业重大经营管理事项，在国有企业发挥"把方向、管大局、保落实"的领导作用；董事会、经理层决策重大问题应先经党组织研究讨论。国务院国资委深入落实相关规定精神，于 2020 年 12 月和财政部联合印发了《国有企业公司章程制定管理办法》，中央和地方国有企业陆续出台党委会议事规则、党委研究决定事项前置清单和研究讨论重大经营管理事项清单，"先党内、后提交"成为重大事项决策固定程序，并明确提出"四个上会、四个不上会"总体要求，即集团公司办公会、董事会审议事项必上会、子公司董事会议案必上会、重大投资项目必上会、重要改革部署必上会，未履行规定程序的议案不上会、存在较大分歧意见的议题不上会、研究论证不充分的重要项目不上会、不涉及方向和重大调整的已决事项不再上会。截至 2022 年上半年，中央企业集团层面全面完成"党建入章"，逐渐建立起了国有企业以党委为核心的领导体制。

3. 推行党建工作全覆盖，全面从严治党

通过党建工作清单化落实、项目化推进、动态化考核，推动党建工作全覆盖，形成包含研究部署、分解任务、工作实施、监督检查、考核评价、总结奖惩、约谈追责、反馈整改八个方面层层递进、环环相扣、首尾相接、循环作用的完整工作链条，逐步形成主体明晰、责任到位、执行流畅、监督有力的党建工作体系。在进行全面从严治党任务清单化管理时，列出正面清单和反面清单，从两个维度加以梳理和落实。正面清单是任务，负面清单是红线。通过清单化管理，明确应当干什么和不能干什么，将从严治党工作落实到日常工作和每个基层党组织中。

4. 形成"述评考用"党建工作责任考核体系

通过建立中央企业党委（党组）向国务院国资委党委报告年度党建工作、党委（党组）书记向国务院国资委党委现场述职、基层党组织书记抓党建述职评议"三项制度",使党委(党组)在国有企业的领导核心作用、党支部等党的基础组织在国有企业的战斗堡垒作用、共产党员在国有企业的先锋模范作用逐渐得到发挥。上级党组织依据日常情况、检查情况、考核结果,对下级党组织党建工作责任制的落实情况进行目标管理考核。"考"与"评"同步开展、相互结合,最终形成综合评价意见,确定考核等次。"用"即运用,把述职评议结果作为党组织书记工作实绩评定的重要内容,把党建工作责任制考核作为领导班子及人员选拔任用、培养教育和奖励惩戒的重要依据,与生产经营业绩直接挂钩。

5. 建立党内监督问责常态化机制

在推行企业党委书记和董事长"一肩挑"、保证党的领导全覆盖的同时,在党委、纪委统筹下,建立日常行为监督和年终结果监督相结合的体制机制,将党的监督嵌入企业经营管理的全过程,实现短期快速动态化监督考核和年度经营绩效长期化履职评价有机协调、党内监督和法人治理监督有机融合。

(二)公司治理体系

1. 建立中国特色现代企业制度

2020年12月,国务院国资委、财政部印发了《国有企业公司章程制定管理办法》,分别对国有独资公司、国有全资公司、国有控股公司的出资人机构或股东、股东会,以及公司党组织、董事会、经理层、监事会、职工民主管理与劳动人事制度进行了规范,并对财务、会计、审计与法律顾问制度做出了安排,还对上述公司合并、分立、解散和清算的程序加以明确,形成了中国特色国有企业治理框架。"中央企业完善中国特色现代企业制度2021年工作安排"研究制定《关于在建设中国特色现代企业制度中完善中央企业"三重一大"决策机制的实施意见》,修订《中国特色现代企业制度建设百问》《中央企业公司章程指引(试行)》,基本形成了以加强党的领导、规范董事会建设、完善公司治理、强化监督保障等为支撑的制度体系。2022年1月,国务院国资委通过印发《国有企业公司治理示范企业名单》,加大对典型经验的宣传推广力度,持续打造公司治理标杆企业,推动国有企业建立有中国特色的现代企业制度。

2. 建立董事会授权管理制度

国务院国资委认真落实中共中央办公厅2021年5月发布的《关于中央企业在完善公司治理中加强党的领导的意见》要求,建立"双向进入,交叉任职"的国有企业董事会,印发《中央企业董事会工作规则(试行)》《关于中央企业加强子企业董事会建设有关事项的通知》《关于中央企业落实子企业董事会职权有关事项的通知》,修订《中央企业董事会及董事评价办法》,逐渐形成了董事会建设"1+N"制度体系,对董事会的组建、功能定位、权责边界、运行机制、管理监督等方面的内容进行规范和明确,并对外部董事履行监督职责和选聘管理办法进行了进一步说明。制定《中央企业董事会授权管理办法(试行)》,明确国有企业董事会"应建尽建""配齐建强",推动中央企业集团层面董事会建设的有益做法在中央企业子企业和地方国有企业中得到有效应用，形成了以党的领导为核心，董事会决策并授权经理层进行企业管理的国有企业运行机制。

3. 推行职业经理人任期制和契约化管理

按照"市场化选聘、契约化管理、差异化薪酬、市场化退出"要求，在二级、三级企业或混合所有制企业推进选聘社会化、管理契约化、薪酬市场化、退出制度化的职业经理人制度，着力激发经理层干事创业活力。强化干部交流和实践锻炼。将党管干部原则和发挥市场机制作用结合起来，党委管职业经理人的招聘、考察、监督，从全球市场招揽职业经理人，把市场化"活"的优势充分激发出来，让专业人做专业事，坚持薪酬与业绩同市场水平双对标的原则，解聘业绩不达标、年度或试用期考核不合格的职业经理人。

4. 规范员工持股和跟投，建立股权激励制度

2008年9月，国务院国资委出台《关于规范国有企业职工持股、投资的意见》，对国有企业改制和企业职工投资行为进行规范，加强了企业管理，防止了国有资产的流失，维护了企业和职工的合法权益。2009年3月，《国资委关于实施〈关于规范国有企业职工持股、投资的意见〉有关问题的通知》发布，明确了国有企业改制违规行为以及处理方式，并要求进一步加强对股权清退转让的监督管理。2010年，国务院国资委发布《关于建立国有企业改革重大事项社会稳定风险评估机制的指导意见》，从源头上预防和化解矛盾，维护企业和社会稳定，为国有企业开展改制重组、产权转让、关闭破产、厂办大集体改革、分离企业办社会职能等重大改革事项，以及科学识别、评价、应对和控制改革中的社会稳定风险提供了指导意见，为国有企业改革坚持正确的方向并进一步深化提供了保证。2016年9月，国务院印发的《关于促进创业投资持续健康发展的若干意见》明确要求探索国有创业投资企业和创业投资管理企业核心团队持股和跟投，持续增强企业活力。2019年12月，国务院国资委发布《关于中央企业加强参股管理有关事项的通知》，要求加强内部监督、严格责任追究，以防止国有资产流失、促进混合所有制经济健康发展。2021年，中央企业通过转让部分股权、增资扩股、合资新设、投资并购、股票首发（增发）等方式实施混合所有制改革超过890项，引入社会资本3800亿元。国务院国资委产权管理局、北京市国资委和全国工商联经济部指导，北京产权交易所承办"2021年混合所有制改革项目推介会"，286个混合所有制改革及中央企业民营企业协同发展项目集中亮相，拟募集资金超过1200亿元，多数项目围绕落实碳达峰碳中和、科技创新、京津冀协同发展等国家重大战略，涉及战略性新兴产业的高新技术企业项目占比超过50%。

5. 完善公司章程，促进公司依法治理

《国有企业公司章程》明确了出资人机构以及有关人员违反法律、行政法规和本办法规定的，依法承担相应的法律责任。2022年8月，国务院国资委发布《中央企业合规管理办法》，规定了企业党委（党组）、董事会、经理层、首席合规官等主体的合规

管理职责，进一步明确了业务及职能部门、合规管理部门和监督部门合规管理"三道防线"职责，对合规风险识别评估预警、合规审查、风险应对、问题整改、责任追究等提出明确要求，实现合规风险闭环管理，从制度上建立国有企业全方位监督体系，保障企业依法合规经营，促进企业经营管理水平整体提高。国务院国资委以视频方式召开党风廉政建设和反腐败工作会议暨警示教育大会，举办国有企业领导人员"牢记反腐败永远在路上"专题网络培训班，多次召开党风廉政建设和反腐败工作联席会议，并对贯彻会议精神提出要求。另外，国务院国资委指导中央企业建立纪检监察队伍，开展各项反腐倡廉工作，从而构建了"制度+巡视"监管体系，促进了公司的依法治理，保障了企业正常运营。

整体来看，可将公司治理体系表示为图4-2。

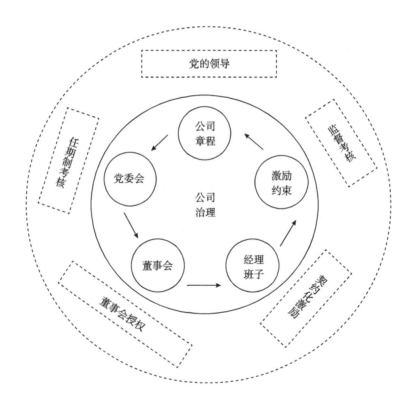

图4-2 公司治理体系

（三）科技创新体系

1. 培育创新创业文化，实施科技创新战略

国务院国资委自成立以来，多场次举办"中央企业科技创新宣传月"活动、科技创新管理培训会、创业大赛、创新创意大赛，营造浓厚的创新创业氛围，促进大众创业、万众创新。2011年6月，国务院国资委发布《关于加强中央企业科技创新工作的

意见》，要求中央企业贯彻落实"自主创新、重点跨越、支撑发展、引领未来"的方针，围绕做强做优、培育世界一流企业的目标，以自主创新能力建设为中心，以体制机制创新为保障，以国家技术创新工程为依托，大力实施科技创新战略，全面提升企业核心竞争力，推动企业转型升级，在创新型国家建设中发挥骨干带头作用。该意见明确加强中央企业科技创新工作要坚持"市场导向与国家发展需要相结合、科技创新与体制机制创新相结合、立足当前和谋划长远相结合、掌握核心技术与提高系统集成能力相结合"，并指出了加强科技创新工作的十一项重点任务，即"加强科技发展战略与规划管理、进一步建立健全企业研发体系、优化配置企业科技资源、着力突破一批关键核心技术、全面提高知识产权工作水平、加强主要领域技术标准的研究与制定、加强合作创新、加强服务创新、进一步加强科技人才队伍建设、进一步提高科技管理水平、加强企业创新文化建设"。

2. 出台激励创新政策，赋予国有企业创新动力活力

2013 年 6 月，中国工程院和国资委共同启动"加强中央企业技术创新体系建设战略研究"项目，通过全面调研中央企业、国内外先进企业的技术创新体系建设情况，开展典型案例分析，系统研究提出了中央企业技术创新动力机制，企业技术创新体系的内涵要素、建设思路和分类指导模型，并提出了相关保障措施及政策建议，促进中央企业科技创新和体制机制创新。2016 年 2 月，财政部、科技部、国务院国资委联合印发《国有科技型企业股权和分红激励暂行办法》，明确了对国有科技型企业的激励政策，以激发广大技术和管理人员的积极性和创造性。2019 年 8 月，国务院国有企业改革领导小组办公室印发《关于支持鼓励"双百企业"进一步加大改革创新力度有关事项的通知》（国资改办〔2019〕302 号，以下简称"302 号文"），各地针对"双百企业"制订和施行了中长期激励办法。2019 年 10 月，国务院国资委发布《关于进一步做好中央企业控股上市公司股权激励工作有关事项的通知》，支持中央企业控股上市公司建立健全长效激励约束机制，充分调动核心骨干人才的积极性。

3. 发布科技创新成果目录，引导科技创新

国务院国资委通过汇编国有企业科技成果，定期向社会发布国有企业科技成果推荐目录，积极引导社会力量参与国有企业科技成果转化。2021 年，国务院国资委科技创新局发布"2020 年国有企业数字化转型典型案例"遴选出产品和服务创新、生产运营智能化、数字化营销服务、数字生态、新一代信息技术、工控安全、两化融合管理体系、综合 8 类 100 个典型案例来推广国有企业数字化转型经验。2021 年 5 月，国务院国资委科技创新局发布《中央企业科技创新成果推荐目录（2020 年版）》，从 8 个领域推荐 178 项科技创新成果。2023 年 5 月，国务院国资委发布《中央企业科技创新成果产品手册（2022 年版）》，从核心电子元器件、关键零部件、分析测试仪器、基础软件、关键材料、先进工艺、高端装备 7 个领域推荐 369 项技术产品。国资委鼓励企业通过建立创新基金、科研奖励性后补助等方式丰富研发资金来源，打造实体经济、科技产

业与资本市场的对接通道，构建"科技创新+技术产业化+金融资本"的创新驱动发展模式，着力增强要素资源的市场化配置能力。

4. 组建创新协同平台，实现创新驱动发展

截至 2021 年底，国务院国资委组建运行 7 个中央企业创新联合体，超过 60 家中央企业参与，组建超过 200 个攻关团队，带动超过 180 家高校院所、国企民企，围绕核心电子元器件、高端金属材料等开展协同创新。截至 2021 年底，71 家中央企业牵头国家及地方产业技术创新战略联盟 247 个，其中国家级 106 个，参加产业技术创新战略联盟 672 个。国务院国资委设立"揭榜挂帅"科研项目，形成引领、执行、激励科技创新闭环。国务院国资委搭建国有企业创新基地，积极推进人才评先推优，在 2021 年中央企业 6 人获评"全国杰出专业技术人才"、8 个团队获评"全国专业技术人才先进集体"，5 人入选国家高层次人才特殊支持计划科技创新领军人才，143 人获评"全国技术能手"，构建人才、技术、资本的创新链条闭环，让双创和数字化转型取得积极成效，使中央企业创新能力得到明显提升，为推动构建新发展格局、加快实现高质量发展提供了有力支撑。2023 年 2 月，国资委举办中央企业数字协同平台交流活动，全力支撑服务国资央企数字化转型工作。

5. 形成创新生态，促进科技成果转化

国资委从成立创新联盟、设立专项基金、建设创新平台、优化政策环节、加强人才培养、促进成果转化六个方面构建国有企业创新生态：一是引导国有资本、社会资本、风险投资等各类资本向创新领域投入，特别是向带动产业升级的关键技术领域投入；二是搭建多元化的投融资平台，设立专门的创新基金，为创新活动提供资金支持；三是邀请企业、科研机构、高等院校、投资机构等各方共同参与，形成一个共享资源、互利共赢的创新联盟；四是出台一系列政策，包括提供税收优惠、简化行政审批程序、优化知识产权保护等，鼓励创新活动开展；五是加大对人才的培养和引进力度，包括提供教育和培训机会、优化人才引进政策、建立有吸引力的激励机制等；六是建立成果转化机制，鼓励和推动创新成果商业化，使创新活动能够产生实实在在的经济效益。

整体来看，可将科技创新体系表示为图 4-3。

（四）产权管理体系

1. 建立国有企业产权管理制度闭环

国务院国资委成立之后开始着手产权管理制度的修订，于 2005 年 8 月发布《企业国有资产评估管理暂行办法》，确定了国有资产评估的办法，为国有资产评估的核准与备案、监督检查和处罚提供了制度指引。2009 年 6 月，国务院国资委印发《企业国有产权交易操作规则》，为产权转让申请、转让信息发布、产权转让登记、组织交易签约、交易资金结算、交易凭证出具提供了制度依据。2012 年 4 月，国务院国资委发布《国家出资企业产权登记管理办法》，对产权登记的类型、程序及管理做了进一步说明，加强了国家出资企业产权登记管理。2014 年，国务院国资委印发《关于促进企业国有产

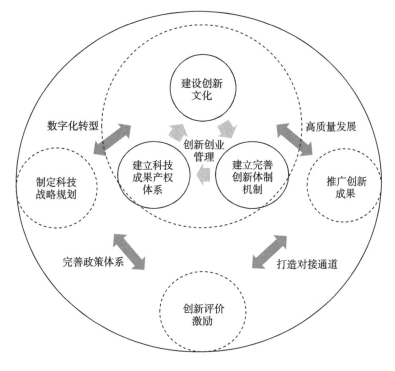

图 4-3 科技创新体系

权流转有关事项的通知》，要求进一步简政放权，促进国家出资企业加快结构调整，优化产权配置，降低改革成本。以上国有资产产权管理制度统一规范了国有企业产权评估、登记、转让、流转行为，形成了产权管理制度闭环，维护了国有资产出资人权益，促进了企业国有产权的有序流转，防止了国有资产流失，为及时、真实、动态、全面反映国有企业产权变动做出了贡献。

2. 实现不同类型国有企业产权管理全覆盖

国务院国资委办公厅于 2010 年发布了《关于建立国有控股上市公司运行情况信息报告制度的通知》，加强了对上市公司国有股权的监管，有利于国有股东及其控股上市公司做强做优。鉴于境外国有资产缺乏明确的产权管理制度的现实，国务院国资委于 2011 年 6 月印发《中央企业境外国有产权管理暂行办法》，对境外国有产权进行规范管理；2011 年 9 月发布《关于加强中央企业境外国有产权管理有关工作的通知》，强调要充分发挥产权管理的基础性、枢纽性和战略性作用，优化境外国有产权配置，保障境外国有产权安全。随着境外国有资产规模的扩大和风险事件的增加，2020 年国务院国资委下发《关于进一步加强中央企业境外国有产权管理有关事项的通知》，以进一步加强中央企业境外国有产权管理，提高中央企业境外管理水平，优化境外国有产权配置，防止境外国有资产流失。结合国有资本投资和运营工作的实际需要及合伙制企业增加的现实，2020 年 1 月国务院国资委印发了《有限合伙企业国有权益登记暂行规定》，规范和加强了有限合伙企业国有权益登记管理。

3. 不断完善国有产权监督制度，确保国有资产安全

为了规范国有资产交易行为，从制度源头上堵塞漏洞、避免产权交易过程中出现利益输送行为，国务院国资委于 2016 年 6 月发布了《企业国有资产交易监督管理办法》，从企业产权转让、企业增资、企业资产转让、监督管理和法律责任方面进一步加强了对企业国有资产交易的监督和管理，规范了国有资产交易行为。2018 年 5 月，国务院国资委出台了《上市公司国有股权监督管理办法》，力求进一步规范上市公司国有股权变动行为，在推动国有资源优化配置的同时，平等保护各类投资者的合法权益，防止国有资产流失。

整体来看，可将产权管理体系表示为图 4-4。

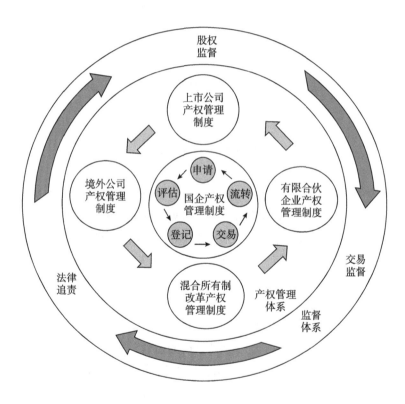

图 4-4 产权管理体系

（五）投资规划体系

1. 建立投资规划编制审核备案制度

2004 年 11 月，国务院国资委发布《中央企业发展战略和规划管理办法（试行）》以规范中央企业发展战略和规划的编制与管理工作，为国有企业编制 3~5 年中期发展规划和制定 10 年远景目标，提供了指引。基本工作流程是国资委根据国有经济布局和

结构的战略性调整要求，研究提出中央企业布局和结构调整的方向、原则、重点和工作思路，企业将此作为编制发展战略和规划的工作指南；企业根据中央企业布局和结构调整的总体思路和自身情况明确自身的发展定位、研究提出发展战略，国资委对企业报送的发展战略和规划内容进行审核，并将企业发展战略和规划的目标和实施纳入企业负责人经营业绩考核内容。

2. 优化国有资本布局和产业结构体系

以发展战略和投资规划为基础，制定重点任务分工方案，建立工作台账，落实投资责任主体，明确进度要求，推进规划落实落地。根据国家发展战略规划，开展国家重点项目投资，包括新一代信息技术、生物医药等重点项目。推进企业协同投资规划，加快现代物流体系、新能源汽车产业体系、工业互联网的构建。进行产业链投资，积极打造现代产业链链长，推动中央企业立足全局全国全产业链，形成勇挑重担、敢打头阵的责任担当。支持引导相关中央企业支持京津冀协同发展、东北振兴等区域发展项目，进一步优化提升首都核心功能，促进区域协调发展。推进中央企业参与共建"一带一路"建设的顶层设计，构建起横向协同、上下联动的工作格局。

3. 开展改制重组和层级压减工作

2006年7月，国务院国资委发布《关于进一步贯彻落实〈国务院办公厅转发国资委关于进一步规范国有企业改制工作实施意见的通知〉的通知》，积极推进中央企业规范改制，扩大了国有企业规模，增强了国有企业的市场竞争能力。2016年8月，为深入贯彻《中共中央　国务院关于深化国有企业改革的指导意见》（中发〔2015〕22号）精神，落实国务院关于中央企业瘦身健体的有关要求，有效压缩管理层级、减少法人户数，国务院国资委下发《关于中央企业开展压缩管理层级减少法人户数工作的通知》（国资发改革〔2016〕135号），以解决中央企业法人户数多、法人链条长、管理层级多、机构臃肿、管理效率低等突出问题。2022年5月，国务院国资委下发《关于中央企业进一步深化"压减"工作的通知》，要求中央企业集团公司管理层级控制在4级以内、大多数企业法人层级控制在5级以内。加强在线监测和重点督促，指导中央企业形成"压减"清单，制定相应考核指标和规则。组织开展"回头看"，强化实地督导检查，健全完善长效机制，有效推进了企业各项重组工作。通过新公司的组建（如组建中国稀土集团有限公司），有效提升资源掌控力、战略威慑力、国际影响力，为我国重要战略资源安全保驾护航。通过改制、重组、压减法人层级，持续推动中央企业优化组织结构，提高管理效率，构建业务有进有退、企业优胜劣汰、板块专业化经营、管控精干高效的新发展格局。

4. 建立和完善国有企业投资监督体系

2017年1月，国务院国资委颁布了《中央企业投资监督管理办法》，建立并完善了以管资本为主的国有资产监管体制。在此基础上，国务院国资委又发布了《中央企业境外投资监督管理办法》，建立健全了境外投资管理制度。2018年7月，国务院国资委颁布了《中央企业违规经营投资责任追究实施办法（试行）》，加强和规范了中央企业违规经营投资责任追究工作，进一步完善了国有资产监督管理制度。2020 年，国务院国资委印发《中央企业违规经营投资问题线索查处工作指引》，进一步规范了中央企业违规经营投资问题线索查处工作，形成职责明确、流程清晰、规范有序的责任追究工作机制。以上境内和境外投资管理制度的制定、实施，加强了中央企业投资管理，为完善国有资产监督管理体系，有效防止国有资产流失，推动国有资本布局和结构优化，实现国有资本保值增值发挥了重要作用。

整体来看，可将投资规划体系表示为图 4-5。

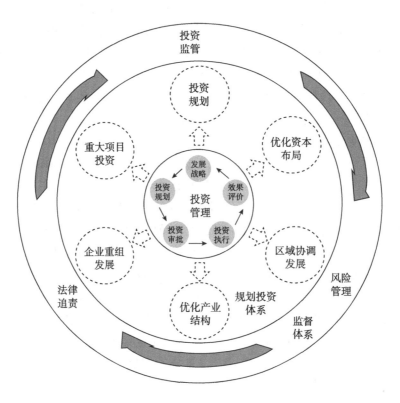

图 4-5　投资规划体系

（六）资本运营体系

1. 组建国有资本运营公司

国有资本运营公司以财务性持股为主，专司国有资本流动重组、布局调整，发挥投资融资、股权运作、金融服务和资产经营的功能，以灵活高效的资本运作实现国有资本合理流动和保值增值；以专业化多元化的资本运营手段，做强做优基金投资、资本运营、股权管理，提升资源整合和配置能力，引导和带动社会资本共同发展；通过股权运作、基金投资、资本整合、培育孵化、价值管理、有序进退等方式，发挥资本运营平台有效整合政策、资本、金融、科技等各类资源的作用，推动产业转型升级、赋能优势企业，实现战略产业集群关键链条、关键环节、关键企业快速发展。

2. 组建国有资本投资公司

2014年7月，国务院国资委先行在中粮集团、国家开发投资公司开展投资公司试点工作，2016年后，试点企业扩展至十家，通过不断推进改革试点工作，在"试体制""试机制""试模式"等关键环节勇于探索和突破，通过不断的经营总结，初步形成了从计划到审批、决策，再到实施，以及最后评价的投资管理闭环。一是加强战略引领，聚焦主责主业。按照产业相同、行业相关、主业相近的原则，遵循实体化、市场化、专业化的发展方向，构建监管架构。二是加强制度建设，对企业投资行为进行再规范，对禁止投资和特别监管投资项目实行差异化监管，严格执行投资负面清单。三是加强投资管理服务，突出重点。动态调整项目库，强化企业年度投资计划的执行。四是通过投资管理平台为投资项目提供投前决策、投后管理、投资效果和风险评估等投资服务，促进投资管理迈上新台阶。各地改组组建国有资本投资公司、国有资本运营公司，先后形成了"上海模式""重庆模式""山东模式"三种典型管理模式，为国家和地方国有经济重大战略布局的落实提供了组织和机制保障。

3. 建立资本运营收益闭环管理体系

2016年7月，财政部出台《中央企业国有资本收益收取管理办法》，规范了国家与企业的国有资本收益分配关系，加强了中央企业国有资本收益管理，明确了国有资本收益申报、审核和上交的各项事宜。2017年，财政部出台《中央国有资本经营预算支出管理暂行办法》《中央国有资本经营预算编报办法》，完善了国有资本经营预算管理制度，规范和加强了中央国有资本经营预算支出管理。2019年9月，国务院国资委印发《中央企业国有资本经营预算支出执行监督管理暂行办法》，明确了国务院国资委和中央企业在资本预算执行中的职责分工，初步建立了一套有别于公共预算的资本预算执行管理方式和机制。2021年1月，《国资委履行出资人职责的多元投资主体公司利润分配管理暂行办法》，进一步加强了多元投资主体公司利润分配管理。这一系列制度的建立，促进了国有资本收益上缴、资本预算支出、资本收益分配、资本运营、利润分配闭环体系的形成。

整体来看，可将资本运营体系表示为图4-6。

（七）财务监督体系

1. 建立全面预算管理工作体系

国务院国资委每年下发预算编制工作指导意见，要求国有企业在预测和决策的基础上，围绕战略规划，以资产、负债、收入、成本、费用、利润、资金为核心指标，对预算年度内企业各类经济资源和经营行为进行合理预计，按照"上下结合、分级编制、逐级汇总"的原则，依据国务院国资委统一印发的报表格式、编制要求，编制上报年度财务预算报告。企业编制财务预算要加强对外投资、收购兼并、固定资产投资以及股

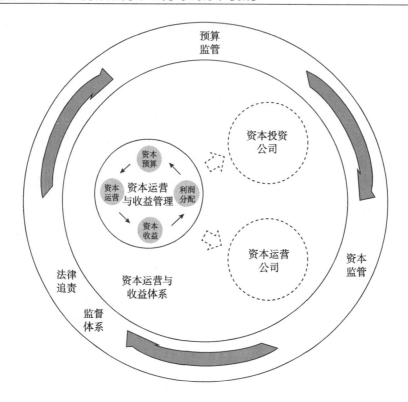

图 4-6 资本运营体系

票、委托理财、期货（权）及衍生品等投资业务的风险评估和预算控制，加强非主业投资和无效投资的清理，严格控制非主业投资预算。国资委逐户审核批复企业财务预算，落实成本、费用、资金、投资精益管理，从组织保障、编制水平、执行机制、考核评价、信息系统五个方面对企业预算管理水平做出评价，并明确企业预算管理水平所处的层级（国际先进、央企领先、央企达标），促进企业提高预算管理水平。国资委按月跟踪监测预算执行情况，鼓励企业建立财务预算管理制度，开展财务预算编制、执行、监督和考核工作，完善财务预算工作体系，推动实施全面预算管理。

2. 运行情况监测预测月度快报体系

为便于跟踪了解和动态监测企业运营情况和预算执行情况，国务院国资委要求各中央企业于每月 5 日前预报财务快报效益完成情况，每月 9 日前将上月企业财务快报（全级次）、分行业主要经营指标等月度报表以及财务快报分析报送国资委财务监管局；认真分析各板块、各产业运行发展态势，重点分析效益、成本费用、负债、固定资产投资等指标变化的原因，做好经济运行动态监测。月度财务快报要对收入、收益、成本、负债、现金流、应收款、存货等方面进行全级次、多维度分析，关注盈亏大户效益波动原因及其影响。国务院国资委每月要完成中央企业财务快报分析，重点行业、重点企业生产经营动态专项分析，向国资委汇报月度经济运行情况；每月发布地方企业财务动态、国资系统监管企业财务动态，方便开展日常对标工作；每季度召开宏观经济专家座谈会，撰写中央企业经济运行情况国务院报告，预研预判宏观经济走势和中央企业运行态势，完成经济运行新闻发布会。

3. 增收节支、"两金"压降、处僵治困专项工作体系

2015年，国务院国资委印发《关于进一步做好中央企业增收节支工作有关事项的通知》，从统一认识树信心、开拓市场抓机遇、精益管理控成本、压缩开支降费用、高效融通用资金、效益为先配资源、盘活存量提效能、多措并举治亏损、强化组织重落实九个方面提出明确要求。同年，国务院国资委又印发《关于中央企业开展两金占用专项清理工作有关事项的通知》，明确提出各中央企业"两金"压降目标和具体工作要求，按照"压存量、控增量"工作原则，要求中央企业加强往来款管理，加大催收清欠力度，并对部分行业"两金"压降及往来款清理工作进行专项督导，以逐户审核工作方案、逐月通报工作进展、逐户印发督导函的方式开展两金减压工作。中央企业持续开展子公司"处僵治困"专项行动，采取内部业务整合、分流冗余人员、优化体制机制的"内科治疗"和债务重组、破产重整、引入战略投资者的"外科手术"治疗两种方法，建立重点督导脱困企业名单管理、部级联席会议推动、现场督导监督落实机制。

4. 发挥年度财务决算的监督审计作用

国务院国资委每年发布财务决算报表编制工作通知，要求企业利用好决算盘点清查、综合反映、分析诊断、评价反馈、检查监督等功能，如实反映企业财务状况、经营成果和现金流量。严格组织开展决算审核工作，审核前与会计师事务所沟通，对以往年度问题整改情况，以及决算过程中发现的会计信息质量、资金管理、债务管控、违规投资经营等方面的问题逐户进行审核批复，向企业下发决算审核情况报告，提出整改问题及要求，督促企业完善成本费用控制措施，关注投资回报、"两金"占用、经营风险等重大事项，及时揭示内部控制薄弱环节，建立决算发现问题整改反馈机制，发挥会计决算总结工作、查找问题、识别风险、提出建议、促进管理提升、检验工作成效、管控经营风险、落实问题整改的功能。2023年4月，国务院国资委监督追责局发布《中央企业财务决算审核发现问题整改和责任追究工作规定》，严格贯彻执行习近平总书记提出的"国有企业改革要先加强监管、防止国有资产流失"的指示，要求中央企业切实做好财务决算审核发现问题的责任追究工作，提升财务监督的权威性，同时结合企业实际，研究制定相关制度规定，细化财务决算审核发现问题的整改和责任追究工作程序。

5. 构建重点风险事项监管体系

2013年，国务院国资委印发《关于进一步加强中央企业大宗商品经营业务风险防范有关事项的紧急通知》，从排查业务风险、优化经营模式、规范质押融资行为、加强存货分类管理、加强客户信用管理、强化内部控制体系建设六个方面明确相关要求。2020年和2021年，国务院国资委分别发布《关于切实加强金融衍生业务管理有关事项的通知》和《关于进一步加强金融衍生业务管理有关事项的通知》，对金融衍生业务风

险，启动四部门联合检查指导机制，加强对持仓大户、期末浮动盈亏大户的跟踪分析，及时了解市场动向、业务结构，指导企业加强仓位管理，完善风险控制措施。开展中央企业金融衍生业务季度监测工作，及时开展综合分析，提示有关企业关注市场风险、严守套保原则、优化业务操作、强化止损机制。2017 年，国务院国资委印发《关于进一步排查中央企业融资性贸易业务风险的通知》，严禁融资性贸易和"空转""走单"等虚假贸易业务，要求加快淘汰非主业低毛利贸易业务。2021 年，国务院国资委发布《关于加强中央企业融资担保管理工作的通知》，力求进一步规范和加强中央企业融资担保管理，有效防范企业相互融资担保引发债务风险交叉传导，推动中央企业提升抗风险能力。2022 年，国务院国资委发布《关于加强中央企业商誉管理的通知》，以加强中央企业商誉管理，不断提升会计信息质量和资产质量，有效防范和化解商誉形成的潜在风险。2021 年，国务院国资委印发《关于加强地方国有企业债务风险管控工作的指导意见》，督促各地方国资委进一步加强国有企业债务风险防控，有效防范化解地方国有企业债务风险，维护金融市场稳定和经济稳定发展大局。对国有企业债券风险，建立省级债券风险监测预警机制，开展跨部门信息共享和联合防控，实现监测预警、过程管控、风险处置的全过程监控机制。对审计、巡视、监事会发现和移交的问题按照"资金资产损失未追回不放过、责任未追究不放过、长效机制未建立健全不放过"的原则，逐户跟踪落实，逐项评估整改效果，健全问题整改闭环管理体系。成立中央企业风险管控工作小组，建立风险监测预警机制、风险报告机制、穿透监管机制、挂牌督导机制、联动管控机制五大机制，重点监控债务风险、金融风险、投资风险、潜在风险、表外风险五类风险，并根据风险量化评估结果，确定年度风险管控企业名单，以实现风险早发现、早预警、早处置。

6. 建设世界一流企业财务管理体系

2022 年，国务院国资委发布《关于中央企业加快建设世界一流财务管理体系的指导意见》，提出完善全面预算管理体系、合规风控体系、财务数智体系、财务管理能力评价体系和财务人才队伍建设体系，推动世界一流财务管理体系建设。在具体实施过程中，重点围绕以下四个方面展开：一是打造"标准、合规、高效、精益"的报告体系；二是完善纵横贯通的全面预算管理体系，实现全面预算管理与战略管理、成本管理、内控管理、风险管理等有效协同；三是构建安全高效的资金管理体系，把司库管理体系建设作为财务管理数智化转型的切入点和突破口，推动财务管理创新与变革；四是搭建智慧智能的信息化平台，提升信息系统自动化水平，深入开展大数据分析，加强平台、系统、数据的安全管理。以司库建设为切入点加快企业数字化、信息化、智能化转型，通过信息化手段严防企业资金舞弊风险、合规性风险、流动性风险和金融市场风险。财务监督在履行出资人监督职责中具有非常重要的作用，它为其他监督提供会计信息和监督线索，也为国有资产管理绩效的评价与考核提供重要依据。财务决算审核是财务监督工作的关键环节，对强化财务预算约束力，提升会计信息质量，防范化解企业重大风险发挥了重要作用。国务院国资委专设财务监管与运行评价局，承办所监管企业的财务预决算工作。

整体来看，可将财务监督体系表示为图4-7。

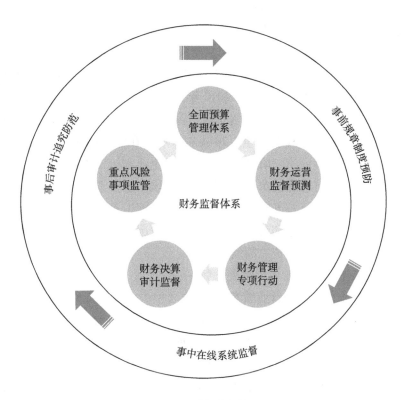

图4-7　财务监督体系

（八）考核分配体系

1. 不同功能企业差异化分类考核体系

根据国有企业充分竞争程度、股权参与程度以及政府城市功能定位、资本运营模式的不同，"一企一策"地对国有企业实行分类授权、分类监管、分类考核，做到权责对等、动态调整。根据中央企业功能定位，兼顾企业经营性质和业务特点，综合考核资本运营质量、效率和效益，将转型升级、创新驱动、合规经营、社会责任等纳入考核指标体系，根据不同行业特点、发展阶段、管理短板和产业功能，合理确定不同企业的考核重点，设置有针对性的考核指标。根据企业承担的国家安全、行业共性技术或国家重大专项任务资本占用情况和经营性质，合理确定不同企业的经济效益和社会效益指标，明确差异化业绩考核标准，实施差异化薪酬激励。将企业承担的对经营业绩有重大影响的特殊事项列入管理清单，作为考核指标确定和结果核定的重要参考依据。

2. 国有企业工资总额分级分类管理体系

国资委成立以来,对完善工资总额管理制度做了大量积极有效探索,总体上分为三个阶段:第一阶段为承接起步期,从 2003 年至 2007 年,国资委在依法承接原劳动保障部门对中央企业工资监管职能的基础上,从出资人的角度,持续对工效挂钩管理办法进行改革和完善,初步构建了出资人对企业的工资总额调控体系,在促进企业经济效益高速增长的同时保障了职工工资的提高。第二阶段为改革突破期,重点是探索和建立工资总额预算管理体制。2008 年国务院国资委在部分重点行业启动了工资总额预算试点,着手建立工资总额预算管理制度体系,2010 年、2012 年先后制定《中央企业工资总额预算管理暂行办法》和《中央企业工资总额预算管理暂行办法实施细则》,2014 年实现了中央企业工资总额预算管理全覆盖。2014 年以后,在深化国企改革的大背景下,工资总额管理进入分类管理的第三阶段,对于竞争类企业实行工资总额预算备案制,对于关系国家安全、国民经济命脉的重要行业和关键领域、主要承担重大专项任务的特殊功能类企业实行工资总额预算核准制。中央企业以上年度工资总额清算额为基础,根据企业功能定位以及当年经济效益和劳动生产率的预算情况,参考劳动力市场价位,分类确定决定机制,合理编制年度工资总额预算。

3. 国有企业负责人经营业绩考核责任制

根据《中央企业负责人经营业绩考核办法》《中央企业负责人薪酬管理暂行办法实施细则》有关规定,每年通过国资委主任或者其授权代表与企业主要负责人签订经营业绩责任书的方式确定年度经营业绩考核和任期经营业绩考核办法。坚持质量第一效益优先、强化正向激励、激发企业活力、落实保值增值责任、短期目标与长远发展有机统一、行业对标、差异化激励约束的原则,结合企业战略定位、发展目标和实际情况,对不同功能和类别的企业,确定差异化考核标准,实施分类考核。开展半年预评估工作,对预评估结果为 A 级的企业,调增负责人预发绩效年薪,及时予以正向激励。对于半年预评估情况较差、完成全年目标存在较多不确定因素的企业,紧盯经济运行变化和行业走势,加大跟踪监测力度,通过电话通知、发提醒函、实地调研督导等形式,了解分析企业经营中的深层次问题和突出矛盾,及时提示督促企业,防范和化解经营风险,督促企业努力完成年度考核目标。推行职业经理人契约化管理,综合考虑企业负责人的经营业绩和承担的政治责任、社会责任,制定与企业负责人选任方式相匹配、与企业功能性质相适应的差异化薪酬分配管理办法。

4. 收入分配持续优化体系

紧紧围绕全面深化国资国企改革的中心任务,以加快构建更加市场化的用工分配机制为重点进一步深化用工分配制度改革,逐步完善以管资本为主的用工分配监管模式,构建市场化劳动用工和收入分配机制,建立岗位人员选拔任用机制实现员工能上能下,加强劳动用工契约化管理实现员工能进能出,健全工资效益双向联动机制实现员工收入能增能减,推进企业内部经营机制转换,提高人力资源使用效率,以增强国有企业活力和竞争力。

整体来看，可将考核分配体系表示为图4-8。

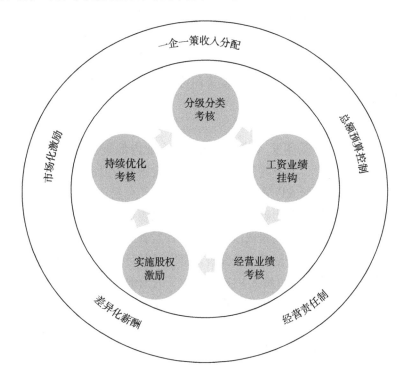

图4-8 考核分配体系

（九）监督追责体系

1. 外派监事监督和巡视监督机制

1998年开始国有企业实行外派监事会制度，以财务监督为核心，不断促进企业提升财务管理水平；以企业重大决策监督为重点，不断促进企业改善经营管理；以出资人关注的重大事项为抓手，不断促进企业持续健康发展；以评价企业负责人履职行为为途径，不断促进企业加强领导班子建设。2014年为监事会第五任期首个完整任期检查年度，各监事会办公室以问题和风险为导向，做深做实做细当期监督，逐步把工作重心转移到发现问题、揭示问题和报告问题上来。从2011年开始国务院国资委成立多个巡视组，进驻各个企业，开展常规巡视工作，对巡视整改提出明确要求，在国资委官网披露巡视结果，并对企业整改情况开展追踪巡视。目前，将国资委的外派监事制度修改为外派董事制度，由国资委外派的专门人员在国有企业行驶外部董事权利。

2. 企业内部控制监督

2019年10月，国务院国资委发布《关于加强中央企业内部控制体系建设与监督工作的实施意见》，明确中央企业建立健全内控体系，实现"强内控、防风险、促合规"

的管控目标，形成全面、全员、全过程、全体系的风险防控机制，强化集团管控。该实施意见要求中央企业主要领导人员作为企业内控体系监督工作第一责任人，完善管理制度，全面梳理内控、风险和合规管理相关制度，及时将法律法规等外部监管要求转化为企业内部规章制度，持续完善企业内部管理制度体系；强化中央企业内控体系执行，提高重大风险防控能力，利用信息化管控手段，强化内控体系刚性约束；加大对企业内控系统的监督评价，通过企业自评、集团监督评价、外部审计监督、出资人监督，全面提升内控体系有效性。

3. 企业内部审计监督

2020 年，国务院国资委印发《关于深化中央企业内部审计监督工作的实施意见》，要求深入贯彻落实党中央、国务院关于加快建立健全国有企业、国有资本审计监督体系和制度的工作部署，围绕形成以管资本为主的国有资产监管体制，有效推动构建集中统一、全面覆盖、权威高效的审计监督体系，深化中央企业内部审计监督工作。该实施意见从体制机制、主要工作、重点领域以及内部审计监管等方面对深化中央企业内部审计监督工作提出了工作要求：一是进一步完善内部审计领导和管理体制机制。建立健全党委（党组）、董事会（或主要负责人）直接领导下的内部审计领导体制，发挥董事会审计委员会管理和指导作用，完善激励约束机制，压实工作责任，加强集团总部对内部审计工作的统一管控。二是强化内部审计监督。围绕贯彻落实党中央重大决策部署和国家重大战略任务情况、提质增效稳增长、突出主责主业、混合所有制改革、大额资金管控、对赌模式并购投资、高风险业务和"三重一大"事项等重点领域和关键环节，提出加强内部审计监督检查等具体工作要求。三是进一步规范内部审计工作。针对近年来经济责任审计、境外经营投资、内控体系建设、审计整改落实及结果运用等方面新的工作要求和存在的突出问题，明确、细化相关内部审计工作要求。四是加强出资人对内部审计的监管。对审计计划编制、重大事项报告等工作提出要求，明确建立健全出资人对内部审计工作的检查评估工作机制、加大责任追究力度等。

4. 境外国有资产监督

2017 年，中共中央纪律检查委员会驻国资委纪检组印发《关于加强中央企业境外廉洁风险防控的指导意见》，指出中央企业境外资产是国有资产的重要组成部分，有效防范境外投资经营风险，直接关系到国有资产的整体安全和保值增值，直接关系到国家"走出去"战略、共建"一带一路"的顺利实施。要加强企业集团层面对境外廉洁风险的统一管控，明确境外廉洁风险的管控体制，完善境外廉洁风险防控制度，加强境外投资决策中的廉洁风险研判，以科技化、信息化手段为支撑，增强境外廉洁风险防控的实时性与有效性。要加强境外单位对廉洁风险的内部防控，落实境外单位党组织的主体责任，规范境外单位的权力运行，完善廉洁风险防控措施。要加强对境外人员的日常监督管理，严把境外人员特别是主要负责人的政治关、廉洁关，加强思想政治教育和廉洁教育，建立健全境外人员管理监督制度。要推动监督力量向境外延伸，加强监督部门的协同协作，形成境外廉洁风险防控的监督合力。要加强境外单位纪检组织建设，明确境外纪检监督的重点和手段，加大对境外违纪违法问题的查处力度，强化监督执纪问责。

5. 违规经营投资责任追究

2016 年 8 月，《国务院办公厅关于建立国有企业违规经营投资责任追究制度的意见》提出在 2017 年底前国有企业违规经营投资责任追究制度和责任倒查机制基本形成，责任追究的范围、标准、程序和方式清晰规范，责任追究工作实现有章可循和在 2020 年底前，全面建立覆盖各级履行出资人职责的机构及国有企业的责任追究工作体系，形成职责明确、流程清晰、规范有序的责任追究工作机制，对相关责任人及时追究问责，国有企业经营投资责任意识和责任约束显著增强的主要目标。该意见对包括集团管控，购销管理，工程承包建设，转让产权、上市公司股权和资产，固定资产投资，投资并购，改组改制，资金管理，风险管理在内的多个方面开展责任追究。2018 年，国务院国资委出台《中央企业违规经营投资责任追究实施办法（试行）》，明确中央企业违规经营投资责任追究工作应当遵循"依法依规问责""客观公正定责""分级分层追责""惩治教育和制度建设相结合"原则，并明确了责任追究范围、资产损失认定和责任认定、责任追究处理、责任追究工作职责、责任追究工作程序五方面的内容。2019 年，国务院国资委发布《关于做好中央企业违规经营投资责任追究工作体系建设有关事项的通知》，要求各中央企业成立违规经营投资责任追究工作领导小组或工作小组，企业主要负责人任组长，设置责任追究工作专门制度、职能部门，实现违规责任报告机制、责任倒查机制，推动实现责任主体有效覆盖，建立健全企业内部协同机制，健全完善责任追究工作规则，强化子企业责任追究相关制度建设，实行违规经营投资问题线索台账管理，严肃查处违规经营投资问题，加强信息化对追责工作的支撑，发挥责任追究工作综合效能，以追责促进企业强化管理、完善制度，对查处工作受理、初步核实、分类处置、核查、处理、整改六个环节进行全过程监督追责。另外，国资委构建了业务监督、综合监督、责任追究"三位一体"的国有资产出资人监督链条，打造了事前制度规范、事中跟踪监控、事后监督问责的监管闭环，不断提升监督震慑力、合规约束力、机制保障力、监督聚合力，切实增强了中央企业合规经营责任约束，持续筑牢国有资产安全防线，为国有资本和国有企业做强做优做大提供了有效保障。

整体来看，可将监督追责体系表示为图 4-9。

（十）社会责任体系

1. 建立中央企业履行社会责任管理体系

2007 年 12 月，国务院国资委印发了《关于中央企业履行社会责任的指导意见》，明确了中央企业在坚持依法经营诚实守信、不断提高盈利能力、切实提高产品质量和服务水平、加强资源节约和环境保护、推进自主创新和技术进步、保障生产安全、维护职工合法权益、参与社会公益事业八方面的内容，初步建立了企业社会责任管理体系，促进了区域社会、环境的全面协调可持续发展。该意见要求中央企业履行社会责任要重点

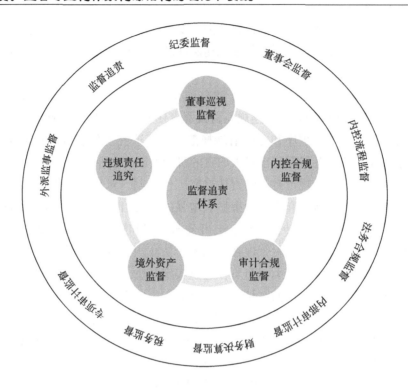

图 4-9　监督追责体系

把握好"坚持履行社会责任与促进企业改革发展相结合""坚持履行社会责任与企业实际相适应""坚持履行社会责任与创建和谐企业相统一"三项原则。2016 年,国务院国资委印发了《关于国有企业更好履行社会责任的指导意见》,坚持增强企业社会责任意识,推动社会责任融入企业运营,促进国有企业成为履行社会责任的表率,推动经济社会更高质量、更有效率、更加公平、更可持续发展的指导思想,明确到 2020 年国有企业形成更加成熟定型的社会责任管理体系。除发布以上意见外,国务院国资委还督促中央企业编制发布社会责任报告。2021 年 9 月,"中央企业社会责任报告集中发布活动(2021)"在北京举办。

2. 有序推进中央企业绿色低碳发展

2014 年 10 月,国务院国资委发布了《关于进一步加强中央企业节能减排工作的通知》,明确进一步发挥中央企业在全社会节能减排工作中的表率作用,确保国家"十二五"节能减排目标的完成。2018 年,国务院国资委发布了《关于全面加强中央企业环境污染风险防控工作有关事项的通知》,强调推进生态文明建设、坚决打好污染防治攻坚战,全面加强中央企业环境污染的风险防控工作。随着碳达峰碳中和"1+N"政策体系的形成,应对气候变化被纳入国家战略与顶层设计。2022 年 6 月,国务院国资委发布《中央企业节约能源与生态环境保护监督管理办法》,指导并督促中央企业建立健全节约能源与生态环境保护组织管理、统计监测和考核奖惩体系，推动中央企业进一步履行社会责任，促进企业可持续发展。

3. 强化安全生产

2008 年 8 月，国务院国资委发布了《中央企业安全生产监督管理暂行办法》，明确了中央企业应当建立以企业主要责任人为核心的安全生产领导负责制，建立健全安全生产管理体系。2010 年 12 月，国务院国资委发布了《中央企业安全生产禁令》，明确了九类不符合安全生产的作业情形，筑牢了企业安全生产的红线。2013 年 2 月，国务院国资委发布《中央企业应急管理暂行办法》，力求进一步加强和规范中央企业应急管理工作，提高中央企业防范和处置各类突发事件的能力，预防和减少突发事件及其造成的损害和影响，保障人民群众生命财产安全，维护国家安全和社会稳定。2013 年 4 月发布了《国资委关于加强中央企业安全生产工作的紧急通知》，在中央企业连续发生多起较大生产安全事故的背景下，强调切实提高企业安全生产意识，并指导企业突出重点，提高各类事故的防范应对能力，同时督促企业立即行动，全面开展企业安全生产大检查。2014 年，国务院国资委颁布《中央企业安全生产考核实施细则》，明确进一步加大安全生产工作考核力度，督促中央企业落实安全生产体系责任，强化安全生产管理工作。2017 年，国务院国资委印发了《关于调整中央企业安全生产监管分类的通知》，针对中央企业改革发展过程中生产经营范围、企业规模、业务领域、安全风险的变化，对安全生产监管分类进行调整，明确了分类分级、动态管理与业绩考核挂钩三个中央企业安全生产监管分类基本原则。

4. 推进品牌质量管理

国务院国资委为在上海举办的中国品牌日活动提供支持，自 2021 年开始开展中央企业品牌建设对标工作，开展国有企业品牌建设典型案例和品牌故事征集活动。国务院国资委举办多场次国有企业质量提升培训班，继续以《中共中央　国务院关于开展质量提升行动的指导意见》为抓手，提升干部队伍业务素质水平，组织开展质量提升课题研究和质量创新活动，推动中央企业强化质量提升工作。

5. 推动社会信用体系建设

国务院国资委发布指导意见推动央企履行社会责任，积极推进社会诚信体系建设，构建失信约束机制。国务院国资委与中央文明办、最高人民法院等七部门联合举办"构建诚信　惩戒失信"新闻发布会，签署"构建诚信　惩戒失信"合作备忘录。国务院国资委与最高人民法院、中国民用航空局联合下发《关于限制失信被执行人乘坐飞机的通知》，指导中国航信建设惩戒失信网络系统，落实惩戒措施。国务院国资委指导部署中央企业贯彻落实《关于推进诚信建设制度化的意见》，督促中央企业，特别是航空、石油、电信、食药等重点行业企业采取有力措施推进诚信制度化建设；指导航空、旅游及劳务出境企业抓好文明出境、文明旅游工作，完善相关制度，推进文明旅游、文明出境宣传教育，召开文明出境、文明旅游工作调研座谈会。

6. 实施"一带一路"倡议

中央企业在我国加快实施共建"一带一路"倡议、参与国际化经营中发挥"排头兵"的作用，在海外坚持负责任经营，为东道国经济社会环境的协调发展做出积极贡献。特别是共建"一带一路"的非洲、东南亚国家，中央企业承担了大量水电油运等基础设施的建设及供应任务，在资源能源开发、重化工业体系建设等多方面为促进所在国家和地区加快发展做出了突出贡献，助力所在国经济发展，带动就业，履行企业责任，塑造中国形象。共建"一带一路"倡议有助于相关国家打造政治互信、经济融合、文化包容的利益共同体、命运共同体和责任共同体，对于维护世界和平稳定、促进繁荣发展具有深远持久的意义，为全球可持续发展贡献了中国智慧和中国力量。

整体来看，可将社会责任体系表示为图4-10。

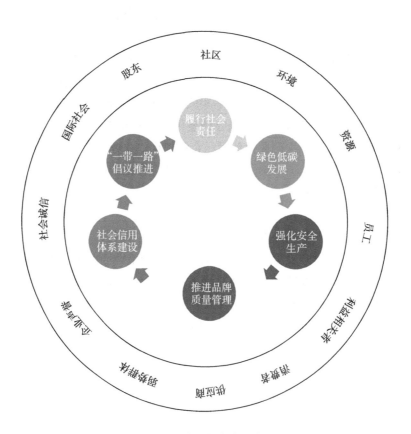

图 4-10　企业社会责任体系

三、国有资产监管体系化存在的问题与对策建议

（一）公司治理体系存在的问题与对策

从对部分国有企业的调研情况来看，公司治理方面仍然存在许多需要优化和完善的

地方。

1. 党委会、董事会、经理层定位重叠问题与对策

问题：按照《国务院办公厅关于进一步完善国有企业法人治理结构的指导意见》的规定，国有企业的董事会是公司的决策机构，负责定战略、做决策、防风险，这三个职责和党的把方向、管大局、保落实三个职责之间重叠，因为战略就是方向、方向就是战略，管大局就是要做决策、做决策就需要顾大局，保落实就需要防风险、防风险才能确保落实。《国有企业公司章程制定管理办法》明确了经理层的职责是"谋经营，抓落实，强管理"，如何处理"谋经营""定战略""做决策"的关系以及"抓落实"与"保落实"的关系，企业在实际工作中很难把握。因为"谋经营"会涉及"做决策""把方向"，而"保落实"比"抓落实"要求更高，管理得更细更到位才行。

建议：对党委会和董事会的职责进行有效分工，企业内部的经营管理决策问题由党委会研究决定，涉及企业法律地位、股权结构变化的问题由董事会研究决定；对党委会和经理层的职责进行有效分工，涉及重大决策的问题，由党委会研究决定，决策执行过程中的问题由经理层研究决定，一些经理层较难解决和落实的经营管理问题可以提请党委会研究决定。

2. 国有企业治理机关设置缺乏灵活性的问题与对策

问题：按照《国有企业公司章程制定管理办法》的规定，国有企业应当设置股东大会、党组织、董事会、经理层、监事会等机构。这一规定并未赋予国有企业按照功能定位、规模、管理层级、市场变化、经营特点等实际情况来设置公司治理主体的权力，以精简公司治理结构，提高治理效率。由此导致无论国有企业的经营业务是否单一，无论其产品市场是否波动较大、竞争激烈，均需要按照规定层级和流程进行经营管理决策，实现公司治理，出现了机构臃肿、决策中的不负责任现象。

建议：赋予国有企业根据自身实际情况设置企业治理主体以及调整公司治理主体职责和权责的权利。

3. 二级、三级以下企业董事会设立的问题与对策

问题：在国有企业董事会"应建尽建""配齐建强"的要求下，二级、三级、四级国有企业出现了董事会建设的形式主义问题。一是大多数二级、三级国有企业都是国有独资企业，是产业实体和利润中心，是经营执行单位，不存在多元股东，没有建立董事会的必要性。二是这些实体企业的经营战略、经营计划、管理制度均由一级企业或二级企业制定，主要经营管理决策由经理层做出，不存在需要董事会决策的事项。三是实体经营企业按照集团公司的制度要求进行风险控制、薪酬管理，董事会各专业委员会没有存在的必要性。

建议：将国有企业是否设立董事会、董事会成员构成的决定权下放给国有企业党委，由国有企业党委根据自身实际决定董事会的设置和成员构成。

4. 外部董事难以发挥作用的问题与对策

问题：外部董事受时间、精力的限制，难以在董事会发挥实质性作用，党委前置研究决定的事项，外部董事也难以投票否决。外部董事缺乏足够的时间、精力以及薪酬激励来了解企业经营决策的实际情况，希望外部董事在董事会发挥较大作用不切实际。在国资委要求外部董事在国有企业董事会成员中占多数的情况下，如何充分发挥外部董事的作用，调动外部董事行权履职的积极性，选派有履职能力而又有时间、精力的外部董事，需要可行的制度安排。

建议：授权国有企业党委决定董事会人员构成。在这一建议不能采纳的情况下，建议进一步细化外部董事的岗位、职责、权利，设立专职外部董事，要求其常驻企业。

5. 监事会撤销之后其监督职责行使的问题与对策

问题：按照《中华人民共和国公司法》的规定，监事会的工作可由审计人员替代，通过审计"全覆盖"等办法来开展监督工作。但是，审计主要承担的是事后监督职责，监事会主要承担的是对董事会、经理层决策过程的监督职责，二者不能完全替代。若撤销监事会，需要明确董事会、经理层决策管理过程的监督主体。

建议：建议外派财务总监或总会计师行使决策过程监督权。

（二）科技创新体系存在的问题与对策

1. 科技创新相关制度的完善对策

①国资委组织进行企业委托课题科研成果评奖，颁发部级科研成果奖，以鼓励科研人员承担企业委托课题；②国资委组织进行对策应用类论文或研究报告的评奖，消除唯论文评价标准；③放宽用工学历要求，鼓励专业技能型人才的培养；④企业职称评定加大技能、能力的评价，增加应用效果评价，降低或取消对论文数量的要求，鼓励实干兴邦；⑤全球范围内选聘一流科技领军人才，全国范围内公开选拔大国工匠、卓越工程师，打造全球人才高地；⑥鼓励建立师徒关系，对模范师徒关系给予物质激励；⑦出台激励政策鼓励高校毕业生到国家最需要的地方去。

2. 针对原创性引领性创新成果少的对策

①改革研究项目申报制度，取消对科研项目研究者文凭、职称的要求，不拘一格降人才；改革研究团队选择方式，主要通过揭榜挂帅方式公开选拔研究团队，不设门槛地鼓励个人或个人组织的团队揭榜挂帅；②向全社会征集原创性、引领性技术研发项目，鼓励社会机构创设科研项目和奖励项目，让个人、企业均有权利直接申报和承担科研课题；③改革科研经费支出制度，保证研究者、创新者的基本生活支出和研究经费支出，鼓励承担研究项目的单位在全球、全国招聘研究人员，容许列支相关人员的研究经费。

3. 关键核心技术难突破的对策

①改革高校和科研院所职称评价、学位授予体制，同等对待企业技术攻关项目与国家自然科学基金、社会科学基金项目，激励高校和科研院所的研究人员积极承担企业科研项目；②改革研究项目立项制度，将科技重大项目的立项权下放给企业，让企业直接

参与国家重大科研项目技术攻关团队的遴选，允许多个单位就同一个课题开展揭榜挂帅攻关；③改革科技成果评价制度，对承担关键核心技术攻关任务的单位，不以成败论英雄，只以实际进展和攻关效果论成败，同时改革人才评价体制，着重考核考察科研人员的实践技能；④鼓励科研人员在企业兼职或担任实职，同时改革高校教师聘任制度，允许没有教师资格证书的企业资深技术人员承担教学任务；⑤改革招投标制度，在关键核心技术攻关任务有一个企业或一个研究团队能承担的情况下，不再进行公开招标；⑥改革国有企业投资管理制度，容许民营企业和个人与国有企业合作开展关键核心技术攻关。

（三）产权管理体系方面的对策

1. 基金合伙企业交易行为管理方面

明确投资基金合伙企业交易行为是否纳入国有资产交易监管范畴；如不纳入，建议出台相应监管规则，明确如何监管基金合伙企业交易行为。

2. 上市公司股份转让价格限制方面

根据企业性质的不同，细化上市公司国有股转让的政策，放宽上市公司股份转让的价格限制，明确国有股东因资本运作或市值管理需要持有的上市公司股票的转让价格可低于最近一个会计年度上市公司经审计的每股净资产值，但不得低于获取股票时的经济成本（如上市公司配售、供股时的配售价/供股价，或二级市场增持时的增持价）。

3. 企业债转股、资产置换评估方面

鉴于债转股没有实际投资，且对国有权益无实际影响，国有全资企业的资产置换也不会造成国有资产流失，为进一步降低企业成本、提升效率，建议国有全资企业实施债转股可以最近一期审计报告确定的账面值为定价依据，资产置换豁免资产评估。

4. 资产转让评估方面

明确100万元以下的资产转让无需在产权交易机构公开进行，可以采取公开招标、拍卖、三方询价等其他公开的方式进行转让，以便企业在实际操作中有制度依据，提高处置效率。

5. 产权登记方面

贯彻落实中共中央、国务院关于"放管服"改革的精神，优化国有资产产权管理，提升企业活力和工作效率，探索"谁决策、谁审批"的产权登记模式，除重要、特殊事项外，可以授权合适层级的国家出资企业来决定其及其所属企业的国有产权变动事项，并完善动态调整机制。

6. 资产交易范围方面

可以将企业原股东增资导致国有股权比例减少、股权出售给外部投资者导致国有股权比例减少的增资行为列入交易监督管理范围。

7. 资产评估方法方面

完善资产评估的方法，提供更多适合数字经济发展的资产评估方法，选择更合理的方法进行国有资产评估，让国有企业更好地参与市场化竞争。

（四）投资规划体系方面对策

1. 投资审核备案政策的差异化方面

针对不同企业、不同种类投资，细分审批权限或简化审批流程。

2. 未列入年度投资计划项目审批的问题与对策

问题：目前未纳入年度投资计划的投资项目，确需投资的应调整年度投资计划。在实际操作时，业务市场变化较快，很难在年初规划时精准预测未来发展，精准安排投资，导致当投资机会出现时，国有企业很难抓住。

建议：若在年度投资计划之外确需投资金额在年度投资总额 10% 或者 15% 以内的项目，不需要走投资计划变更审批流程，由企业自主决定。

3. 投资审批备案周期长问题与对策

问题：北京市部分企业反馈，项目报国资委审批的周期为 2~3 个月，在此之前企业内部还需要 1~3 个月的时间进行论证、可行性研究和审批，一般投资项目从立项到批准大概需要 3~6 个月的时间，投资项目审批周期长。广东省部分企业也反馈投资项目审批周期长，如果是跨年度项目，审批周期会更长。

建议：优化审批备案制度，建议以管资本为导向，重投资结果考核，轻审批过程监管；重投资责任追究，轻投资可行性审批。

4. 境外交易估值存在的定价问题与对策

问题：在境外投资并购交易中，交易对手一般是按市场惯例使用境外估值报告作为定价依据。尽管国有资产评估管理相关规则明确境外交易可使用境外估值报告进行备案，也不限制用于备案的审计报告委托方，但在实际操作中由于专家评审对境外估值报告不熟悉，导致有关交易仍需使用境内评估报告以及买方另行委托的审计报告（即使卖方或标的审计报告为无保留意见报告）作为备案材料，导致即使双方较快达成商业共识，也只能等待审计报告和国资评估程序完成才能进行内部交易决策，不利于国有企业捕捉交易窗口。市场价格发生变化时容易使交易基础发生变化、容易产生交易纠纷。

建议：境外交易直接采用境外估值报告做定价依据，并制定相关备案操作细则，结合境外交易市场惯例，允许基准日为上一年度末的标的年度审计报告（无保留意见及特殊声明、符合对应会计准则的）作为备案材料。

（五）资本运营体系存在的问题与对策

当前专业化的资本运营体系初步建立，但仍存在一些需要细化和完善的领域。

1. 国有资产统一监管存在的问题与对策

问题：国有资本投资运营功能不完善、承担政府投资项目建设任务的能力较弱、资产投资营利性和流动性不强；国有资产证券化水平不高、混改力度不够、优质资源并购重组及整合运营成效不够明显。资源性国有资产没有得到良好的保护，易遭到破坏，导致国有资产使用效率低下、资源流失严重。中国国有资产未实现统一监管，按照金融国有资产和产业国有资产分类监管，形成了财政部管金融、国资委管实业的格局。从资本的内在属性来看，以所属行业为标准对国有资产进行分类监管缺乏依据且不利于对国有资产整体情况的掌控。当前国资委对国有资产的监管集中于经营性国有资产，对行政事业性国有资产和资源性国有资产的监管较少。

建议：明确国有资产监管内容和范围边界，厘清监管职责。创新监管方式，完善国有资产保值增值目标责任体系和经营目标考核办法，加强对出资企业重大事项的监管，建立严格的出资企业重大事项报告制度。

2. 以管资本为主相关法律缺乏的问题与对策

问题：当前国有资产管理从以管企业为主向以管资本为主转变，而现在有关企业国有资产管理的法规规章多是针对管企业的，难以适应以管资本为主的国有资产管理的新要求。例如，国有资本投资公司、运营公司处于中间层，有承上启下的作用，但目前还缺少专门的法律规章对其加以规范和指引。国有资本投资公司、经营公司的职能和定位，直接关系到能否承接理顺政企分开、政资分开。国资委与国有资本投资公司、经营公司是授权与被授权的关系，国有资本投资公司、经营公司与国有企业是出资人代表与企业法人的关系。构建国有资产的营运层必须理顺国资委、国有资本投资公司和经营公司及国有企业的关系。

建议：对国有企业的监管主体及监管职责进行梳理，突出资本市场投资、基金投资和股权管理三大监管业务，结合国有企业不同商业模式、资源与能力禀赋、所处阶段，分类制定监管原则、监管事项，取消重合监管事项，通过共享监管成果避免重复监管和过度监管。

3. 资本运营主体差异化考核存在的问题及对策

问题：国有企业公益类、市场竞争类、功能类的考核分类定位不适合资本运营管理精细化发展。以政策性农业基金为例，其设立的目的是解决农业企业融资难、融资贵的问题，各级主管部门为让利农业企业，为农业基金设立了单独的考核办法，要求年化收益率不低于1%，但是在农业基金纳入国有资本运营公司管理的情况下，再要求国有资本运营公司对标行业优秀值，净资产收益率超过10%，就不符合相关政策导向了。

建议：应当针对二级、三级企业，按照企业不同的类型进行差异化考核。

（六）财务监督体系存在的问题与对策

在财务监督体系建设方面，存在一些直接影响企业经营效率和效益的问题，需要加以解决。

1. 预算安排和调整无法完全适应外部环境变化的问题与对策

问题：近年来企业外部环境不断变化，企业年度预算很难完全适应企业经营活动的实际变化，申请预算调整也需要很长的时间。而当前合规管理相当严格，相关制度对预算执行、调整的刚性规定以及预算执行情况的考核要求，使企业在变化了的环境面前较为被动。

建议：预算是一种计划，是一种导向和引领，但不能将其看作不可突破的红线。保持预算的灵活性和预算调整的及时性，对于面临市场竞争的企业来讲是非常必要的。建议取消对预算的刚性约束，让企业能够根据经营形势的变化决定企业的经营活动和支出。

2. 运营活动管控与冲突的问题与对策

问题：国资委要求企业降低成本、费用、债务、两金占用比例是合理的，进行专项检查也是对相关工作有推动作用的。但是，一刀切式地提出压减目标与企业的实际情况并不符合。企业为了应对市场变化，需要在一些情况下增加支出、提高资产负债率、提升两金占用比例，压减导向与企业的实际需求不符。例如，高盈利的企业提高资产负债率是为了抓住盈利商机，这是企业根据形势变化做出的理性选择，降低负债率的要求实际就是要求企业放弃盈利商机，缩小经营规模。

建议：根据企业经营的实际和战略目标，确定合理的控制指标，更不能一刀切式地提出管控要求（比如降低资产负债率 1 个百分点），指标控制值也应随着企业经营形势的变化而不断变化。建议国资委只提原则性要求，不提具体指标控制值。如果要提指标控制值，就需要分类提出，不能只提降的目标，有降有升才是符合客观实际的。

3. 重复审计的问题与对策

问题：企业决算审计是一项非常严肃和重要的工作，是出资人考核企业经营业绩、评价企业财务状况和资产质量的重要依据。目前按照不同的制度要求和工作安排，企业面临重复审计的问题，各种形式的审计占用了企业大量时间，一些专项审计如人工成本审计、资产重组审计等，均需要企业财务配合进行。

建议：梳理合并各种审计要求，尽可能进行企业决算年度审计，让企业在同一时期接受一次审计，只有在发现有明显差错时才进行新的审计。

4. 财务数据重复填报的问题与对策

问题：当前许多专项行动都需要企业填报数据，虽然一些财务数据已经实现了互联互通和共享查询，但仍然不能满足相关监管部门的需求，导致企业需要在不同的系统中重复填报数据，常常还出现不同部门同时要求填报相同数据的情况。

建议：在监管部门内部实现数据共享和互联互通，减轻企业的数据填报负担。建议首先在国资委系统内部实现数据共享和互联互通，其次在部门之间实现数据共享和互联互通，开放数据接口，允许其他系统调用、对接相关数据。

5. 企业承担公益类活动的经济效益核算问题与对策

问题：许多竞争类企业每年也需承担一些公益类项目，这类项目在企业考核的时候只进行个别指标（如净资产收益率）的要求调整，其他指标的考核要求并不相应的进行调整，导致企业承担的政府公益类项目越多，考核得分越少的情况出现。

建议：出台公益类项目经济效益核算办法，指导企业开展精细化考核，可以根据公益类项目占用竞争类企业的资金、人员、资产的情况同比例核减利润等指标考核标准。

（七）考核分配体系存在的问题与对策

考核分配体系方面目前存在一些影响企业正常发展的问题，应当采取措施加以解决。

1. 分类考核"颗粒度"较粗的问题与对策

问题：按照广东省国资委《关于印发〈广东省省属企业负责人高质量发展经营业绩考核暂行办法〉的通知》规定，广东粤海控股集团有限公司（以下简称"粤海控股集团"）的分类考核定位是市场竞争类企业，重点考核企业经济效益，促进企业不断提升国有资本盈利能力、价值创造能力，按照产业化、市场化、专业化、资本化方向发展成为竞争力强的行业引领者。按照广东省财政厅《关于印发〈广东省省属企业国有资产收益分类分档收缴实施方案〉的通知》规定，粤海控股集团属金控投资及资本运营类企业，国有资本收缴比例为50%；市场竞争类、文化类、公益类企业国有资本收缴比例为30%。粤海控股集团作为多元化控股集团，旗下既有充分参与市场竞争的业务单元，也有承担公共服务保障任务的企业，还有承担重大建设任务的项目公司，业态跨度较大，将粤海集团整体作为市场竞争类企业进行考核、按金控投资及资本运营类企业的标准上缴利润，无法准确反映粤海控股集团的经营全貌。

建议：结合各企业的整体情况，准确地进行企业功能分类，将二级企业、三级企业也分为公益基础类、市场竞争类和金控投资运营类，进行不同类型的考核，以促进各企业健康发展。

2. 工资总额预算管理存在的问题与对策

问题：工资总额与企业绩效挂钩存在诸多问题，一是公益性企业的员工工资基数一直较低，按照政策要求当集团整体效益下降员工工资应一起下调，这会影响职工的基本生活；二是现行工资总额以上年基数核定，并规定"原则上增人不增工资总额、减人不减工资总额"，导致员工的积极性无法得到有效激励，为了提高员工工资水平，企业更倾向于减少员工数量，这不利于国家"保就业"政策的落实；三是在一些新兴产业领域和金融领域，市场平均工资增长较快，国有企业难以与市场化的企业开展竞争，导致这些领域的国有企业员工流失较为严重。

建议：进一步细化工资总额预算管理办法，一是根据员工上年工资基础与行业平均工资的差距，制定差距缩小调整系数，逐渐缩小同行业企业之间工资水平的差距；二是将工资总额管理政策下沉一级或两级，在二级或三级企业执行差异化政策，使其更契合企业实际，更能够发挥正向激励作用；三是鼓励企业增加就业岗位，增人同步增加工资总额；四是在新兴产业或金融领域，增加股权激励在薪酬中的比重。

3. 企业负责人考核期限过短的问题与对策

问题：企业负责人年度考核和任期考核均存在期间过短问题，受业绩考核压力的影响，企业为了实现短期目标，常常采取一些损害长期利益而能获得短期收益的经营行为，不利于企业核心竞争能力的提高。

建议：根据企业的不同类型，对企业负责人的业绩考核设置不同的考核指标、周期。

（八）监督追责体系存在的问题与对策

监督追责方面的一些问题影响了企业当前工作的积极性，必须尽快解决。

1. 监督主体、监督机制过多的问题与对策

问题：国有资产和国有企业监管目前包括纪委监督、巡视组监督、内部审计监督、财务预算决算监督、绩效考核监督、内部控制监督、法务合规监督、重大风险事项监督、三重一大决策监督等多个机制，存在党委书记（内部审计领导）、纪委书记、外派董事或总会计师、审计专员、监事会主席（监事长）以及总法律顾问、首席风险官、首席合规官等多个领导职位。监督主体多样、监督内容多样、监督时间安排不同，导致监督工作重叠、交叉。每项监督工作追求形成监督闭环、相互制衡，导致国有企业穷于应付，为了简化监督流程、合并重复监督事项，一些国有企业建立了监事会（纪委书记）统一领导的大监督体系、由总法律顾问统一领导的大合规监督体系由董事长领导的大风控监管体系，以及由党委书记统一领导的大内审监督体系。但是即使企业内部对各种监督机制进行了整合，也很难将各种监督机制完全统一起来。

建议：国务院国资委简化监督制度和要求，合并内控监督和审计监督、风控监督和合规监督，以消除重复监督。国有企业层面，合并纪委监督和监事会监督，将这些监督部门统一交由纪委领导，以明确监督主体，形成监督合力。建议通过上下级监督机构联合巡察、专项检查等方式，实现监督资源有效调配。通过一审多果、一果多用等方式，降低企业监督工作频次。

2. 法律、合规、风险、内控的一致性问题与对策

问题：《关于全面推进法治央企建设的意见》提出，探索建立法律、合规、风险、内控一体化管理平台。《关于加强中央企业内部控制体系建设与监督工作的实施意见》要求建立健全以风险管理为导向、合规管理监督为重点，严格、规范、全面、有效的内控体系。《关于进一步深化法治央企建设的意见》要求探索构建法律、合规、内控、风险管理协同运作机制，加强统筹协调，提高管理效能。2022年印发的《中央企业合规管理办法》第二十六条规定，中央企业应当结合实际建立健全合规管理与法务管理、内部控制、风险管理等协同运作机制，加强统筹协调，避免交叉重复，提高管理效能。

建议：国资委进行顶层设计，统一相关法律制度安排。

3. 组织机构的安排一致性问题与对策

问题：《中央企业合规管理指引（试行）》第八条规定，中央企业设立合规委员会，与企业法治建设领导小组或风险控制委员会等机构合署，但《中央企业公司章程指引（试行）》第二十四条规定，董事会设立审计与风险委员会。国务院国资委其他文件也存在规定内容不一致的问题。为落实国务院国资委的相关规定，省国资委也必然有相应的规定。这样，作为国有企业则在机构设置上可能会遇到一定的困惑。

建议：国务院国资委进行顶层设计，统一相关的制度安排。

4. 监管部门协同的问题与对策

问题：国务院国资委要求企业董事会合规委员会和风险管理委员会的人员合署办公，法律、合规、风险、内控一体化管理、协同运作。但在监管层面，法律、合规职能接受国务院国资委法规部门的监管，风险、内控职能则接受国务院国资委监督部门的监管，如果国务院国资委的法规部门和监督部门能够协同，则可以实现企业统一管理，如果国务院国资委的法规部门和监督部门不能协同，则企业难以实现统一管理。

建议：国务院国资委层面明确法律、合规、风险、内控的职能边界，提高一体化管理效能。

5. 国有相对控股的混合所有制企业的监管问题与对策

问题：《国企改革三年行动方案（2020—2022年）》明确提出，国资监管机构对持有股权的混合所有制企业、股权多元化的国有全资公司，探索实施有别于国有独资公司的治理和监管机制。对于国有相对控股混合所有制企业，特别是通过并购进入国资系统的市场化程度比较高的企业，如何加强党的建设、实施更灵活的监管有待进一步明确。

建议：进一步明确监管思路。

6. 监管相关法律规定的规范化问题与对策

问题：民法典以及现行的公司法对公司治理机构有明确的规定，《中国共产党国有企业基层组织工作条例（试行）》等对国有企业党委、党总支、党支部的职责进行了规定，但国有资产监管的有关规定与这些"上位法"存在冲突。

建议：全面梳理修改国有资产监管的有关规定，与"上位法"保持一致。

第五章 国有资产监管法治化的理论与实践

一、国有资产监管法治化的主要努力

党的十八大以来，在习近平法治思想指导下，国务院国资委持续深入推进国有资产监管法治机构建设，坚持依法履行职责、依法建章立制、依法规范决策，坚持法治体系、法治能力、法治文化一体建设，为实现国有资产保值增值、做强做优做大国有资本和国有企业提供坚实的法治保障。

1. 构建体系完备的国有资产监管制度体系

国务院国资委积极参与国家重点立法工作，有力支持公司法、破产法、反垄断法等与国资国企关系紧密的重要法律的修改；发挥自身优势，在国资国企系统开展深入调查研究，充分反映国资监管系统和广大国有企业的意见建议；深入开展国有资产监管重大立法研究，加强《国资法》和《监管条例》国有资产监管重大立法研究，在系统落实的基础上不断总结实践经验，形成更加贴近时代要求的修改建议。

在规章规范性文件层面，国务院国资委不断加强国有资产监管制度体系建设。坚持立改废释并举，着力健全完善涵盖国有资产监管各业务领域的规则制度，明确制度板块、制度类型以及制度间从属关系，形成制度体系图，形成体系完备、结构严谨、精简高效的监管制度体系。加强规章规范性文件的制定审核和管理，着力提升文件质量，加大废止、修订和整合力度，制度文件的科学性、有效性、实效性持续增强。主要表现在以下几方面：

（1）以规范出资人履职为主线，建立健全国有资产出资人制度，包括选择和考核企业管理者制度、企业重大事项管理制度、资本运营与收益管理制度、出资人财务风险管控制度、财务监管与运行评价制度。

（2）以落实国家所有原则为主线，建立健全国有资产统一监管制度体系，包括国有经济布局结构调整制度、国有资产基础管理制度、对地方的指导监督制度、法治央企建设制度、国有资产监督追责制度。

（3）以有效融入市场经济为主线，建立健全国有企业改革发展制度体系，包括深化国有企业改革制度、中国特色现代企业制度、推动科技创新与高质量发展制度、安全生产与低碳环保制度、指导企业履行社会责任制度。

2. 运用法治化方式行权履职

全方位落实《中华人民共和国公司法》《国资法》《监管条例》《国务院国有资产监督管理委员会主要职责内设机构和人员编制规定》的职责权限。完善各类法律法规和文件要求落实落地的举措，避免履行出资人职责和国有资产监管工作缺位、错位和越位。注重依据法人治理结构履行监管职责，依法依规、"一企一策"制定完善公司章程，依据股权关系委派董事或提名董事人选，不断规范行权履职程序。通过公司法人治理方式履职主要表现在以下几方面：

（1）改进监管方式，从习惯于行政化管理转向更多运用市场化法治化手段。国务院国资委印发《关于以管资本为主加快国有资产监管职能转变的实施意见》，强调改变重审批、轻监督等带有行政化色彩的履职方式。依法制定或参与制订公司章程，推动各治理主体严格依照公司章程行权履职，充分发挥公司章程在公司治理中的基础作用。依据股权关系向国家出资企业委派董事或提名董事人选，规范董事的权利和责任，强化对外部董事的监督管理，督促其履职尽责，加强沟通，健全工作联动机制，更好落实出资人意志。

（2）加强董事会建设，落实《中华人民共和国公司法》赋予的董事会职权。国务院国资委印发《中央企业董事会工作规则（试行）》，对中央企业董事会的组建组成、功能定位、职责权限、运行机制、决策程序、支撑保障、管理监督以及董事会成员的职责、权利和义务等作出了规范指引。推动中央企业集团层面及绝大多数子企业实现董事会应建尽建、配齐建强、规范有效运行。从严开展董事会和董事管理考核，跟踪了解掌握董事会运行情况和董事履职表现，督促其履职尽责，董事会定战略、作决策、防风险的经营决策作用不断强化。

（3）着力推动中国特色现代国企制度建设取得实效。深入贯彻落实习近平总书记提出的"两个一以贯之"，健全党委会、股东会、董事会、经理层各治理主体权责法定、权责透明、协调运转、有效制衡的公司治理机制，推动国有企业党建入章程，建立党委对三重一大事项的前置研究决策机制；建立外部董事占多数更好地依法科学履职；完善董事会向经理层的授权经营机制，切实把中国特色现代企业制度优势转化为治理效能。

（4）对股权多元化国有全资公司探索实施有别于国有独资公司的治理和监管机制。国务院国资委制定实施《股权多元化中央企业股东会工作指引（试行）》，股东会治理和监督的作用得到有效发挥，差异化监管取得实质进展。着力发挥股东优势，为企业全面赋能，强化业务协同，加快形成新业务体系、新商业模式，以达到推动和实现企业更好更快发展的目的。将党的领导与公司治理有机融合，确保党的领导、党的建设在改革发展中得到体现和加强。

3. 推进企业法治建设

习近平总书记强调，守法经营是任何企业都必须遵守的一个大原则，企业只有依法合规经营才能行稳致远。一流的企业必须要有一流的法治工作为保障。在当前国际竞争越来越体现为规则之争、法律之争的大背景下，中央企业面临的国内外环境和风险挑战日趋复杂严峻，必须加快提升法治水平，确保改革发展各项任务在法治轨道上稳步推进。相关工作主要表现在以下几方面：

（1）强化顶层设计，对中央企业法治建设作出系统部署。国务院国资委先后出台《关于全面推进法治央企建设的意见》和《关于进一步深化法治央企建设的意见》，对持续深化中央企业法治建设作出全面部署，充分考虑了新时代中央企业改革发展特点及内外环境，将法治工作从专项业务工作向全面覆盖、全员参与的全局性、战略性工作升级，推动法治工作与企业中心工作深度融合，法律管理与企业经营管理深度融合，为下一步企业深化改革、高质量发展提供更加有力的支撑保障。

（2）深化中央企业合规管理，取得积极进展和明显成效。国务院国资委印发《中央企业合规管理指引（试行）》，并在此基础上出台《中央企业合规管理办法》。明确企业党委（党组）合规管理相关主体的职责。构建了业务及职能部门、合规管理部门和监督部门合规管理"三道防线"职责。进一步明确了国资委的考核评价和责任追究职责。设立首席合规官，进一步明确合规管理职责、落实责任，统筹各方力量更好推动工作。扎实推进中央企业"合规管理强化年"专项工作，组织开展全领域、全级次、全方位合规风险与违法违规问题排查整改，强化境外依法合规经营和重点领域涉外法律风险防范应对。

（3）不断提升企业运用法治思维和法治方式开展工作的能力和水平。深入学习习近平法治思想，组织有关法律法规在国资系统普及应用。国务院国资委党委出台《中央企业主要负责人履行推进法治建设第一责任人职责规定》，抓住"牛鼻子"带动相关工作系统铺开。通过述职、考核、检查督察等手段，使企业主要负责人切实履行企业法治建设第一责任人职责。

二、国有资产监管法治化的理论思考

法律法规是构建法治化国有资产监管体制的根本。从形式上看，现行法规体系分为顶端、中端、底端这三个层面。现行法律体系的顶端，是宪法关于我国基本经济制度和国有经济功能作用的规定。现行法律体系的中端，是法律、行政法规以及国务院关于国有资产监管、国有企业改革发展的一系列规范性文件，如《中华人民共和国公司法》《国资法》《中共中央 国务院关于深化国有企业改革的指导意见》等，确定了基本制度框架。现行法律体系的底端，是国务院国资委的规章、规范性文件以及地方性法规等，是对国有资产监管作出的具体规定。本章基于国有资产监管法治化的实践角度，第一层分析一般法，即《中华人民共和国民法典》和《中华人民共和国公司法》；第二层分析特别法,即《国资法》和《监管条例》;第三层分析"1+N"文件体系,主要沿着"管资本为主"的脉络分析"如何履行国有资产的监管职责"的问题;第四层分析国资委规章和规范性文件,侧重探讨"采取什么方法、措施履行国有资产监管职责"的问题。

(一)一般法为基础

《中华人民共和国民法典》和《中华人民共和国公司法》是经济领域的一般法,对经济组织(公司)的财产权利、治理架构、主体权责等内容做出了最为基本的规范,并特别对国有资产、国有企业做出了一些具体规定。虽然相关规定较为笼统,但国有资产监管的法治化进程,需沿着这两部一般法的既定原则和方针前进,而不能"另起炉灶",罔顾一般法规定特立独行,这将不利于不同所有权资本的广泛合作及国际化经营。

2020年5月,第十三届全国人民代表大会第三次会议通过了《中华人民共和国民法典》,分为7编1260条。《中华人民共和国民法典》作为我国一部崭新的基本法,实现了民事法律规范的高度统一,体现了我国新时代法治精神,进一步提高了国家治理能力和水平。1993年12月,第八届全国人民代表大会常务委员会第五次会议通过《中华人民共和国公司法》,共15章266条。基于国有资产监管法治化的有关问题,对这两部法律的相关章节进行分析,具体如表5-1和表5-2所示。

表5-1 《中华人民共和国民法典》相关要点分析

章节	相关条款	要点分析
第一编 总则 第三章 法人 第二节 营利法人——组织架构	第七十九条 设立营利法人应当依法制定法人章程。 第八十条 营利法人应当设权力机构。权力机构行使修改法人章程,选举或者更换执行机构、监督机构成员,以及法人章程规定的其他职权。 第八十一条 营利法人应当设执行机构。执行机构行使召集权力机构会议,决定法人的经营计划和投资方案,决定法人内部管理机构的设置,以及法人章程规定的其他职权。执行机构为董事会或者执行董事的,董事长、执行董事或者经理按照法人章程的规定担任法定代表人;未设董事会或者执行董事的,法人章程规定的主要负责人为其执行机构和法定代表人。 第八十二条 营利法人设监事会或者监事等监督机构的,监督机构依法行使检查法人财务,监督执行机构成员、高级管理人员执行法人职务的行为,以及法人章程规定的其他职权	营利法人的组织机构一般包括权力机构、执行机构、监督机构,但设置权力机构、执行机构是强制性要求。 权力机构的职权包括修改章程和产生其他机构。权力机构的意愿和决策需通过董事会等执行机构来具体贯彻实施,执行机构对权力机构负责。 监督机构非本法律强制设置,仅规定了职权行使方式

章节	相关条款	要点分析
第一编 总则 第三章 法人 第二节 营利法人——与出资人关系	第八十三条 营利法人的出资人不得滥用出资人权利损害法人或者其他出资人的利益；滥用出资人权利造成法人或者其他出资人损失的，应当依法承担民事责任。营利法人的出资人不得滥用法人独立地位和出资人有限责任损害法人债权人的利益；滥用法人独立地位和出资人有限责任，逃避债务，严重损害法人债权人的利益的，应当对法人债务承担连带责任。 第八十五条 营利法人的权力机构、执行机构作出决议的会议召集程序、表决方式违反法律、行政法规、法人章程，或者决议内容违反法人章程的，营利法人的出资人可以请求人民法院撤销该决议。但是，营利法人依据该决议与善意相对人形成的民事法律关系不受影响	民法包含了法人人格否定条款，限制出资人的越权行为。投资人一旦越权干预法人事宜，有限责任可能作废，被追究连带责任。该条款实际防止的更多是民营企业的出资人通过借款、担保等方式"掏空"企业。但在国有企业场景里，出资人要特别注意自身权责边界，杜绝"越权"，以防止被追溯追责。 民法还对出资人的权益进行了最基本的保护，防止内部人控制企业损害投资人权益。这要求执行机构的行为依法合规，特别要与章程相符，避免与投资人产生矛盾。上述条款内容与《中华人民共和国公司法》相关规定是一致的
第二编 物权 第二分编 所有权 第五章 国家所有权和集体所有权、私人所有权	第二百四十六条 法律规定属于国家所有的财产，属于国家所有即全民所有。国有财产由国务院代表国家行使所有权。法律另有规定的，依照其规定。 第二百五十七条 国家出资的企业，由国务院、地方人民政府依照法律、行政法规规定分别代表国家履行出资人职责，享有出资人权益。 第二百五十九条 履行国有财产管理、监督职责的机构及其工作人员，应当依法加强对国有财产的管理、监督，促进国有财产保值增值，防止国有财产损失；滥用职权，玩忽职守，造成国有财产损失的，应当依法承担法律责任………	国务院行使的国有资产"所有权"是完整物权，不因国务院、地方人民政府"分别代表"的出资人权益而分割。这项权益延伸到国有资产监管领域，即国务院国有资产监管机构对全国国有资产都具有指导监督的权力，不仅限于"所出资企业"，即中央企业，这是理解我国国有资产管理体制的关键。 履行企业国有财产管理、监督职责就是进行国有资产监管，相应机构原则上是国有资产监管机构，开展监管工作的目的是"促进国有财产保值增值，防止国有财产损失"。因此，我们的国有资产监管工作一定要牢牢把握并围绕这一目的展开，并按这一原则来规制企业行为

表5-2 《中华人民共和国公司法》相关要点分析

章节	相关条款
第一章 总则	第三条 公司是企业法人，有独立的法人财产，享有法人财产权。公司以其全部财产对公司的债务承担责任。公司的合法权益受法律保护，不受侵犯。 第四条 有限责任公司的股东以其认缴的出资额为限对公司承担责任；股份有限公司的股东以其认购的股份为限对公司承担责任。 公司股东对公司依法享有资产收益、参与重大决策和选择管理者等权利。 第五条 设立公司应当依法制定公司章程。公司章程对公司、股东、董事、监事、高级管理人员具有约束力

续表

章节	相关条款
第三章　有限责任公司的设立和组织机构 第二节　组织机构	第五十八条　有限责任公司股东会由全体股东组成。股东会是公司的权力机构，依照本法行使职权。 第五十九条　股东会行使下列职权： …… 第六十五条　股东会会议由股东按照出资比例行使表决权；但是，公司章程另有规定的除外。 第六十六条　股东会的议事方式和表决程序，除本法有规定的外，由公司章程规定。 股东会作出决议，应当经代表过半数表决权的股东通过。 股东会作出修改公司章程、增加或者减少注册资本的决议，以及公司合并、分立、解散或者变更公司形式的决议，应当经代表三分之二以上表决权的股东通过
第五章　股份有限公司的设立和组织机构 第二节　股东会	第九十八条至第一百零七条
第七章　国家出资公司组织机构的特别规定	第一百六十九条　国家出资公司，由国务院或者地方人民政府分别代表国家依法履行出资人职责，享有出资人权益。国务院或者地方人民政府可以授权国有资产监督管理机构或者其他部门、机构代表本级人民政府对国家出资公司履行出资人职责。 代表本级人民政府履行出资人职责的机构、部门，以下统称为履行出资人职责的机构。 第一百七十一条　国有独资公司章程由履行出资人职责的机构制定。 第一百七十二条　国有独资公司不设股东会，由履行出资人职责的机构行使股东会职权。履行出资人职责的机构可以授权公司董事会行使股东会的部分职权，但公司章程的制定和修改，公司的合并、分立、解散、申请破产，增加或者减少注册资本，分配利润，应当由履行出资人职责的机构决定。 第一百七十三条　国有独资公司的董事会依照本法规定行使职权。 国有独资公司的董事会成员中，应当过半数为外部董事，并应当有公司职工代表。 董事会成员由履行出资人职责的机构委派；但是，董事会成员中的职工代表由公司职工代表大会选举产生。 董事会设董事长一人，可以设副董事长。董事长、副董事长由履行出资人职责的机构从董事会成员中指定

（二）特别法为依据

《国资法》和《监管条例》是国有资产监管工作最基本的法律依据，两部法律法规系统规定了由谁履行国有资产的监管职责和履行什么内容的国有资产监管职责，国有资产监管法治化整体应围绕这两部法律法规展开。

《国资法》于 2008 年 10 月由第十一届全国人民代表大会常务委员会第五次会议通过，共 9 章 77 条。基于国有资产监管法治化的有关问题，对其相关章节条款进行如表

5-3 所示的分析。《监管条例》于 2003 年 5 月由国务院令第 378 号公布，经 2011 年和 2019 年两次修订，共 8 章 45 条。笔者基于国有资产监管法治化的有关问题，对其相关章节条款进行如表 5-4 所示的分析。

表 5-3 《国资法》相关要点分析

章节	相关条款	要点分析
第一章　总则	第三条　国有资产属于国家所有即全民所有。国务院代表国家行使国有资产所有权。 第四条　国务院和地方人民政府依照法律、行政法规的规定，分别代表国家对国家出资企业履行出资人职责，享有出资人权益。 …… 第六条　国务院和地方人民政府应当按照政企分开、社会公共管理职能与国有资产出资人职能分开、不干预企业依法自主经营的原则，依法履行出资人职责	国有资产是由全体人民共同所有的生产资料，其产权具有不可分性，由全体人民作为一个共同体共同行使产权。国务院行使的国有资产"所有权"是完整的，而各级地方人民政府的"出资人权益"则仅针对所出资企业，并不是独立完整的，即地方政府并未被授予由其"履行出资人职责，享有出资人权益"的国有资产的"所有权"，这些国有资产的所有权仍然由国务院统一行使，国务院可基于所有权对地方政府企业国有资产进行占有、使用、收益和处置。各级政府不能直接运营企业，也不能由履行公共管理职能的部门来管理企业，政府（部门）与企业必须分开
第二章　履行出资人职责的机构	第十一条　国务院国有资产监督管理机构和地方人民政府按照国务院的规定设立的国有资产监督管理机构，根据本级人民政府的授权，代表本级人民政府对国家出资企业履行出资人职责。 国务院和地方人民政府根据需要，可以授权其他部门、机构代表本级人民政府对国家出资企业履行出资人职责。 …… 第十二条至第十六条	明确了国有资产监督管理机构作为政府授权履行出资人职责机构的主体地位。国有资产监督管理机构根据本级人民政府的授权，代表本级人民政府对国家出资企业履行出资人职责是一般性规定，是普适的。授权其他部门、机构代表本级人民政府对国家出资企业履行出资人职责是特殊规定，仅在"需要"时采用，不应被扩大解释，理解为公共管理部门可以履行出资人职责，这与本法第六条的精神不符。 本法第十二条至第十六条规范了履行出资人职责的机构的基本权利义务，包括行使出资人权利、履行出资人职责，以及对本级人民政府负责、对国有资产的保值增值负责的框架性规定，这也成为国有资产监管机构履职的基本规定

续表

章节	相关条款	要点分析
第四章 国家出资企业管理者的选择与考核	第二十二条 履行出资人职责的机构依照法律、行政法规以及企业章程的规定，任免或者建议任免国家出资企业的下列人员： …… 第二十七条 国家建立国家出资企业管理者经营业绩考核制度。履行出资人职责的机构应当对其任命的企业管理者进行年度和任期考核，并依据考核结果决定对企业管理者的奖惩。 第二十九条 ……企业管理者，国务院和地方人民政府规定由本级人民政府任免的，依照其规定。履行出资人职责的机构依照本章规定对上述企业管理者进行考核、奖惩并确定其薪酬标准	本章是对国有资产监管机构"管人"权责的基本设定。 对于国有独资公司的董事、监事、高级管理人员和国有控股、参股公司的董事、监事有任免或提名的权责。同时，除任免外，考核、奖惩并确定薪酬标准也是监管机构履行"管人"权责的重要方面。 还应注意的是，"管人"权是可分的，即便一些依法依规由各级人民政府任免的人员，监管机构仍然能对其进行考核、奖惩和确定薪酬标准，这一点不因任命者是人民政府而改变。同时，还应根据考核结果，提出相应任免建议。 监管机构应正确处理和国有企业董事会之间的关系，应由企业董事会任命的高管，除特殊情况，应该将相关的"管人"权放给董事会，而不应"越位"管理，否则可能造成机制混乱，降低企业经营效率
第五章 关系国有资产出资人权益的重大事项	第三十一条 国有独资企业、国有独资公司合并、分立，增加或者减少注册资本，发行债券，分配利润，以及解散、申请破产，由履行出资人职责的机构决定。 第三十三条 ……由股东会、股东大会决定的，履行出资人职责的机构委派的股东代表应当依照本法第十三条的规定行使权利。 第三十四条 ……应当由履行出资人职责的机构报经本级人民政府批准的重大事项，履行出资人职责的机构在作出决定或者向其委派参加国有资本控股公司股东会会议、股东大会会议的股东代表作出指示前，应当报请本级人民政府批准。 …… 第三十九条至第五十七条	本章是对国有资产监管机构"管事"和"管资产"权责的基本设定。 企业的合并、分立等重大事项，根据企业属性，分为由国有资产监管机构决定和监管机构通过委派的股东代表在股东会、股东大会上表决。这是由企业法人治理结构决定的，与公司法相关规定相衔接，表明监管机构履行出资人职责、行使出资人权益与普通股东是基本一致的。 企业的重大事项，根据企业重要程度不同分为由国有资产监管机构决定和监管机构报经本级人民政府批准。一些重要企业的重大事项决策，应由政府审批。对于此类事项，国有资产监管机构虽不能直接决定，但也应向政府提供可靠的依据，帮助政府正确决策。 还应注意的是，上述监管机构决定事项的权力，是法定职权，不能对外授权，这在制定放权清单过程中应特别注意。 本法第三十九条至第五十七条对企业改制、与关联方的交易、资产评估及国有资产转让进行了规定，应明确监管机构相应权责落实的措施，确保法律规定实施到位

续表

章节	相关条款	要点分析
第六章　国有资本经营预算	第六十一条　国务院和有关地方人民政府财政部门负责国有资本经营预算草案的编制工作，履行出资人职责的机构向财政部门提出由其履行出资人职责的国有资本经营预算建议草案	由监管机构向财政部门提出由其履行出资人职责的国有资本经营预算建议草案，是"公共管理职能"与"国有资产出资人职能"分离的直接体现。需要分别建立弥补市场失灵的公共财政账户和承担国有资产保值增值职能的国有资产财政账户，国有资本经营预算建议草案由监管机构编制，就是要与一般公共预算适当分离。其实质性意义在于，能够保证国有资产独立运营，避免国有资产收益被公共财政所挤占；与此同时，政府只对国有资产承担有限的财产责任，不再承担无限责任，如动用公共财政资金对国有企业进行补贴等

表5-4　《监管条例》相关要点分析

章节	相关条款	要点分析
第一章　总则	第四条　企业国有资产属于国家所有。国家实行由国务院和地方人民政府分别代表国家履行出资人职责，享有所有者权益，权利、义务和责任相统一，管资产和管人、管事相结合的国有资产管理体制。 第六条　国务院，省、自治区、直辖市人民政府，设区的市、自治州级人民政府，分别设立国有资产监督管理机构。国有资产监督管理机构根据授权，依法履行出资人职责，依法对企业国有资产进行监督管理。企业国有资产较少的设区的市、自治州，经省、自治区、直辖市人民政府批准，可以不单独设立国有资产监督管理机构。 第七条　各级人民政府应当严格执行国有资产管理法律、法规，坚持政府的社会公共管理职能与国有资产出资人职能分开，坚持政企分开，实行所有权与经营权分离。 国有资产监督管理机构不行使政府的社会公共管理职能，政府其他机构、部门不履行企业国有资产出资人职责	第四条　定义的国有资产管理体制，将"管资产和管人、管事"凝聚成一个整体，表明国有资产出资人职责权益是不可分、不可削弱、不可混同的有机体。需明确的是，当前推动"管资本为主"的国有资产管理体制建设，也是以"管资产和管人、管事"为基础的，二者并非是冲突和重构的关系，而是在原有基础上资本布局、运作、收益等职能的"升级"。 第六条第一款是对国有资产管理体制组织机构的一般性规定。第六条第二款是对"企业国有资产较少"情况的特殊规定，而且只允许地市一级可不单独设立国有资产监督管理机构。因此，设置国有资产监管机构监管国有企业，应被视为法定正规形式，其他监管是适用企业国有资产较少情况的简化形式。 第七条规定，与《国资法》相对原则的规定相比没有"授权其他部门、机构"的提法，更为严格明确，要求政企分离、政资分离

续表

章节	相关条款	要点分析
第二章　国有资产监督管理机构	第十二条　国务院国有资产监督管理机构是代表国务院履行出资人职责、负责监督管理企业国有资产的直属特设机构。 省、自治区、直辖市人民政府国有资产监督管理机构，设区的市、自治州级人民政府国有资产监督管理机构是代表本级政府履行出资人职责、负责监督管理企业国有资产的直属特设机构。 上级政府国有资产监督管理机构依法对下级政府的国有资产监督管理工作进行指导和监督。 第十三条至第十五条	第十二条规定了国有资产监督管理机构"直属特设机构"的性质，并规定"上级政府国有资产监督管理机构依法对下级政府的国有资产监督管理工作进行指导和监督"，即确定了国有资产监管系统上下贯通的体系结构。 第十三条至第十五条分别规定了国有资产监管机构的主要职责、主要义务和需向本级政府汇报的事项，较《国资法》更为具体。 应注意的是，国务院国有资产监督管理机构可以制定企业国有资产监督管理的规章、制度，这是面向全体"企业国有资产"而非"所出资企业"的职责
第三章　企业负责人管理	第十六条至第十九条	与《国资法》第四章国家出资企业管理者的选择与考核的规定相比，本章做出了更为简略的规定。这是由于，本法规是专门指向"监管"的，而非对国有资产事项的整体安排，因此基于国有企业视角，关于董事、监事、高级管理人员的任职资格、交叉任职的各种限定未在本法规中体现。但本法规中的相关规定，与《国资法》在精神上是完全一致的，具体内容上也是完全衔接的
第四章　企业重大事项管理	第二十条至第二十六条 第二十七条　国有资产监督管理机构可以对所出资企业中具备条件的国有独资企业、国有独资公司进行国有资产授权经营。 被授权的国有独资企业、国有独资公司对其全资、控股、参股企业中国家投资形成的国有资产依法进行经营、管理和监督。 第二十八条　被授权的国有独资企业、国有独资公司应当建立和完善规范的现代企业制度，并承担企业国有资产的保值增值责任	与《国资法》第五章"关系国有资产出资人权益的重大事项"第一节"一般规定"的内容较为相似，但并未对企业改制、与关联方的交易、资产评估等重大事项进行详细规定，这是由国有资产监管视角专门立法的性质决定的。 本章对国有资产监管机构的职责要求，如第二十五条"配合有关部门做好企业下岗职工安置等工作"、第二十六条"调控所出资企业工资分配的总体水平"等，在《国资法》中未得到体现，但这是监管职能的重要延伸。 本法规关于国有资产授权经营的规定，需要我们重点理解。一是在本章规定，意味着这是一项"企业重大事项管理"内容，并不涉及监管体制的调整，仅仅是事项方面的安排；二是授权范围，被授权企业要"具备条件"，即拥有相对企业的股权，授权客体是相对企业中"国家投资形成的国有资产"的经营、管理和监督权；三是被授权企业仍然受到国资监管，被授权企业自身国有资产的经营监管的主体并未因授权而改变；四是授权的结果是"一级企业"或"集团公司"减少，而被监管国有资产数量并没有减少

章节	相关条款	要点分析
第五章　企业国有资产管理	第二十九条至第三十二条	对产权界定、产权登记等监管机构的资产管理工作进行了较详细的列举，具体的执行办法需要国务院国资委进行更细致的规定
第六章　企业国有资产监督	第三十三条　国有资产监督管理机构依法对所出资企业财务进行监督，建立和完善国有资产保值增值指标体系，维护国有资产出资人的权益	规定了监管机构国有资产监督的重点是对财务进行监督，并给出了相关路径和目标

（三）"1+N"文件为指导

2015 年起，党中央、国务院颁布实施一系列指导意见深化国有企业改革，确立了国有企业改革"1+N"文件体系。《中共中央　国务院关于深化国有企业改革的指导意见》作为"1"，在国有企业改革中发挥引领作用，"N"个配套文件强化了各项改革之间的协同配合。"1+N"文件体系涉及分类推进国有企业改革、完善现代企业制度、完善国有资产管理体制、发展混合所有制经济、强化监督防止国有资产流失、加强和改进党对国有企业的领导、为国有企业改革创造良好环境条件等诸多方面，包括中央的指导意见和各部委的规范性文件。由于一些国资委发布的规章和规范性文件也是"1+N"文件体系的组成部分，本部分以"管资本为主线"，基于国有资产监管法治化的有关问题分析国有资产监管方面的文件，其他国资委规章和规范性文件在下部分进行分析（见表5-5）。

表 5-5　国有企业改革"1+N"文件体系国有资产监管相关要点分析

文件名	相关条款提要	要点分析
《中共中央　国务院关于深化国有企业改革的指导意见》	一、总体要求 （二）基本原则 ——坚持增强活力和强化监管相结合。 （三）主要目标 ——国有资产监管制度更加成熟，相关法律法规更加健全，监管手段和方式不断优化，监管的科学性、针对性、有效性进一步提高，经营性国有资产实现集中统一监管，国有资产保值增值责任全面落实。 四、完善国有资产管理体制 （十二）以管资本为主推进国有资产监管机构职能转变。 （十三）以管资本为主改革国有资本授权经营体制。 （十四）以管资本为主推动国有资本合理流动优化配置。 （十五）以管资本为主推进经营性国有资产集中统一监管。 八、为国有企业改革创造良好环境条件 （二十七）完善相关法律法规和配套政策	作为新时期国有企业改革纲领，本意见指出了增强活力和强化监管的有机统一关系，国有企业做强做优做大，离不开国有资产监管制度的成熟完善，二者统一于国有资产保值增值这一主要目标。 本意见给出了完善国有资产管理体制的基本方向——以管资本为主，明确了以管资本为主完善国有资产管理体制的基本路径。该意见发布时新一轮改革刚刚开始，一些提法还没有成熟方案和相关经验，不少提法是开创性的，需在实践中进一步探索验证。 本意见认为完善相关法律法规和配套政策是国有企业顺利开展改革的环境条件，要求加强国有企业相关法律法规立改废释工作，以及相关政策的完善落实，可见包含完善国有资产管理体制在内的新一轮国有企业改革是法治的，是要完善国家治理体系和提升国家治理能力的

续表

文件名	相关条款提要	要点分析
《国务院关于改革和完善国有资产管理体制的若干意见》	二、推进国有资产监管机构职能转变 （三）准确把握国有资产监管机构的职责定位。 （四）进一步明确国有资产监管重点。 （五）推进国有资产监管机构职能转变。 （六）改进国有资产监管方式和手段。 五、协同推进相关配套改革 （十四）完善有关法律法规。	着重申明国有资产监管机构"政府直属特设机构""依法履行出资人职责""专司国有资产监管"的定位，在此基础上明确了一系列监管职能、方式和手段，涉及国有资产监管各方面的重点工作。而且其特别强调了"大力推进依法监管，着力创新监管方式和手段"。 对完善有关法律法规的要求，本意见更加明确，提出了企业国有资产法修订、适时废止全民所有制工业企业法等具体要求
国务院国资委以管资本为主推进职能转变方案	一、总体要求 （二）基本原则。 坚持依法监管。 二、调整优化监管职能 （一）强化管资本职能，落实保值增值责任。 （二）加强国有资产监督，防止国有资产流失。 （三）精简监管事项，增强企业活力。 三、改进监管方式手段 （一）强化依法监管。 四、切实抓好组织实施	提出按照有关法律法规规定，建立和完善出资人监管的权力和责任清单的要求，即将法律法规的规定在工作中具体、详细地贯彻落实。 调整优化监管职能相关规定整体体现了职权法定、规范行权的要求。 要求国资委严格依据《中华人民共和国公司法》《国资法》《监管条例》等法律法规规定的权限和程序行权履职。体现出法律之间的衔接，即无论监管还是公司治理都要依法办事。 要求国资委积极适应职能转变要求，及时清理完善涉及的国有资产监管法规和政策文件。 清单中精简的国有资产监管事项，集中体现出国资委按照深化简政放权、放管结合、优化服务改革的要求，依法履行职责
国务院国资委关于以管资本为主加快国有资产监管职能转变的实施意见	一、以管资本为主转变国有资产监管职能 （三）改进监管方式，从习惯于行政化管理转向更多运用市场化法治化手段。 三、优化管资本的方式手段 （十）实行清单管理。 四、强化管资本的支撑保障 （十六）完善制度体系，强化法治保障	从总体要求、重点措施、主要路径、支撑保障四个维度，以管资本为主加快推进国资委监管职能转变。配合《国务院国资委授权放权清单（2019年版）》，从具体落实角度全方位贯彻了国家发布的相关意见的要求。 提出坚持权由法定、权依法使，严格依据法律法规规定的权限和程序行权履职。特别是通过法人治理结构履行出资人职责，将监管要求转化为股东意志，保证了监管相关法规与《中华人民共和国公司法》等法律要求的有效衔接，表现出新时代监管法治化特征。 按照权责法定原则，明确履职重点，厘清职责边界，保证清单内的权力规范运行。 不仅要积极参与国有资产监管法律法规的修订、完善，还要加强规范性文件合法性审查，进一步拓展了制度体系的范围

续表

文件名	相关条款提要	要点分析
国企改革三年行动方案（2020—2022 年）	六、形成以管资本为主的国有资产监管体制 （二十四）聚焦管资本深化国资监管机构职能转变。 （二十五）优化管资本的方式手段。 七、推动国有企业公平参与市场竞争 （三十）深化政企分开、政资分开	国有企业改革三年行动是对于"1+N"政策体系的落实，是具体施工图。当前已完满收官，预期成果达成。 形成以管资本为主的国有资产监管体制，就是要进一步提高国有资产监管的系统性、针对性、有效性。相关规定与此前文件基本一致，政策得到很好延续，并在三年中取得了显著成效。 深化政企分开、政资分开的条目特别强调了法律法规规定和国务院授权，还涉及国有资产监管机构与行使公共管理职能部门的关系，可见依法监管和依法行政共同在依法治国中占有重要位置

（四）国务院国资委规章和规范性文件为落实

国务院国资委成立之初，就十分重视规章规范性文件的建设工作。国务院国资委首任主任李荣融曾在 2011 年末接受《21 世纪》专访时说："我特别珍惜我在任期间出台的这 23 项规章和 193 份规范性文件，这也是我们理论探索、实践探索的结晶。"时至 2023 年 3 月，国务院国资委成立整 20 年，广大国资人长期不懈探索，积极开展国有资产监管规章规范性文件的立改废释工作，形成了包含 28 项规章 208 份规范性文件（公开）在内的较为完备的体系，涉及规划发展、财务监管与运行评价、产权管理等 13 个方面，为国有资产监管工作顺利开展提供了重要的制度保证。

实际上，国务院国资委整套规章和规范性文件都是国有资产监管法治化的成果与体现，具有很强的可操作性，系统体现出履行国有资产监管职责的措施方法。本部分研究无法囊括每一方面监管工作的法治化轨迹，而且一些工作在"专业化"研究方面已有涉及研究，故此处仅对其中具有先导性的国资委法治机构建设问题和较具代表性的企业法治建设问题进行分析（见表 5-6 和表 5-7）。

表 5-6　国务院国资委法治机构建设相关文件要点分析

文件名	相关条款提要	要点分析
《国务院国有资产监督管理委员会立法工作规则》	第一章　总则 第二章　立法计划的编制 第三章　法律、行政法规的起草 第四章　规章的制定 第五章　附则	国务院国资委于 2003 年 3 月正式成立，当年 7 月便发布了本规则，可见国资委将立法作为先导性、基础性工作，重要性不言而喻。 该规则明确指定国资委的法制工作机构为政策法规局，负责对委内立法工作进行统一规划、指导、协调，统一拟订年度立法计划，体现出立法工作的系统性、严肃性、严谨性。 该规则共 5 章 47 条，对规章的制定进行了细致的规定，论证、修改和审查等程序安排严密，对绝大多数情况给出了具体处置办法

续表

文件名	相关条款提要	要点分析
《国资委规范性文件制定管理办法》	第一章　总则 第二章　起草 第三章　合法性审核 第四章　审议与公布 第五章　监督管理 第六章　附则	早在 2008 年，国资委就根据相关法律法规和政策出台了规范性文件制定暂行办法，本办法是在此基础上，于 2020 年根据形势变化进一步完善的结果。 本办法明确了制定规范性文件应当坚持职权法定等原则，同时增加了"严格执行党中央、国务院有关精简文件的要求"等根据形势变化做出的调整。 各章和条目划分依据制定规范性文件的标准流程确定，相关条目更为具体详细，效率性和执行性大大加强
《国务院国资委关于依法行权履责进一步加强法治机构建设的实施意见》	一、加强依法行权履责的重要性、紧迫性和总体要求 二、加强国有资产监管立法和制度建设 （三）完善国有资产监管法规体系。……要进一步完善国有资产出资人制度……进一步完善国家出资企业制度……进一步完善国有资产统一监管制度…… （四）健全立法机制。 （五）加强规章、规范性文件清理。 三、坚持依法科学民主决策 四、严格规范行权履责行为 五、强化依法行权履责的监督机制	该文件是 2010 年，国资委最早系统推进法治机构建设的指导性文件，共 5 个部分 12 条，现行有效。本意见较为简短，但对关键工作有很明确的规定。 当时尚无"管资本为主"的要求，提出以加强法治机构建设为目标，以完善国有资产监管法规体系和制度为先导，以坚持依法科学民主决策、规范国有资产监管权力运行、强化依法行权履责监督机制为着力点，全面推进国资委依法行权履责工作，有很强的指导意义。 立法和制度建设的重点内容涉及出资人、企业和统一监管三个方面。 要求围绕完善国有资产监管法规体系，通过科学民主决策，做好规章、规范性文件的立法和修订、废止工作，同时要求强化执行和监督。 明确指出国资委依法履行出资人职责的行为不具有具体行政行为的性质。那么可以推断，国资委依法行权履责应归于民事法律调整范围
《国务院国资委推进国资监管法治机构建设实施方案》	一、总体要求 二、主要任务和具体措施 （一）依法全面履行国有资产监管职责。 （二）完善国资监管法规制度体系。 （三）推进决策科学化、民主化、法治化。 （四）强化对权力的制约和监督。 （五）依法有效化解矛盾纠纷。 （六）全面提高机关工作人员法治思维和依法监管能力。 三、组织保障和落实机制	主旨是根据"管资本为主"的要求，突出新时代"加强党风廉政建设"等方面特点，深入推进依法监管，加快建设国有资产监管法治机构，成为下一阶段推动国有资产监管法治机构建设的引领性方案。 该方案规定，要建成权责法定、履职规范的国有资产监管法治机构，为实现国有资产保值增值、国有企业做强做优做大提供有力法治保障，原则包括坚持政企分开、政资分开、权由法定、权依法使，规范履职等。 规定了 6 方面 24 条主要任务和具体措施，并标明了每一条任务措施落实的责任主体，部分条目明示了 2016 年内完成的短期任务，长短结合、主体明确，极具执行性。 进一步细化《国务院国资委关于依法行权履责进一步加强法治机构建设的实施意见》，并特别加入了"全面提高机关工作人员法治思维和依法监管能力"的任务和"加强机关法治工作队伍建设"的落实机制，将法治观念和素养作为干部考察和任职考虑的重要内容，加强教育培训和运用实践。体现了国资委法治机构建设向纵深推进的趋势，人、事两手抓，法治工作更加系统

表 5-7　企业法治建设相关文件要点分析

文件名	相关条款提要	要点分析
《国有企业法律顾问管理办法》	第一章　总则 第二章　企业法律顾问 第三章　企业总法律顾问 第四章　企业法律事务机构	2004 年，按照"建立机制、发挥作用、完善提高"的总体思路，出台本规章，在搭建国有企业法律工作人员和组织班底的基础上，确定了法律工作人员的主要职责及汇报和检查机制，为国有企业法律工作奠定了基础。本规章是国有企业法治化的起步和基础制度。 明确了国有资产监督管理机构负责指导企业法律顾问管理工作，并加强对所出资企业法治建设情况的监督和检查。 后续出台了国有企业法律顾问岗位等级资格管理的办法和实施要求，进一步完善了企业法律顾问制度
《中央企业重大法律纠纷案件管理暂行办法》	第一章　总则 第二章　处理 第三章　备案 第四章　协调	2005 年出台，是国有企业法律顾问制度的一项重要补充。 国务院国资委负责指导中央企业做好重大法律纠纷案件的处理、备案和协调工作，并对部分重大法律纠纷案件予以协调。 2022 年底，国务院国资委研究起草了《中央企业法律纠纷案件管理办法（公开征求意见稿）》，向社会公开征求意见，以进一步完善此规章
《国资委关于加强中央企业国际化经营中法律风险防范的指导意见》	一、高度重视国际化经营中法律风险防范工作 二、切实加强国际化经营法律风险防范机制度建设 三、深入做好境外投资并购的法律风险防范 四、努力防范国际贸易领域法律风险 五、妥善处理境外投资和贸易中的重点法律问题	该指导意见针对企业国际化经营中法律风险日益凸显、风险防控和涉外案件应对工作亟待加强的状况出台，是对中央企业做好境外法律风险防范的重要指导。 在要求高度重视和加强机制度建设的同时，对常见的各类国际化经营中的风险防范要点给出了明确的处理方法，具有很强的可操作性。 之后，国务院国资委根据环境变化，针对新出现的重要法律风险不断完善制度体系。例如，在《中央企业境外投资监督管理办法》中专设"境外投资风险管理"一章，出版《"一带一路"沿线国家法律风险防范指引》系列丛书，帮助企业进一步防范国际经营法律风险

续表

文件名	相关条款提要	要点分析
《关于全面推进法治央企建设的意见》	一、总体要求 （三）总体目标。到 2020 年，中央企业依法治理能力进一步增强，依法合规经营水平显著提升，依法规范管理能力不断强化…… 二、切实增强依法治理能力 三、着力强化依法合规经营 四、进一步加强依法规范管理 五、加强组织领导	该意见为中央企业新时期法治工作指明了方向——建设法治央企。努力推进"一个升级、两个融合、三个转变、五个突破"。 "一个升级"，就是法治工作从专项业务工作向全面覆盖、全员参与的全局性、战略性工作升级。 "两个融合"，就是法治工作与企业中心工作深度融合，法律管理与企业经营管理深度融合。 "三个转变"，就是法治建设从主要依靠总法律顾问推动，向企业主要负责人切实履行第一责任人职责转变；法治工作从法律部门单兵作战，向企业各部门协同配合、共同参与转变；法律管理从以风险防范为主，向风险防范、合规管理和法律监督一体化推进转变。 "五个突破"，就是促进企业完善法人治理实现新突破、保障企业依法合规经营实现新突破、推动企业依法规范管理实现新突破、完善法律管理职能实现新突破、加强法治工作队伍建设实现新突破
《中央企业主要负责人履行推进法治建设第一责任人职责规定》	第五条　党委（党组）书记在推进法治建设中应当履行以下主要职责： …… 第六条　董事长在推进法治建设中应当履行以下主要职责： …… 第七条　总经理在推进法治建设中应当履行以下主要职责： ……	是推动《关于全面推进法治央企建设的意见》落地的关键举措，抓住企业主要负责人这个"牛鼻子"，带动相关工作系统铺开。 对中央企业党委（党组）书记、董事长和总经理在推进法治建设中应当履行的职责进行明确，推动法治央企建设目标的落实落地。 通过述职、考核、检查督察等手段，推动企业主要负责人切实履行企业法治建设第一责任人职责

文件名	相关条款提要	要点分析
《关于进一步深化法治央企建设的意见》	一、总体要求 （一）指导思想。 ……为加快建设世界一流企业筑牢坚实法治基础。 （三）总体目标。"十四五"时期，中央企业法治理念更加强化、治理机制更加完善……为企业深化改革、高质量发展提供更加有力的支撑保障。 二、着力健全法治工作体系 三、全面提升依法治企能力 四、保障任务顺利完成	其是国资委站在"十四五"新发展阶段起点上，总结"十三五"时期中央企业法治建设实践，布局未来五年央企法治建设接续奋斗的纲领性文件。 其充分考虑了新时代中央企业改革发展特点及内外部环境，紧扣实现一个目标、健全五大体系、提升五大能力、落实四项保障措施的总体思路，对"十四五"时期持续深化中央企业法治建设作出全面部署。 体现了继承性和创新性。继承性，就是全面总结长期以来中央企业法治建设行之有效的好经验好做法，坚持"治理完善、经营合规、管理规范、守法诚信"。创新性，一是提出法治工作世界一流的新目标；二是提出合规管理、主动维权和数字化管理等方面一系列新措施；三是提出一系列可操作和可量化的新指标。其可为下一步企业深化改革、高质量发展提供更加有力的支撑保障
《中央企业合规管理指引（试行）》	第一章　总则 第二章　合规管理职责 第三章　合规管理重点 第四章　合规管理运行	于2018年发布，是对《关于全面推进法治央企建设的意见》中"进一步加强依法规范管理"的深化。 明确国资委负责指导监督中央企业合规管理工作，企业年度合规管理工作情况和重大风险事件需向国资委报告。 明确中央企业各主体的合规管理职责，要求加强对重点领域、重点环节、重点人员和海外投资经营行为的合规管理，完善合规管理运行和保障机制。 早在2016年，国务院国资委就印发了《关于在部分中央企业开展合规管理体系建设试点工作的通知》，将中国石油、中国移动等5家企业列为合规管理体系建设试点单位。在试点经验基础上，本指引更具有实操性。 2018年，国家发展和改革委员会、外交部、国资委等七个部门联合发布《企业境外经营合规管理指引》，推动企业持续加强国际化经营中的合规管理和相关风险控制

续表

文件名	相关条款提要	要点分析
《中央企业合规管理办法》	第一章　总则 第一条　为深入贯彻习近平法治思想，落实全面依法治国战略部署，深化法治央企建设…… 第四条　国资委负责指导、监督中央企业合规管理工作，对合规管理体系建设情况及其有效性进行考核评价，依据相关规定对违规行为开展责任追究。 第二章　组织和职责 第十二条　中央企业应当结合实际设立首席合规官…… 第三章　制度建设 第四章　运行机制 第二十八条　中央企业应当将合规管理作为法治建设重要内容，纳入对所属单位的考核评价。 第五章　合规文化 第六章　信息化建设	在总结《中央企业合规管理指引（试行）》实践经验的基础上，结合企业面临的新形势新要求发布本办法，是深化法治央企建设的重要组成部分。强化党的领导，强调应将党的领导贯穿合规管理全过程。明确企业党委（党组）合规管理相关主体职责。构建了业务及职能部门、合规管理部门，纪检监察机构和审计等部门依据有关规定在职权范围内对合规要求落实情况进行监督。进一步明确了国资委的考核评价和责任追究职责。 加强了对建立健全合规管理制度体系、全面规范合规管理流程、积极培育合规文化、加快推进合规管理信息化建设等方面的要求。设立首席合规官既有利于进一步明确合规管理职责、落实责任，统筹各方力量更好地推动工作，也展现了中央企业对强化合规管理的高度重视和积极态度，对推动各类企业依法合规经营具有重要示范带动作用。 设专章对合规管理信息化建设作出规定。世界一流企业之所以合规管理做得好，一个重要原因就是充分运用大数据、人工智能等现代科技手段，因此此专章对合规管理信息化建设作出规定。 2022 年是中央企业合规管理强化年，国务院国资委印发《关于开展中央企业"合规管理强化年"工作的通知》《关于加强中央企业合规管理有关事项的通知》等文件，并召开专题会议部署推动相关工作。各企业以贯彻落实本办法为主线，取得了积极进展和明显成效。截至 2023 年 3 月，"合规管理强化年"确定的 44 项重点任务，近九成完成率达 70% 以上，28 项超过 90%，既定任务基本完成，预期目标顺利实现，中央企业依法合规经营管理水平明显提升

三、构建法治化国有资产监管体系的对策建议

党的十八届三中全会以来，以管资本为主的国有资产监管体制在党中央的关心支持下不断健全完善。2016 年全国国有企业党的建设工作会议要求国有企业坚持党的领导、加强党的建设。党的十九大和党的二十大逐步明确了国有经济要发挥战略支撑作用。2023 年 2 月 26 日，习近平总书记对国务院国资委专项工作报告作出重要批示，要求中央企业积极服务国家重大战略，不断提高核心竞争力、增强核心功能。在这些新的要求下，国有资产监管的环境和功能发生了实质性变化，促使我们对国资监管法治化问题进

行更深层次的审视和思考，从而厘清一些根本性问题。

（一）现行法规文件的修订建议

（1）党内法规特别规定、国有资产监管职责人章程，切实做好"三统一、三结合"。"三统一、三结合"是对国资委全方位系统履职要求的概况描述，源于国资委"三定方案"、国有资产监管法律法规以及党和国家相关要求。它与"三化"监管有机衔接，方能构建起中国特色国有资产监管新模式。

经过近年来的实践发现，社会普遍承认党章和党内法规的高优先级，国务院国资委履行国有企业党建工作相关职责很少有障碍。但应注意的是，国有企业党组织的上级党组织是不是国资委党委？被投资企业党组织的上级党组织是不是投资企业党组织？如果按照原来属地管理的原则，国资委履行国有企业党建工作相关职责就难以压实，如果按投资关系确定上下级又无法可依。根据现实情况，建议党内对国资国企做出特别规定，指定国资委党委代表其所属党委，作为所出资企业党组织的上级党组织，国有企业按照出资关系确定党组织架构，不再遵循属地管理。根据中央要求和法律规定等，出台国资委国有企业党建工作职责清单，依据清单范围行权履职。由此，"管资本与管党建相结合"及"党内监督与出资人监督相结合"都能很好落实。

实际上，整个系统的冲突集中在"履行出资人职责与履行国有资产监管职责相结合"上。《中华人民共和国公司法》规定的股东权限和行权方式，与《国资法》和《监管条例》规定的监管权限和国资委履职方式是不同的。《中华人民共和国公司法》更强调"管资本为主"，而《国资法》和《监管条例》更强调"积极服务国家重大战略"，这导致国资委行权履职实际上有两套逻辑，易造成缺位、错位和越位。有学者建议，将两套职能拆解，组建各司其职的两套系统，这种观点与习近平总书记发展国有经济的思想并不相符，亟待厘清。一方面，国资委不依托投资关系监管企业，监管权就变成了行政权，政企不分难以避免；另一方面，国有股东不能全面准确贯彻国家意志，所有者缺位和委托代理等一系列问题将再次出现，国有资产流失风险增加。

建议基于《中华人民共和国公司法》的规定，将《国资法》和《监管条例》的要求写入企业章程，企业章程明确国有资产监管机构履行出资人职责、监管职责和党建职责，并根据章程既定规则行使监管职权。实际上，《国务院国资委关于以管资本为主加快国有资产监管职能转变的实施意见》已要求转变监管理念、调整监管重点、改进监管方式、优化监管导向，强调从习惯于行政化管理转向更多运用市场化法治化手段。建议按照这一原则，在实行清单管理的基础上，对清单中每一项监管权的行使开展程序合法性审查。

（2）严防地方国有资产系统性流失。建议对地方政府导致国有资产流失的情况，依法追究当事人法律责任，推动将国有资产保值增值作为地方政府官员政绩考核的重要组成部分。现行《国资法》对法律责任的界定，包括履行出资人职责的机构及其工作人员，国家出资企业的董事、监事、高级管理人员，评估审计等第三方机构的责任，但没有对政府及其工作人员责任的认定和惩处。这样规定是源于认为政企分开后政府及其工作人员对国有资产没有直接影响，但这与现实情况并不相符。地方政府用国有资产抵押举债，是当前国有资产保值增值的最大威胁和导致国有资产流失的最大隐患。因此，建议把政府及其部门导致国有资产流失的责任写入《国资法》，这样才能够对这种行为有一定制约。与责任相对应，应将推动国有资产保值增值计入地方政府官员绩效，以激励他们着力发展国有经济。

建议在《国资法》《监管条例》中加入"垂直监管"条款，以体现"国家统一所有"原则，制约地方政府出资人权益滥用。一方面，当前《监管条例》第十二条对各级国资委权限的限定完全基于其出资人职责确定。应根据国有资产监管职责设定超越出资人权限范围的监管范围，即授予国务院国有资产监督管理机构"主管全国国有资产监督管理工作"的权限；授权上级政府国有资产监督管理机构"依法领导下级政府的国有资产监督管理部门"。另外，在《监管条例》中明确此类条款可能会稍显效力不够，最好在《国资法》中也列出相关条款。另一方面，在具体工作层面，《国资法》《监管条例》只规定了政府对监管机构的监督，但没有提及国资系统对地方政府行为的制约。建议在《国资法》第三十四条、第五十三条和《监管条例》第二十一条、第二十二条等关于国有企业合并、破产、解散及转让国有资产的条款中，增加上级国有资产监督管理机构核准、备案的环节。

（3）扩大总会计师、财务总监委派制试点，发挥财务总监的监督作用。随着中国特色现代企业制度逐渐成熟，企业治理结构的作用越发重要，成为国资委依法行权履职的必由途径。目前的现实情况是，监事会难以发挥监督作用，国资委委派的外部董事也未能发挥有效作用。即使要求董事会外部董事占多数，但由于外部董事多是退休人士或兼职人士，没有足够的时间和精力去过问企业的运作情况，一般也很难发挥决策监督作用。现在来看，在企业内部，只有一把手（董事长、党委书记）和一支笔（总会计师、财务总监）两个岗位的工作者拥有企业经营和管理最为全面、及时、准确的信息，其他任何主体行使企业的决策、监督权力均缺乏必要的信息和权力。

从这个角度来讲，完善公司治理和监督要在这两个关键岗位上做文章。深圳、上海等地的一些企业实行财务总监委派制，企业财务总监（总会计师）由国资委（出资人代表）委派，其工作要求、工作考核、工资等级由国资委核定，是一种有益和有效的探索。国务院国资委也进行了委派总会计师的试点，是完善公司治理的一种有效探索。对日常经营授权审批等管理事项实行"双签制度"，能够有效达到事中控制的效果，对国有资产保值增值、降低国有资产流失、降低经营风险具有重要的作用。

（二）依法履职法律文件的修订建议

（1）在法治化监管中体现"全国国有资产监管职责"。在明确界定国有资产监管职责之后，建议国务院国资委制定政策文件要注重征求地方国资委意见，使国务院国资委的规章和规范性文件适用于全部"国有企业"，而不仅限于"中央企业"。建议逐级加强对下级国资委出台的政策文件的合法性审查，加强国资委系统之间的工作支持。建议深入推进法治化与信息化的深度融合，借助网络平台加强地方国资委法规业务沟通，上级政府国资委积极指导帮助下级政府国资委出台国有资产监管地方性法规。

（2）真正做到国有资产监管"一盘棋"保障国家所有权的有效实现。基于国有资产"国家统一所有"原则，依法落实上级政府国有资产监管机构对下级政府国有资产监管工作的指导和监督，推动国资委系统实现机构职能上下贯通、法规制度协同一致、行权履职规范统一、改革发展统筹有序、党的领导坚强有力、系统合力明显增强。根据《地方国有资产监管工作指导监督办法》，建议对地方国资委监管工作进行监督指导，通过召开会议和组织培训等形式，加强专项指导，通过专项检查、派出督察组等方式加强重点监管领域和事项监督。建议不同层级和地区的国资委要加强常态化业务交流，互相学习，共同开展国资国企重大理论和实践问题攻坚。

（3）强化国有资产监督追责工作，立法层面赋予出资人机构调查追查等权力。充分发挥业务监督、综合监督、责任追究三位一体的出资人监督工作闭环优势，持续完善国资委监督追责工作体系。严肃开展监督问责，用好约谈、提示函和通报工具，健全"以案促管"长效机制。健全完善出资人责任追究工作机制，通过立法赋予出资人机构调查取证相关权力，提高制度执行力和刚性约束力，让监督"长牙""带电"。对造成国有资产损失或其他严重不良后果的严肃追究责任，重大决策终身问责。推动出资人监督与纪检监察、巡视、审计等监督的贯通协同，不断增强问题线索共享、督促整改协同、责任追究协同等方面的监督合力。探索在国有企业贯彻落实"三个区分开来"重要要求的路径，建立健全容错机制，以清单方式明确免责的范围。

（三）重要法律条例的修改建议

（1）根据 2022 年修订的《中国共产党章程》第三十三条的规定：国有企业党委（党组）发挥领导作用，把方向、管大局、保落实，依照规定讨论和决定企业重大事项。国有企业和集体企业中党的基层组织，围绕企业生产经营开展工作。建议《国资法》和《监管条例》中明确国有企业党组织在公司法人治理结构中的法定地位。

（2）《监管条例》第十三条第四项规定，国有资产监督管理机构依照法定程序对所出资企业的负责人进行任免、考核，并根据考核结果对其进行奖惩。

《监管条例》第十七条规定，国有资产监督管理机构依照有关规定，任免或者建议任免所出资企业的企业负责人：①任免国有独资企业的总经理、副总经理、总会计师及其他企业负责人；②任免国有独资公司的董事长、副董事长、董事，并向其提出总经理、副总经理、总会计师等的任免建议；③依照公司章程，提出向国有控股的公司派出的董事、监事人选，推荐国有控股的公司的董事长、副董事长和监事会主席人选，并向其提出总经理、副总经理、总会计师人选的建议；④依照公司章程，提出向国有参股的公司派出的董事、监事人选。国务院，省、自治区、直辖市人民政府，设区的市、自治州级人民政府，对所出资企业的企业负责人的任免另有规定的，按照有关规定执行。

《国资法》第二十二条规定，履行出资人职责的机构依照法律、行政法规以及企业章程的规定，任免或者建议任免国家出资企业的下列人员：①任免国有独资企业的经理、副经理、财务负责人和其他高级管理人员；②任免国有独资公司的董事长、副董事长、董事、监事会主席和监事；③向国有资本控股公司、国有资本参股公司的股东会、股东大会提出董事、监事人选。

《国资法》第二十九条规定，本法第二十二条第一款第一项、第二项规定的企业管理者，国务院和地方人民政府规定由本级人民政府任免的，依照其规定。履行出资人职责的机构依照本章规定对上述企业管理者进行考核、奖惩并确定其薪酬标准。

《中华人民共和国公司法》第一百七十四条规定，国有独资公司的经理由董事会聘任或者解聘。

经履行出资人职责的机构同意，董事会成员可以兼任经理。

《中华人民共和国公司法》第六十七条第八项规定，有限责任公司设董事会行使职权包括：决定聘任或者解聘公司经理及其报酬事项，并根据经理的提名决定聘任或者解聘公司副经理、财务负责人及其报酬事项。

《关于进一步推进国有企业贯彻落实"三重一大"决策制度的意见》规定：国有企业党委（党组）、董事会、未设董事会的经理班子等决策机构要依据各自的职责、权限和议事规则，集体讨论决定"三重一大"事项，防止个人或少数人专断。重要人事任免（是指企业直接管理的领导人员以及其他经营管理人员的职务调整事项，主要包括企业中层以上经营管理人员和下属企业、单位领导班子成员的任免、聘用、解除聘用和后备人选的确定，向控股和参股企业委派股东代表，推荐董事会、监事会成员和经理、财务负责人，以及其他重要人事任免事项），应当事先征求国有企业和履行国有资产出资人职责机构的纪检监察机构的意见。

《中国共产党国有企业基层组织工作条例（试行）》规定，国有企业党委（党组）研究讨论企业重大经营管理事项，支持股东（大）会、董事会、监事会和经理层依法行使职权；加强对企业选人用人的领导和把关，抓好企业领导班子建设和干部队伍、人才队伍建设。

根据以上规定，建议《国资法》和《监管条例》结合现行相关法律法规对国有独资公司、国有控股公司、国有参股公司董事、经理等高级管理人员、中层以上经营管理人员的任免进行统一规定。

（3）《监管条例》第二条规定，国有及国有控股企业、国有参股企业中的国有资产的监督管理，适用本条例。

《监管条例》第十三条第一款第四项规定，国有资产监督管理机构依照法定程序对所出资企业的企业负责人进行任免、考核，并根据考核结果对其进行奖惩。

上述出资企业包括两类：一是国有独资企业；二是国有控股企业和参股企业。对于第一类国有企业，国有资产管理机构依照有关规定享有对企业主要负责人的任免权和奖惩权，但对于第二类企业，尤其是国有参股公司，其负责人的任免和奖惩应根据《中华人民共和国公司法》和公司章程规定的程序进行，不能直接由国有资产监督管理机构单独进行任免、考核。

建议《监管条例》第十三条第一款第四项中区分对国有独资企业和国有控（参）股公司负责人任免、考核的规定。

（4）兼顾国资系统外国有资产的监管。非国资系统内的企业，与国资委无出资关系。但国资委作为政府授权专司国有资产监管的特设机构，理论上对不在国资系统内的国有资产，也有"一定"监管职责。当然，这种监管没有出资关系作为基础，是一种不完整的有限监管，或者是与履行出资人职责机构的协同监管。我们可以从两个角度看待这个问题，一是国资系统监管具有"三化监管"优势，经验丰富，体系成熟，对国资系统外企业的国有资产进行监管能够更好地保障国家利益；二是这样的监管可以为未来推进集中统一监管奠定基础。

建议在《国资法》第二章"履行出资人职责的机构"部分，对"国有资产监督管理机构"进行特别授权，包括监督指导其他政府部门更好履行出资人职责、完善监管机制、紧急处置重大风险和涉嫌国有资产流失事项的职能等。

（5）推动"合规经营"和"国有企业法治建设"列入法规要求。在当前加快建设世界一流企业的背景下，笔者认为推动国有企业依法合规经营，进一步推进法治央企建设，已是非常紧迫、极其重要的任务。

建议在《监管条例》第十三条"国有资产监督管理机构的主要职责"中增加"推进国有企业法治建设，指导国有及国有控股企业依法合规经营"的条款。

（6）关注国有资产境外交易。《国资报告》显示，国有资产境外流失问题严重，随着"一带一路"建设的推进，国家构建和执行境外国有资产常态化监管机制势在必行。

建议在法律层面明确国有资产境外交易规制，丰富法律规定，以减少国有资产境外流失，同时也可以约束境外国有出资企业的境内资产交易行为。

（四）其他问题及建议

（1）国资委职能与履职方式的协调。国资委对国家出资企业履行出资人职责、国有资产监管职责和党建工作职责的方式应是不同的，特别是在控股、参股情况下，要特别注重与其他股东间的协调。其一，履行出资人职责要严格依据《中华人民共和国公司法》和公司章程，特别是在享有资产收益、参与重大决策和选择管理者等过程中，一定要做到于法有据、于章有据。其二，履行国有资产监管职责时，应将《国资法》《监管条例》的要求写入公司章程，优先做到于章有据。在章程没有规定的情况下履职，要以文书的形式明确列示法律法规规章依据，形式上体现依法监管。其三，履行企业党的建设工作职责，应优先推动"党建入章程"，再依据章程约定开展工作。在国资委党委不是企业上级党组织的情况下，特别要注意与公司党组织沟通，依据党内法规规定，在和双方达成合意的基础上开展工作。

（2）行权履职应考虑成本问题。这里的成本不仅包括监管本身的成本，还包括企业被监管成本。国资委必须全面了解企业信息，才能履行股东职责，并对企业国有资产开展有效监管。但国资委系统与企业沟通是有成本的，监管必须做到精简高效，才能既有效率又有效益，这也是国资委行权履职与其他政府部门的差别之一。一方面，应以尽量少给企业造成额外负担为原则。建议国资委优先考虑成本自担，在财政预算中预留充足的监管费用。对企业因监管产生的额外费用，以市场价格予以公平补偿。审慎开展监管活动，根据重要性原则，尽量以较小的代价把握关键。另一方面，大力推进监管常规化、数字化、标准化。常规化即通过惯常模式与企业进行固定期间的沟通，尽量减少非计划内监管的次数，尽量整合相关活动；数字化主要是构建功能更强的国资国企在线监管系统，加快推进全方位、全过程、全链条监管；标准化即数据内容和工作程序要通过准则的形式加以规范，尽量保证数据的科学性、一致性、可比性，由此降低系统成本。

（3）尽量消除行政级别在企业中的影响。1999 年 9 月，中国共产党第十五届中央委员会第四次全体会议通过的《中共中央关于国有企业改革和发展若干重大问题的决定》要求"对企业及企业领导人不再确定行政级别"，这是贯彻"政企分开"的重要举措，此后中央和国资委都据此制定了相关政策。《中华人民共和国公司法》不涉及该事项，《国资法》《监管条例》仅强调出资关系，并未提及行政级别。但由于历史和管理体制机制的原因，行政级别在国有企业中保留了下来，成为一种"正常情况"。行政级别的存在，对国有企业市场化改革、国际化经营和混合所有制的推进等都有负面影响。同时，行政级别与法治化监管从根本上来看是冲突的，因为一旦有了行政级别，很多事情就可以向行政体制偏移，以出资关系、政府授权为基础的监管将受到严重阻挠。最典型的就是企业领导因有行政级别，直接接受政府行政性领导，可避开或抗辩国资委的依法监管。当前，国资委很难单独将企业行政级别完全取消，只能尽可能削弱其影响。笔者建议，国资委在履职和推进工作时，尽量不再提及行政级别，仅做集团公司和成员公司的划分，不再细分二级、三级等层级。

（4）加快推动企业国有资产基础管理条例起草，推动产权界定、产权登记、资产评估管理、清产核资、资产统计、综合评价等国有资产基础管理工作的标准化、规范化，为形成国有资产上下一致的高效监管模式奠定法规基础。

（5）抓紧推进规章和规范性文件的改废释工作。根据"1+N"文件体系相关要求，围绕科技创新、董事会建设等重点领域出台规范性文件（含党内法规制度），严格进行合法性审查。持续开展规范性文件实施情况的检查评估，及时修改或废除不符合形势的文件，将运行成熟、效果良好的规范性文件上升成为规章，通过规章对相关工作提出明确要求。

（6）对各厅局现行工作体系（不限于规章制度）开展合法性审查。全方位落实《中华人民共和国公司法》《国资法》《监管条例》《国务院国有资产监督管理委员会主要职责内设机构和人员编制规定》的职责权限，不断完善各类法律法规和文件要求落实落地的举措，避免在履行出资人职责和国有资产监管工作中出现缺位、错位和越位问题。

（7）推进法治化与信息化的深度融合。夯实法治信息化工作基础，要求企业将法规制度、典型案例、违规记录等完整准确地纳入信息系统。推动企业法务合规管理系统与财务、产权、投资等系统互联互通，实现风险防范共同响应。借助网络平台与地方国资委加强法规业务沟通，逐级加强对下级国资委政策文件的合法性审查，国务院国资委出台的规章和规范性文件要适用于全部"国有企业"，而不仅限于"中央企业"。

（8）大力夯实企业法律顾问和首席合规官制度。推动法律顾问和首席合规官制度在企业落实落地，在经营决策应审必审的基础上不断提升经营决策合法合规性审核质量。要求首席合规官全面参与企业重大经营事项决策，加强对重大经营事项的审核把关，对违规情形"一票否决"。

（9）加强法治工作队伍建设。要求企业建强法律（合规）管理机构，配备与规模和需求相适应的法治工作队伍，为企业法治建设提供基础的组织和人才保障。畅通人才职业发展路径，完善专业人才序列，通过培训和实战不断提高法律合规人员专业能力水平。在健全工作组织体系方面，加大企业法律专业领导干部培养选拔力度，让符合条件的法律专业人才进入领导班子。此外，要特别重视涉外法治人才培养，国际化经营企业要投入充足资源，组建一支能与世界一流企业法务人员同台竞技的高素质法治工作人才队伍。

第六章 国有资产监管信息化的理论与实践

一、国有资产监管信息化的主要成就

国务院国资委多次制定信息化发展规划和工作方案，并以国有资产监管信息化建设"三年行动计划"为牵引，努力构建国有资产监管大格局，实现国有资产监管数据共享共用，形成国有资产监管一盘棋。

（一）国有资产监管信息化建设：规划引领，要求超前

2013 年，国务院国资委开始了国有资产监管信息化顶层设计和规划编制，发布《国务院国资委 2014—2018 信息化发展规划》。2015 年，中共中央、国务院印发《关于深化国有企业改革的指导意见》，要求建立出资人监管信息化工作平台，推进监管工作协同，实现信息共享和动态监管。2016 年 12 月，中央全面深化改革领导小组第三十次会议审议通过的《国务院国资委以管资本为主推进职能转变方案》提出，要改进监管方式手段，更多采用市场化、法治化、信息化监管方式。

2017 年 5 月，国务院办公厅印发了《政务信息系统整合共享实施方案》。该方案指出，"十二五"以来，通过统筹国家政务信息化工程建设，实施信息惠民工程等一系列举措，政务信息系统整合共享在局部取得了积极成效，但未能从全局上和根本上解决长期以来困扰我国政务信息化建设的"各自为政、条块分割、烟囱林立、信息孤岛"问题。该方案还提出了"2017 年 12 月底前，整合一批、清理一批、规范一批，基本完成国务院部门内部政务信息系统整合清理工作""2018 年 6 月底前，实现国务院各部门整合后的政务信息系统接入国家数据共享交换平台……初步实现国务院部门与地方政府信息系统互联互通"等目标。国务院国资委高度重视政务信息系统整合共享工作，相关领导多次作出指示批示，要求借此东风，抓好委内信息系统整合共享。为此，国务院国资委围绕破解制约国有资产监管信息化向纵深发展的"老大难"问题，编制并印发了《国资委机关政务信息系统整合共享工作方案》，明确了 2017 年底和 2018 年 6 月要实现的工作目标，建立了专项领导小组、办公室、工作组三级联动工作机制，提出了基于三大网络构建三大平台，将现有信息系统分类、逐步整合至三大平台的工作路径。

通过清理、整合，国资委实现了内部信息系统数量大幅减少，通过保留系统的互联

互通，将原本分散的、独立的信息系统整合为一个互联互通、业务协同、信息共享的"大系统"——国资国企在线监管系统，有效破解了"信息孤岛""烟囱林立"等问题。通过构建数据共享交换中心，促进了国资委内部及与其他部门之间的信息资源共享。此外，国务院国资委还从技术和管理两方面入手，建立健全了国资委机关信息系统建设和信息资源共享的长效机制。

2018年6月21日，国务院国资委召开委机关政务信息系统整合共享工作进展情况演示汇报会。会议指出，国资委在努力实现委内信息系统"网络通"的基础上，积极推进"数据通""业务通"，在信息系统整合、信息资源共享、规章制度建设等方面取得了阶段性成果，同时结合国有资产监管业务需要，开展了其他信息化建设重点工作，取得了积极进展。

2018年7月27日，国务院国资委召开中央企业国资监管信息化建设推进会议，提出全面开展国有资产监管信息化建设"三年计划"，建立完善的国有资产监管信息化工作平台，增强国有资产监管的针对性、及时性和有效性。根据国务院国资委的规划，2018年为试点推动年，逐步实现大额资金动态监测，初步建成国有资产监管综合信息监测展示系统；2019年为全面建设年，基本建成国有资产监管信息管理系统，初步构建实时动态监管体系；2020年为巩固提高年，全方位建成国有资产监管信息管理系统，为实时动态监管提供全面支撑。

2019年11月《国务院国资委关于以管资本为主加快国有资产监管职能转变的实施意见》要求，切实减少审批事项，打造事前制度规范、事中跟踪监控、事后监督问责的完整工作链条；推进信息化与监管业务深度融合，统一信息工作平台，实现实时在线动态监管，提高监管的针对性和有效性。同月，国务院国资委办公厅下发《全国性国资国企在线监管系统建设工作方案》（国资厅发〔2019〕35号），要求2021年全面建成覆盖中央、省、市三级国资委和所监管国有企业的全国性国资国企在线监管系统。截至2022年底，国有企业改革三年行动任务完成，专项行动数字化提升阶段任务全面完成，全国国资国企在线监管系统升级为2.0版，实现了全国国资国企在线监管系统在国资委、中央企业、各省市级国资委和重点国有企业的全覆盖。

在落实国有资产监管信息化建设"三年行动计划"期间，国务院国资委立足指导国资国企在线监管系统建设，巩固信息整合共享和系统建设成果，重点解决了一批制约发展、涉及全局的共性关键问题，逐步形成了国有资产监管信息化建设的标准规范体系，为国资委及中央企业的国有资产监管信息化建设做好了顶层设计。创新动态在线监管模式，加强和规范事前、事中和事后监管手段，建成习近平总书记重要指示批示、"三重一大"决策制度落实、重大任务落实、国资国企综合业务、防范风险5个方面、24个监管主题和板块，在新时代下提升国家治理体系和治理能力现代化方面发挥了先行先试的示范作用。中央企业"三重一大"决策运行系统已基本实现各中央企业所属法人企业和管理主体全覆盖。

在推进落实国有资产监管信息化建设"三年行动计划"的同时，国务院国资委还按照进一步强化国有资产监管一盘棋的思想，统筹建设全国性国资国企在线监管系统。在此背景下，地方国资委的信息化建设也取得了积极进展。深圳市国资委全面实施智慧国资国企信息化三年规划，加快建立信息集成、实时在线、公开透明、协同高效的要素交易综合监管体系，包括阳光采购、资金融通、资源性资产租赁、国有资产交易、重大资源开发五个平台，构建了企业党委领导、纪委统筹，纪检监察、监事会、财务总监、内审、内控、风控协同联动的"六位一体"大监督体系，形成了"职责统一行使、资源集中调度、内容全面覆盖、成果开放共享"的监督闭环。北京市国资委支持建设了国资系统云通信移动应用平台。该平台定位为北京市国资委与市管企业及相关子企业的即时通信平台，首批部署上线的国有资产监管移动应用包括党组织换届督导、重大活动服务保障，及安全生产、舆情监测信息报送等。同时，该平台被确定为移动应用的发布平台，作为加快提升服务企业质量，拓宽平台化发展路径，努力打造国资系统移动空间新生态，探索创新国有资产监管方式的重要尝试。四川国资委整合国资系统各类信息资源，搭建实时在线的国有资产监管综合平台，推动产权监管、财务统计、重大法律纠纷案件管理等系统延伸至市（州）。目前，正加快建设覆盖全省的国有资产监管大数据与企业服务云平台，进一步打通各地国有资产监管信息节点，推动形成全省国有资产监管"一张网"。国务院国资委将指导和推动各省级国资委参照国务院国资委和中央企业间的建设模式和标准，统筹建设覆盖本省国有企业的国资国企在线监管系统，并实现与国务院国资委系统的对接，和产权管理等典型应用的互联互通。最终，国资国企在线监管系统的覆盖范围，将延伸至地市级国有资产监管部门和国有企业，构建全国统一的国资国企在线监管系统，建立横向到边、纵向到底的信息化监管体系并持续发挥作用。

2021 年 4 月 22 日，国务院国资委党委委员、副主任翁杰明在出席"国资监管数字化智能化提升专项行动启动视频会"时进一步提出，以优化完善逻辑统一的国资国企在线监管系统为主线，通过数字化提升、智能化提升两个阶段，在国务院国资委、中央企业和地方国资委三个层面上，有序推动信息系统全面上云，强化系统集成能力建设；共同构建大数据中心，强化数据共享和综合分析利用；协同开展信息系统智能化升级，强化智能辨识和风险防范。

2022 年 6 月 23 日，国务院国资委组织召开 2022 年国资监管信息化工作会议，对2022 年重点工作进行再部署再推动。会议指出，国资监管信息化是近几年国资监管工作的亮点，是全面提升治理能力的有效载体，开启了国有资产监管工作新局面。国资央企要以应用能力建设为切入点，深入推进电子政务能力、业务应用支撑能力、数据共享利用能力建设，着力提升国资央企数字化智能化水平；要以信息化体系建设为核心，大力推进国资央企云体系、大数据体系建设，并积极融入国家政务信息化体系，着力提升国有资产监管信息化支撑保障水平；要以网络安全防护为抓手，持续深化网络安全、智慧能源行业大数据平台建设和运营，持续深化数据安全管理，着力提升国资央企网络安全水平。

（二）国有资产监管信息化建设的主要成绩：线上系统初步建立

信息化是国有资产监管专业化的重要手段，对于国有资产的保值增值、提高监管履职能力、防止国有资产流失等监管工作具有重要的支撑和保障作用。

一是以规划引领信息化建设，分步推进信息系统建设，以时间节点控制完成规划任务。国务院国资委以国有资产监管数字化、动态化、智能化与国资国企信息化贯穿联动，以国有资产监管平台建设规划方案为依据，带领全国地方国资委全面建成覆盖省、市（州）国资委和所监管国有企业的国资国企在线监管平台，采取统筹规划、试点先行、整体推进的方式，加快推动国资委和国有企业国有资产监管信息化平台建设，积极探索创新监管模式，有效提升国资国企监管效能。按照时间节点，2018年为试点推动年，逐步实现了大额资金动态监测，初步建成国有资产监管综合信息监测展示系统；2019年为全面建设年，基本建成国有资产监管信息管理系统，初步构建实时动态监管体系；2020年为巩固提高年，全面建成国有资产监管信息管理系统，为实时动态监管提供全面支撑。国务院国资委在2020年又进行了"十四五"信息化规划工作，并将规划成果下发36个省市和单列市国资委及各中央企业。

"十四五"国有资产监管信息化建设规划提出：第一，会同各中央企业和地方国资委分阶段实施国有资产监管数字化智能化提升专项行动；第二，协同建设并持续优化全国国资国企在线监管系统；第三，建立健全横向到边、纵向到底、全面协同的数字化智能化监管体系。实现国有资产监管"业务全面覆盖协同、数据充分共享利用、风险自动识别预警、监管画像全面准确、决策支持精准有力"。

二是以管理办法、工作方案、行动计划等指引系统建设。国务院国资委大力支持和主导完成国资国企在线监管系统总体架构的研究设计工作，并进行了国资国企在线监管系统总体架构，先后印发了《国资监管信息系统建设管理办法》《国资国企在线监管系统建设工作方案》等一系列文件，重点解决了一批制约发展、涉及全局的共性关键问题，逐步形成了国有资产监管信息化建设的标准规范体系，初步建成了国有资产监管在线监管制度体系，为实现信息系统从分散建设到集中共享再到在线监管提供指引。

三是指导各级国资委建立在线国有资产监管系统。2019年11月，国务院国资委印发《关于进一步推动构建国资监管大格局有关工作的通知》，要求各级国资委要立足全面履行国资监管职责，健全国资监管工作体系，完善工作机制，力争用2~3年时间推动实现机构职能上下贯通、法规制度协同一致、行权履职规范统一、改革发展统筹有序、党的领导坚强有力、系统合力明显增强，加快形成国有资产监管一盘棋。该通知指出，国务院国资委要统一国有资产监管数据标准，发布国资国企在线监管系统接口规范，建立健全国有资产监管数据管理制度。按照中央、省、市关于国资国企在线监管系统建设的部署要求，自2020年起，全国各地国资中心积极运用大数据、云计算等科技成果，探索"互联网+监管"新模式，投资建设国资在线监管系统，促进形成上下联动、横向到边、纵向到底的国资国企信息化监管体系，助力构建全国国资国企监管"一盘棋"。

四是建设国有资产监管"数据交换共享平台"，实现数据采集、交换和分享中心。数据采集交换平台是面向国有资产在线监管业务和监管企业开展统一数据采集和交换的信息化平台，是对企业开展管控数据采集并向国有资产监督管理部门交换数据的主要渠道，是推动国有资产在线监管和企业管控业务数据实现统一采集、统一标准、统一管理的重要信息化手段，可为从数据源头上提升国有资产在线监管和企业管控业务时效性和一致性、提高在线监管数据利用效能、减轻企业数据报送负担提供有效基础支撑和有力保障。广东省国资委建设国有资产监管数据采集共享平台，实现了国家、省、市三级国资委平台"数据通"；打通电子政务外网，实现省、市两级国资委平台"网络通"；建设国有资产业务专网，整合"粤企云"云专线资源，有效提升了监管业务网络的承载能力、管控能力和安全保障能力。

五是通过"数字国资"建设，推动信息化与监管业务深度融合。通过"数字国资"建设，实现对企业"三重一大"决策运行、大额资金流转、投资项目、改革督办、财务、产权、党建、责任追究等业务和基本信息的在线监管全覆盖。围绕国有企业财务、产权、重大投资、改革、薪酬分配、科技创新、干部管理、外事管理、企业监督、企业党建等业务，建成了一批信息系统，促进形成上下联动的信息化监管格局，在国有资产监管业务工作中发挥了重要作用。建设"数字国资"应用，为决策分析提供数据支撑，实现了一屏统揽。实现了监管信息系统从分散建设，到集中共享，再到在线监管的发展，提高了监管的效率和效果，为国企改革发展提供了支撑和保障。

六是通过"智慧国资"建设，强化事中事后监管，赋能国有资产监管体系。为打造数字化智能化国有资产监管体系，完成财经管理、重大投资项目管理、董事会管理、产权管理、土地物业管理、巡察整改、"一企一屏"等多个系统功能模块建设，基本实现国有资产监管业务全覆盖和监管企业全覆盖，并实现与监管企业系统的互联互通、数据共享、实时对接，初步建成横向到边、纵向到底的数字化智能化在线监管体系。"智慧国资"系统正式上线后优化升级了一揽子方案，从业务处室需求出发，优化了智慧型"监管大脑"。

七是打造"智慧办公"阳光平台，提升工作效率。对于央企、国企资金密集、资源富集、资产聚集的重要环节，搭建服务企业重要交易环节的阳光平台，对央企、国企重大事项、重大决策、关键环节实时监控、动态监管，实现了信息化与监管业务、改革任务和企业内部管控的深度融合。以广东省为例，其"粤资汇"通过"八大在线"推进银企对接阳光化，促进企业提高资金资产运营效率集中资源优势实现降本增效；"粤易租"通过"四位管理"推进资产租赁阳光化，规范了省属企业资产租赁行为，提升资产管理质量；"粤采易"通过"三方对接"推进企业采购阳光化，提高省属企业采购质量和效益，防止国有资产流失。

八是建立全面风险预警模型，实现财务智能化监控。对企业战略、财务、市场、运营、法律等各方面的风险因素进行综合评估，实现对监管企业重大风险的预警管理，同时融合内审、内控，以及问题整改等业务流程，实现全面风险监管。创新监管手段，提升监管水平，建立统一规范的国有资产授权经营制度，防止国有资产流失，确保国有资产保值增值。

（三）国有资产在线监管系统案例介绍：以广东省为例

1. 数据采集应用平台

根据对国有资产监管业务的理解与分析，对各监管业务中共享、共用的指标进行梳理，明确此类指标的数据采集入口，通过系统直连、数据抽取、人工填报、互联网爬取等方式，实时动态提取企业真实生产数据及相关数据，真正实现"政出一门、数出一家"，避免在不同监管业务系统中相同指标在相同期间的数据差异较大。第三方权威数据主要通过政务数据共享交换平台获得，通过共享交换体系的建设，各政府部门之间建立统一的数据共享与交换标准，打通各机构之间的信息孤岛，实现数据的互联互通。

2. 政务信息共享交换平台

省级国资国企在线监管平台通过前期的工作开展，已搭建覆盖企业基本信息管理、企业"三重一大"决策运行、大额资金支出动态监测、企业财务、项目投资、产权登记、产权交易、对外合作、企业涉案、业绩考核、企业领导人管理等方面的30余个国有资产监管业务系统，其中产权登记、对外合作、企业涉案业务系统已延伸至市（州）。同时平台采用"大平台、大系统、大数据"和支持软件服务化的架构体系，为经费预算有限、管控模式相似的市（州）国资委提供了快速构建本级国有资产监管平台的有效途径。

3. 国有资产监管大数据中心

搭建涵盖省本级、地市国资委全级次的国有企业信息数据库，建设省级国有资产监管大数据中心，建立数据标准规范、数据治理体系、数据服务机制，为信息数据的采集、存储、流转、应用提供平台和通道。形成省国有资产监管数据中心、业务协同支撑中心、国有资产监管决策支持中心以及政府大数据智库。

4. 国有资产监管业务应用平台

积极利用信息技术，以需求为导向，以应用促发展，紧密围绕国资委中心工作和国有资产监管工作需求，加强国有资产监管信息系统建设，实现数据采集及时化、业务处理自动化、信息利用共享化、业务流程协同化，不断提高国有资产监管水平。构建国有资产监管动态化、协同化、智能化和可视化的新模式，打通集团与下属企业数据信息采集渠道，如资金财务、股权投资、人才发展科技创新、风险管控等各业务线均实现数据动态采集，为集团经营分析决策提供有效支撑。通过在线系统的"智慧"监管，实现数据及时共享、及时发现，时刻向企业提醒管理运行中存在的问题和风险，促进企业及时"补漏洞、强管理"，提高监管的针对性和有效性，标志着国有资产监管由"管企业"向"管资本"转变迈出重要步伐。

5. 综合办公平台

建设国资委内综合办公平台，实现委内自动化无纸办公，高效提升文件归档、流转、共享等综合办公效率，并在此基础上增加移动应用，定制开发 App 应用程序、配套云业务办公平台，支持丰富的移动终端应用。逐步建立和完善横向到边、纵向到底的实时动态监管体系，全新的 OA、财务、人力等业务子系统上线应用并通过验收。

6. 企业服务平台

构建针对各级企业的专用办公平台，以出资人监管信息化平台为核心，整合全部信息系统，建立统一工作平台，实现"用一个账号、进一个平台、办所有事"，切实提高工作效率，促进国资委内各处室及与企业间的良性互动。财务管理云平台的建设将提高企业整体财务管理水平，优化财务工作方式，主要功能包括全面预算、集中核算、费用控制、合并报表等。

7. 智慧决策分析平台

智慧决策分析平台使数据可视化，通过多维度深入挖掘数据之间重要的关联关系，对若干关联性的可视化数据进行汇总处理，揭示数据隐含的规律和发展趋势，从而提高数据的使用效率。

8. "数字国资""智慧大脑"建设

广东省国资委通过"数字国资"，实现对企业"三重一大"决策运行、大额资金流转、投资项目、改革督办、财务、产权、党建、责任追究等业务和基本信息的在线监管全覆盖；通过数字化智能化在线监管体系"智慧大脑"建设，完成了财经管理、重大投资项目管理、董事会管理、产权管理、土地物业管理、巡察整改、"一企一屏"等系统功能模块建设，实现了与监管企业系统的互联互通、数据共享、实时对接，初步建成横向到边、纵向到底的数字化智能化在线监管体系。通过国资国企数智化监管系统强化监督协同，加快形成全面覆盖、分工明确、协同配合、制约有力的国有资产监督体系。通过加强协同，汇聚监管合力。统筹制订年度监督检查计划，组织召开协同监督工作会商会议，健全协同高效的监管机制。落实审计委员会成员单位职责，积极与广东省委审计委员会办公室、广东省经济责任审计联席会议办公室对接有关工作，配合审计署、广东省审计厅对省国资委及省属企业进行外部审计。通过国资国企数智化监管系统统计地市和省属企业监事会数据，配合做好国有企业监事会改革相关工作。统筹企业内部监管资源。推动省属企业在党委领导下，构建纪检监察、监事会、财务、内审、内控、风控等各监管主体协同联动的"大监管"体系，综合运用国资国企数智化监管系统、内控合规体系、内部追责体系、内审体系等，以避免多头分散、重复监督为目标，通过各种手段统筹协调、资源共享，初步实现国有资产监管全覆盖和监管企业全覆盖。

二、国有资产监管信息化系统建设的要求

国务院国资委围绕"履行出资人职责"的监管核心，搭建了国资国企在线监管平台，建设统一数据采集平台，通过实时数据抽取、在线填报、政务信息交换等多种方式，实现国有资产监管的数据同源、实时监控、交叉验证，提高监管的实时性、有效性，构建国资国企信息化监管数据中心、建设覆盖系统内各监管企业的信息化应用系统，着重开展"三重一大"决策运行、大额资金支出动态监测、财务、产权、投资、责任追究、党建等核心业务应用建设，促进形成上下联动的信息化监管格局，实现国有企业业务流、信息流、资金流的全程、实时、网络化监管，实现对国有资本存量、增量以及国有经济运行态势的动态分析，建立横向到边、纵向到底的信息化监管体系并持续发挥作用。

通过以管资本为核心，以严格决策程序、规范资本运作、提高资本回报、维护资本安全为重点，以监管企业内部外部数据为基础，以监管指标和模型为抓手，以监管领域和监管要素为主线，以数智化技术为手段，以改进监管方式、创新监管模式、提升监管成效、支撑监管决策为目标，构建起新型面向央国企的"穿透式"国资国企数智化监管系统。

（一）统一标准，口径一致

2017年6月以来，国务院国资委不断进行咨询论证、规划、设计、开发，最后完成了在线监管系统的初步建设工作。以国务院国资委统筹规划的国资国企在线监管系统的总体架构、技术路线、数据指标和接口规范为基础，各省国资委结合本省实际情况，研究创建"国有资产监管业务数据指标库""国资国企在线监管数据采集交换平台方案""国有资产监管统一数据采集交换平台接口规范"，确保市（州）国资委、省属国有企业基于统一标准与省国资委有效对接。

（二）穿透式财务监管

2021年，国务院国资委发布的《加快推进国资国企在线监管系统建设工作的通知》要求，力争2025年底前，全国国资国企全面建立横向到边、纵向到底、全面协同的数字化智能化监管体系。国资国企数智化监管要求实现"纵向全级、横向联动、先进全面、智能高效的穿透式财务监督管控体系"。

其一，实现了穿透业务和财务的风险管控。通过跨越层级和跨业务领域的信息汇集，将业务和财务指标融合穿透，从而达到企业内控智能评估和风险管控的目的。其二，精准管控、驱动创新。通过对管理成效的精准量化和制度创新拉动技术创新，技术创新反哺制度创新。其三，动态监督，业务全流程管控。通过对企业组织的全级次和管理全要素的动态监督，实现业务全流程动态监督。

国资国企数智化监管通过穿透主线平台实现组织全级次监控、流程全过程透视、要素全维度覆盖、业务全链条追溯。通过监管业务交互系统实现面向央国企各业务种类的有机协同，在业务上形成自上而下的一体化、透明化、实时化、规范化、智能化的协同联动体系。通过风险预警系统发现风险、定位风险、干预风险，内置多套预警主题、风险监控指标、风险压力测试模型，持续为央国企的稳定运行提供保障。

计划到 2025 年底，国有资产监管全面完成专项行动智能化提升阶段性建设任务，将全国国资国企在线监管系统升级为 3.0 版。基本建成动态采集、流程协同、数据共享、全景展示、网络畅通、资源云化、安全可控的国资国企数字监管统一服务平台，深化监管业务应用建设，实现横向到边联动协同、纵向到底穿透监管。国有资产监管既不能无谓地增加企业运营管理负担，又要更加快速、准确、实时地感知国企的经营状态和经营效果，帮助国企发现国有资本经营过程中的问题和隐患。

（三）智慧监管大脑

通过运用穿透式监管模式，系统绘制企业"监管画像"，统筹推进"智慧国资"在线监管系统建设及优化升级，持续打造智慧监管大脑，多维度、全视角综合分析研判，及时发现隐性风险点，强化风险防范主体责任，全面提升企业风险监测预警和防范能力，推动运营、债务、投资等重要领域的风险防范和问题阻断，从而保障国资国企的健康发展，保持国有经济平稳健康运行，坚决守住不发生重大风险的底线。

通过大数据决策系统，对穿透式监管模式所涉及的各项业务的基础数据、分析数据、预警数据进行有效的采集、清洗、转换、共享，打通"央国企各经营单元"之间的数据交互通道及共享通道，从而准确地获取央国企内部各分子公司的经营情况，促进各经营单元的提质增效，通过信息穿透，促进管理效能穿透，逐步搭建多维联动的"一盘棋"管理体系，实现风险全过程、全流程管控。

通过"智慧"监管的数据及时共享，时刻向企业提醒管理运行中存在的问题和风险，促进企业及时"补漏洞、强管理"，提高监管的针对性和有效性，标志着国有资产监管由"管企业"向"管资本"转变迈出重要步伐。

（四）全面风险预警

"预则立，不预则废。"穿透式的监督管控体系，就是结合相对固定的组织单元划分、业务领域划分，尽量在风险发生前进行风险响应模式、风险应对策略的研究和设定。建立风险预警平台，通过构建全面风险预警模型，对企业战略、财务、市场、运营、法律等各方面的风险因素进行综合评估，发现风险、定位风险、干预风险，研究设立预警主题、风险监控指标、风险压力测试模型，持续为企业保驾护航，实现对监管企业重大风险的预警管理。

国资国企数智化监管通过对央国企经营的异常情况进行早期发现和对风险等级的判定进行风险预警。通过创建"企业经营画像"可以看到央国企经营的正常态势，当企业出现异常的情况时，国资国企数智化监管系统能快速发现风险点，并启动预警响应机制。预警响应机制以风险类型划分和风险级别设定为基础，包括风险响应处置的一系列预案。例如，经营利润虚增伴随着虚增经营性活动的出现，通过跨业务单元可组织层级的数据穿透式监管和联动，增加了此类现象被发现和定位的概率。在监管企业负债情况和偿还能力时，若企业经营性现金流不能支撑债务到期期限的分布，企业的流动资产小于流动负债，也就是现金流小于当期应归还债务金额，或融资担保金额占净资产总额比例偏高，形成表外债务风险，国资国企数智化监管系统通过预警模型可提示风险。

三、国有资产监管信息化建设存在的主要问题

自国务院国资委提出深入实施国有资产监管信息化建设"三年行动计划"以来，国有资产监管信息化工作取得了不小的成绩，建立了市级、省级、国家级国资国企在线监管系统，统一了监管指标体系，初步形成了全业务覆盖、全流程监管的信息化系统。按照国务院国资委出台的相关文件的要求，各级国资委已建立了横向到边、纵向到底、实时动态数据采集和共享、业务穿透的国资国企在线监管系统，但在这一建设过程中也出现了各级国资委信息化系统建设较多但使用较少、系统差异大数据难贯通、信息化系统建设与企业实际工作需求不相符等问题，突出的问题包括成熟的、可以复用的信息化系统缺乏，自行建设的系统不成熟、不好用，系统建设进度跟不上业务变化速度等，导致一体化、数字化的国有资产监管系统难以建立。从当前的情况来看，国有资产监管信息化系统建设存在以下问题：①系统之间难以实现对接和上下贯通；②实现穿透式监管存在客观困难；③实施全过程监管，决策和监管责任划分不清。

由此可见，国有企业监管信息化系统建设不完全是监管业务信息化、数字化的技术性问题，而是一个涉及监管机构的设置、职责划分，监管流程和监管内容的界定，以及监管部门和企业权责划分的问题。目前，各级国有资产监管部门已经解决了信息化系统从无到有的问题，但系统建设定位过宽、干预企业经营自主权的问题比较突出，应当及时出台相关政策纠偏。

四、解决当前国有资产监管信息化存在问题的建议

国有资产监管信息化建设存在穿透式监管难、数据贯通难等问题，除了是因为信息化系统建设周期长、懂业务的信息化系统建设者缺乏外，根本原因是国资国企监管的体系化、专业化程度不高，权责划分不清，并且存在政出多门、系统建设跟不上形势变化的情况，这些问题不但关系到信息化系统建设的成败，而且会直接影响国有企业的改革与发展，影响国有资产监管工作的开展。基于此，笔者提出以下对策建议：

（一）向资本监管、财务监管聚焦

按照体系化、专业化原则精简国有资产监管功能，向资本监管、财务监管聚焦。要聚焦国有资产监管的职责范围，根据监管的必要性创建有用的系统。应在保障履行国家出资人职责和保护企业经营自主权之间寻求平衡。从国有资产监管的内容来看，要以资本监管、财务监管为主开展工作。涉及企业经营事项的权力，如采购决策权、定价决策权等，应该充分由企业行使，不能通过建立"穿透式系统"的方式帮助企业解决。新加坡采用的"淡马锡"模式其实就是出资人监管模式，新加坡财政部作为最终出资人，通过成立"淡马锡"这一国有控股公司，将国资投资决策权完全交由淡马锡公司行使，而新加坡财政部对国有控股公司的监管主要有两个方面：一是事先定目标，主要通过立

法监督规定后者的权责范围，人事监督则是向后者委派董事长；二是事后问结果，即通过税务部门和审计部门的财务监督审查监督后者的经营合规性、经营的效率和效果，外部监督则主要是公众监督，出资人不干预控股公司的商业化运营决策。

（二）学习"浙江模式"，实行企业"最多报一次"

要在国家部委层面，推进"统一标准""统一平台""统一共享"的信息化系统建设，健全企业电子统计台账，实现部门数据联通共享。企业最多填报一次数据，实现一次审批，一键报表，一端共享。从制度审批管理入手，以数据共享为支撑，着力解决企业重复填报数据的问题。要求企业重复报数企业可以拒绝执行。同时，构建面向企业侧的一键报表系统，通过灵活调整指标配置，对接取数接口，实现自动取数，减少企业手工填报数据的工作量，提高数据质量。

（三）学习"北京模式"，政府部门实现数据互联共享

北京市实现了各监管部门的数据联通，企业无需重复填报数据。比如，北京市人力资源和社会保障局、统计局需要的数据都可以通过企业上报给税务局的数据得到。只要企业已经向一个政府部门上报了数据，就没有必要再向第二个部门上报数据。只有相关部门均没有统计的数据，才需要企业填报。要在监管数据的实时性、准确性和数据搜集频率、颗粒度之间取得平衡，频率太高不合理，颗粒度太高或太低都不太合理，要经过论证寻求合理的数据细粒度。总之，需要部门之间进行系统对接和协调，建立统一的数据填报系统。

第七章　总结与展望

国有资产监管专业化确立了国有资产监管部门及其职责，明确了国有资产监管工作的架构，形成了国有资产监管工作的顶层设计，是国有资产监管工作开展的基础。国有资产监管的体系化为国有资产监管的专业化和法治化建设提供科学的理念，使国有资产监管工作密切联系实际、具有可操作性和可实现性，能够为国有资产监管的法治化、智能化创造条件。国有资产监管的法治化建立在国有资产监管职责清晰、体系先进、方法科学、流程优化的基础上，其成功源于对实践中科学、高效、专业的做事方式、方法的总结和法律化。总之，国有资产监管需要持续更新完善相关法律，构建专业化、体系化、法治化、数字化同步推进的工作格局。

一、国有资产监管"三化"的成就

国有资产监管专业化的成就：①设立国资委专职专责履行出资人职责，解决国有企业所有者缺位问题；②授权国资委专门行使国有资产监督管理职责，实现政府公共管理职责和国有资产管理职责分开；③在国有资产监督管理体制建设过程中坚持政企分开、政资分开、维护企业经营自主权；④确立国资委履行出资人职责、国有资产监管职责、党建引领职责"三位一体"的职责定位；⑤建立起覆盖全部国有企业和经营性国有资产的国有资产基础管理制度。

国有资产监管体系化的成就：①构建以管资本为主的国有资产监管体系，切实转变出资人代表机构职能和履职方式；②构建国有资本结构调整和优化布局体系，增强国有经济核心功能；③构建分类改革、分类促进发展、分类实施监督、分类定责考核体系，提升监管科学性和针对性；④构建国有资产监督追责体系，形成监管闭环；⑤建立党建引领体系，发挥党组织在国有企业的领导核心作用。

国有资产监管法治化的成就：①坚持立改废释并举，构建体系完备的国有资产监管制度体系；②落实《中华人民共和国公司法》《国资法》《监管条例》《国务院国有资产监督管理委员会主要职责内设机构和人员编制规定》，构建法治化的行权履职体系；③深化法治央企建设，推动企业守法经营，合规经营。

二、国有资产监管"三化"的完善建议

（一）构建专业化国有资产监管体系的对策建议

（1）进一步明晰国资委的职能定位。作为国务院的直属特设机构，国资委不能只做"出资人"，也必须代表国务院行使"监管者"职责。

（2）进一步明确以管资本为主加强国资监管。要以管资本为主推进国有资产监管职能转换：一是建立监管权力清单和责任清单制度，开展清单化监管；二是改革国有资本授权经营体制，将国有资产监管的重点放在"事先定目标"和"事后问结果"上，将事中过程监管留给企业自身，让国有企业真正成为自主经营、自负盈亏、自担风险、自我约束、自我发展的市场主体；三是依靠"两类公司"，开展国有资本布局优化和结构调整，实现国有资本专业化运营，提高国有资本整体效率。

（3）进一步明确国有资产监管不干预企业经营自主权的原则。近年来，出现了"建立横向到边、纵向到底的穿透式国资监管体系""建立全过程、全链条、全覆盖的国有资产监管体系""通过建设全球最先进的司库系统实现企业重要经营信息的动态归集和穿透监测"等监管要求，由此而使国有资产监管从"管资本"向"管企业"发展。建议国资委不要去管"企业家"应该管的事情，更不要穿透去管企业下面的经营单位应该管的事情，以保障企业经营自主权，激发企业创造力。

（4）进一步明确构建国资监管大格局的体制机制。目前，各级国资委执行本级政府意志、行使不同企业出资人职责、设立差异化的内设机构等问题，使构建国有资产监管大格局难以实现。建议强化国有企业国家所有性质，将国务院国资委履行国有资产监督管理职责的范围扩大到全部国有企业，将各级政府下设的国有资产监管机构统一交由国务院国资委领导，形成全国统一、上下协调的监管体系，以提高监管效率、减轻企业负担。

（二）公司治理体系完善建议

当前，国有企业建立了党委统一领导、董事会授权管理、职业经理人任期制和契约化管理等治理体系，但在实践中出现了公司治理主体过多且职责交叉、董事会和外部董事形同虚设、治理理念冲突等问题，建议国有独资公司将董事会和党委会合并、取消外部董事制度、赋予企业党委构建企业治理结构和机制的权力，让企业家精神在国有企业充分发挥作用。

（三）投资规划体系优化建议

当前国资委已建立了重大投资项目事前审核备案、事中跟踪、事后评价考核工作体系，但在实践过程中也出现了投资审核备案政策一刀切、项目审批和调整时间长、间接投资和境外投资管理较为粗放等问题，建议针对不同企业、不同种类投资细分备案、审批管理流程，赋予企业年度投资总额 10%或 15%的投资自主调整权，细化二级市场投资和境外投资交易估值、定价、审批等管理制度，赋予企业投资决策自主权。

（四）科技创新体系培育建议

国资委出台了一系列鼓励、加强企业科技创新，促进科技成果转化的政策，但受体制和习惯做法的限制，目前还存在原创性引领性创新难产生、关键核心技术难突破、长期股权激励政策难落地等问题，建议改革科技成果评价体系、技术岗位职称评聘体系、科研项目立项和评价制度，以消除科技创新体制机制障碍。

（五）产权管理体系完善建议

国资委建立了比较完善的产权评估、登记、流转、退出管理体系，实现了对不同类型国有企业产权管理全覆盖，在防止国有资产流失方面发挥了重要作用，但也存在产权评估方法单一、产权转让行为限制多、产权转让价格确定方法一刀切、产权登记备案要求过细等问题，建议丰富资产评估方法、细化对不同转让方式的要求、授权企业灵活选择价格评估方法、100 万元以下的产权转让免于挂牌转让、提高产权变革登记金额门槛。

（六）财务监督体系改进建议

国资委建立了财务预算、月度快报、财务决算、财务审计、增收节支、风险控制等财务监督工作体系，为实现事先预算审核、事中运行监测、事后决算审计，推动出资人有效行使评价、考核、监督职责做出了贡献，但在实践过程中存在预算调整滞后于外部环境变化、监控指标要求一刀切、重复审计、重复数据填报等问题，建议将预算约束由刚性调整为指导性、赋予企业预算调整自主权、避免提出"一刀切"式的指标管控要求、尽可能合并审计和资产评估事项，切实减轻企业工作量。

（七）资本运营体系明晰建议

通过建立"两类公司"专门进行国有资本投资运营，实现国有企业战略管控和财务管控，是国有资产监管从以管企业为主向以管资本为主转变的积极探索，并在落实国家重大战略、优化国有经济布局、实现国有资产专业化整合、提高国有企业抗风险能力方面发挥了重要作用，这因此要确立"两类公司"的资本运营主体地位，进一步推进经营性国有资产集中统一监管，进一步细化分类考核和资本收益上缴政策，将国资委的分类监管和考核政策下移到国有二级、三级实体企业，以提升国有资产监管针对性。

（八）考核分配体系优化建议

国资委建立了针对不同功能、"一企一策"确定企业经营目标、工资薪酬、收益上缴的收入分配体系，为促进国有企业资产保值增值、激发国有企业经营活力做出了贡献，但在实践中仍然存在分类考核"颗粒度"不够细、工资总额预算管理不鼓励企业增加就业、企业负责人考核期限过短等问题，建议将经营绩效分类考核主体细化到二级企业，将工资总额预算管理细化到二级或三级企业，实行增人增工资减人不减考核指标的制度，对企业负责人尽可能采取职工持股、技术入股等长期激励方式。

（九）监督追责体系精简建议

国资委建立了外派董事（监事）、巡视巡查监督、内控监督、审批监督（预算、投资、决算）、审计监督、违规责任追究等监督机制，形成了事前、事中、事后监管工作闭环，但在实践中存在监督主体过多、监督制度过多、监督机制过多等问题，重复监督和过度监督束缚了企业手脚。建议尽可能合并监督机制、监督制度，尽可能将监督责任主体由党委书记（分管审计监督）、纪委书记（分管巡查监督）、总会计师（分管财务监督）、总法律顾问（分管法务、合规）、首席风险官（分管内控、风险）、外派审计专员、外派董事（董事会审计、风险、合规委员会）等多人合并为两人或三人，以消除重复监督、交叉监督，切实减轻企业负担，提升监督效率。

（十）明确国有企业党组织在法人治理结构中的法定地位的建议

建议在《国资法》第十七条第二款中明确将党组织融合嵌入国有企业的法人治理结构，以及党组织发挥作用的事项清单和基本程序；在第二十二条增加任免或者建议任免国家出资企业的人员中派出国有企业党组织人员，并在相关条款中明确党组织在公司法人治理结构中的法定地位；在第二十三条列出的条件中增加"拥护中国共产党的领导"，使其与2022年修正的《中国共产党章程》第三十三条第二款的规定"国有企业党委（党组）发挥领导作用，把方向、管大局、保落实，依照规定讨论和决定企业重大事项。国有企业和集体企业中党的基层组织，围绕企业生产经营开展工作"的要求保持一致。

（十一）授权国资委监督其他政府部门管理的国有资产的制度建议

建议在《国资法》第二条将企业国有资产明确为国家对企业各种形式的出资所形成的收益以及依法认定为国家所有的其他权益；在第四条明确其他的国家出资企业，由地方人民政府代表国家履行出资人职责，并报国务院国有资产监督管理机构备案；在第三十四条、第五十三条、第五十五条明确上级国有资产监督管理机构核准、备案的规定，以保证国有资产登记备案完整性；在第六十四条明确上级政府国有资产监管机构协助下级国有资产监管机构开展国有资产监督管理工作。建议在《监管条例》第六条第二款给出不单独设立国有资产监督管理机构情况的处理办法，如增加委托上级政府国有资产监管机构进行国有资产监管等规定。建议统一各级国资委上下级机构设置，实现国资委系统职能定位、工作体系上下贯通。建议全面梳理国有资产监督追责相关法律，推动监督追责工作形成合力。

三、"三化"国有资产监管体系未来展望

2023年6月，中共中央办公厅和国务院办公厅联合印发了《国有企业改革深化提升行动方案（2023—2025年）》，新一轮国有企业改革正式启动，总体上要求切实发挥国有企业科技创新、产业控制和安全支撑作用。西方主流理论认为不应让国有企业承担多重任务，但在实践中各国国有企业均表现出很强的国家"产业发展工具"的特点，并在政府主导或支持下实施旨在提升国家产业绩效和竞争能力的产业政策。我国国有企业同时具有经济功能、政治功能和社会功能，在国民经济中占据较重要的地位。随着世

界进入新的动荡变革期，新一轮科技革命和产业变革蓬勃兴起，世界经济格局加快再构重塑。国资国企作为党执政兴国的重要支柱和依靠力量，需要进一步提高政治站位，更加积极地服务国家重大战略，在推动经济运行整体好转、实现质的有效提升和量的合理增长上勇挑大梁，为全面建设社会主义现代化国家做出更多贡献。

（一）国有资产监管新目标

国有资产监管的总目标就是坚定不移做强做优做大国有资本和国有企业。企业是国民经济的主要载体，是社会协调稳定和谐发展的主导力量，为一国的发展提供基本的动力和保障。国有企业是社会主义中国的物质基础和制度基础，是中国共产党执政兴国的依靠力量，理应发展壮大。党的十九届五中全会首次完整提出"做强做优做大国有资本和国有企业"，从夯实"两个基础"的战略高度对国资国企作出重大部署。党的二十大重申这一表述，"做强做优做大国有资本和国有企业"将成为新时代指导国有企业改革与发展、构建国有资产监督管理新体系的总目标。"做强"是靠技术创新形成市场竞争优势，"做优"是靠科学管理将竞争优势转换为经济效益，"做大"是确立市场竞争优势地位。国有资产监管新目标包括多个方面，具体如图7-1所示。

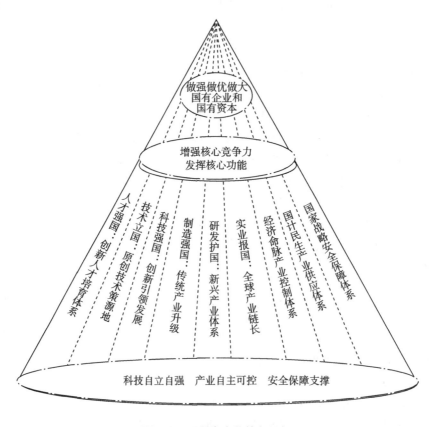

图7-1 国有资产监管新目标

（二）国有资产监管新要求

要做强做优做大国有资本和国有企业，必须形成核心竞争能力，才能获得市场竞争优势。"核心竞争能力"是企业所特有的、能够经得起时间考验的、竞争对手难以模仿的核心技术或能力，它是一个企业在市场上持续生存与发展的根基。核心竞争能力可以表现在发明创造、技术创新、战略资源、人才队伍、生产工艺、产业布局、管理模式、市场份额、销售渠道、知名品牌等多个方面，没有核心竞争能力，企业难以在市场竞争中持续存在。有了核心竞争能力，企业才有可能发展成为一流企业。

对于国有企业来说，除了拥有核心竞争能力，能够在市场竞争中立于不败之地之外，还需要发挥核心功能，维护国家的安全、稳定和持续繁荣（见图7-2）。国有企业作为人民的企业，要对一国人民的健康与福祉承担责任，确保国家长治久安。这是国有企业国家所有、全国人民所有性质决定的，也是我国社会主义性质决定的。国有企业要以"国之大者""国之重器"的站位担当，承担起建设繁荣、富强、民主的社会主义国家的历史责任，为实现两个一百年的奋斗目标提供根本保障。

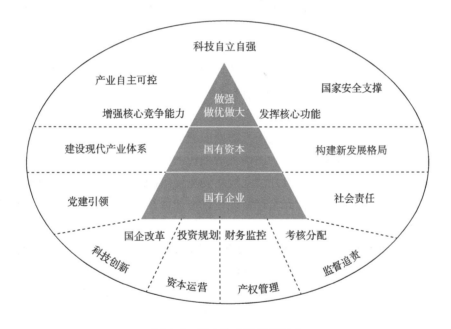

图7-2 国有资产监管新要求

习近平总书记指出，我国经营性国有资产规模大，一些企业资产收益率不高、创新能力不足，同国有资本和国有企业做强做优做大、发挥国有经济战略支撑作用的要求不相适应。在2023年7月召开的中央政治局会议上，习近平总书记强调"切实提高国有企业核心竞争力"；在中央全面深化改革委员会第十六次会议上，习近平总书记围绕国有经济布局优化和结构调整，提出"聚焦战略安全、产业引领、国计民生、公共服务等功能"的要求。要深刻理解和把握习近平总书记关于提高核心竞争能力、增强核心功能的要求，坚决贯彻落实习近平总书记 2023 年 4 月在二十届中央全面深化改革委员会第一次会议上的指示要求，"深化国有企业改革，着力补短板、强弱项、固底板、扬优势"，更好发挥国有经济整体功能作用。

（三）国有资产监管新作用

2023 年初，习近平总书记进一步做出发挥"三个作用"的重要批示。2023 年 1 月，习近平总书记在二十届中央政治局第二次集体学习时提出要"坚持创新链、产业链、人才链一体部署，推动深度融合"，"推动短板产业补链、优势产业延链，传统产业升链、新兴产业建链"。2023 年 7 月，习近平在中央政治局会议上进一步作出"加快培育壮大战略性新兴产业、打造更多支柱产业"的指示要求。2023 年 9 月 7 日，在新时代推动东北全面振兴座谈会上，习近平总书记强调，积极培育新能源、新材料、先进制造、电子信息等战略性新兴产业，积极培育未来产业，加快形成新质生产力，增强发展新动能。2023 年 9 月 8 日，在听取黑龙江省委和省政府工作汇报时，习近平总书记再次强调，整合科技创新资源，引领发展战略性新兴产业和未来产业，加快形成新质生产力。

2023 年以来，习近平总书记反复强调加强关键核心技术自主研发，勉励科研人员攻关高精尖技术，打造更多科技自立自强的大国重器；反复强调发展战略性新兴产业和未来产业，形成新质生产力；反复强调维护国家战略安全，发挥国家安全保障支撑作用。

国资国企要牢记总书记的殷殷嘱托，勇做原始创新和核心技术的需求提出者、创新组织者、技术供给者、市场应用者，加快打造现代产业链链长，进一步发挥对产业链建设的主体支撑和融通带动作用，提升国家战略安全保障能力，真正成为堪当时代重任的大国重器、强国基石，切实发挥好在建设现代化产业体系、构建新发展格局中的科技创新、产业控制、安全支撑作用。

国有资产监管要在党的领导下完善国有企业治理，在投资规划中执行国家重大战略、优化国有经济布局，在资本运营中开展专业化整合、实现科技自立自强，在考核分配中促进高质量发展、激励创建世界一流企业，在审计监督中确保国有资产安全和保值增值，在做强做优做大国有企业中承担社会责任、推动实现共同富裕，发挥国有资产监管新作用（见图 7-3）。

（四）国有资产监管新定位

党的十八届三中全会强调增强国有经济"三个力"，即活力、控制力、影响力。党的十九届四中全会提出国有经济"五个力"，即竞争力、创新力、控制力、影响力、抗风险能力。党的二十大围绕建设现代化产业体系对国家安全提出新的战略部署，要在国防安全、粮食安全、能源安全、资源安全、产业安全等方面发挥兜底托底作用。

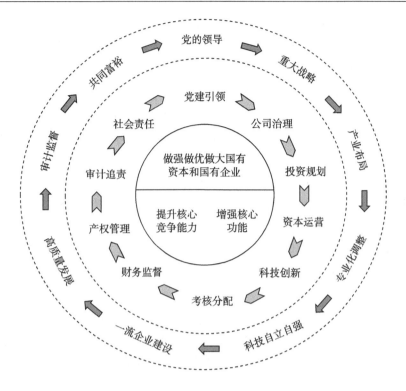

图7-3　国有资产监管新作用

从"三个力"到"五个力"再到"三个作用"，党中央对新时代国有经济和国有企业的定位和认识在逐渐深化。"三个作用"之间相互贯通、互为支撑。科技创新是根本，决定着产业控制和安全支撑作用的发挥。产业控制是关键，主要体现在前瞻性战略性新兴产业发展、支撑带动产业链畅通循环、优化产业链布局等方面。

面向未来，国有资产监管要坚持以习近平新时代中国特色社会主义思想为指导，围绕提升企业核心竞争力、增强核心功能，扎实推进国有企业改革深化提升行动，坚持新发展理念，提高发展质量，实施一系列富有前瞻性、全局性、基础性、针对性的重大举措，当好服务国家战略、保障改善民生、发展实体经济的"长期资本""耐心资本""战略资本"，将国有资产监管的新目标、新要求、新作用落实到国有资产监管的实际工作之中，做国有资产监管新目标实现、新要求执行、新作用发挥的执行者、行动派、实干家，这是对国有资产监管工作的新定位。

这就要求国有资本更多向关系国家安全、国民经济命脉、国计民生的重要行业和关键领域集中，聚焦前瞻性战略性新兴产业和关键核心技术的"卡脖子"环节；这就要求提高国有资本回报，即通过专业化管理与市场化运营，加大力度处置低效无效资产，坚决防止国有资产流失，促进其保值增值；这就要求不断扩大国有经济的规模和影响力，不仅要增大自身规模，在关键领域保持控制力与主导地位，更要发挥好示范、引领、带动作用；这就要求通过坚定不移地做强做优做大国有资本和国有企业，筑牢中国特色社会主义的重要物质基础和政治基础。

（五）国有资产监管新对策

在新时代，通过提高国有经济的"整体性"来支撑国家战略落地：①建议组织编制统一衔接的全国国资国企发展规划，突出各级国资国企定位和功能特点，服务国家战略兼顾推动地方经济社会发展；②大力推动协同创新，共同打好关键核心技术攻坚战，充分发挥国资国企在社会主义市场经济条件下新型举国体制中的重要作用；③构建以企业为主体、市场为导向、产学研深度融合的科技创新体系，支撑国家科技自立自强；④上下衔接深化国资国企改革，在新一轮国有企业改革过程中强化监督指导，上下一致正确把握改革方向，加快改革进程，通过加强沟通共同打好关键领域"国企改革攻坚战"；⑤联动贯通坚持党的领导，加强党的建设，推动全系统深入学习贯彻习近平新时代中国特色社会主义思想，不断健全国资国企系统贯彻落实党中央重大决策部署的机制。

新时代，要提高国有经济效益来推动国民经济发展：①建议按照《关于加快建设世界一流企业的指导意见》要求，更加深入广泛地开展创建世界一流企业的"四个专项行动"（创建示范行动、管理提升行动、价值创造行动、品牌引领行动）；②建议增加"一增一稳四提升"[①] 指标考核权重，推动企业切实提高资产回报水平；③建议发挥国有资本投资、运营公司专业优势，通过兼并重组和出租出售等多种方式处置好低效、无效国有资产，发挥国有资产监督管理机构专业化整合优势，按照集中统一监管的要求协助政府处理系统外低效率企业；④建议注重增强品牌、商誉、文化等"软实力"，鼓励企业从员工、客户、股东、社会等多个方面提升企业价值，打造百年老店，促进基业长青；⑤建议培育和推动更多符合条件的企业上市融资、增资扩股，提高国有企业控股上市公司质量，通过推动做好市值管理和强化资本运作，促进内在价值与市场价值齐头并进，提升国有资本运营效率和回报。

新时代，要重点提高小规模国有企业的生产效率和创新效率：①建议在整个国资国企系统深入推进专业化整合，联合组建股权多元化、实力雄厚、竞争力强的国有大型企业和企业集团，并加强指导监督，防止片面通过"拼盘子"仅做大规模，注重培育龙头国企，形成规模效益和竞争优势；②建议推动企业进一步聚焦主责主业，集中资源在关键技术或领域发力，发挥引领作用成为行业排头兵；③建议加大力度处置非主业、非优势的分散投资，对规模小、能力弱的企业进行清理；④建议重视地方不具备竞争力的小、微型国有企业的扶持和清理，要求各级地方国资委对出资企业开展专项督导，堵住"出血点"，并在过程中严格防范国有资产流失。

---

① "一增"是利润总额增速高于全国 GDP 增速；"一稳"是要保持资产负债率总体稳定；"四提升"是要实现净资产收益率、研发经费投入强度、全员劳动生产率、营业现金比率四个指标进一步提升。

新时代，要优化区域经济结构和产业布局，充分发挥中央企业的"领头羊"作用：①建议将央地合作作为推动区域协调发展、优化重大生产力布局的有效抓手，立足地方所需、发挥央企所长，着力构建优势互补、高质量发展的国有经济区域结构布局；②建议加强合作项目精准对接，建立央地一体化联合工作机制，共同打造重大问题协调与重大项目对接等平台，探索国有经济跨区域合作新模式，进一步提升央地合作的效率和效果；③建议积极构建国有资产监管"大格局"，通过加强央地之间和不同区域监管机构之间的联系，促进国有资本和企业之间的合作，并推动中西部和东北地区规则、规制、管理、标准等制度建设，优化营商环境；④建议加强经验总结推广，深入挖掘振兴东北央地百对企业协作行动等央地合作的优秀实践和典型经验，及时总结形成可操作性强、可复制推广的案例，为相关工作提供参考借鉴。

新时代，进行国有经济调整应坚持有进有退、有所为有所不为，致力于提升整体功能的原则：①建议加快开辟产业新赛道，大力推动国有资本在前瞻性战略性新兴产业中的布局，在新一代信息技术、人工智能、新能源、新材料等领域，通过资本金注入和建立国有股权基金等渠道支持新的企业组建；②建议保持制造业比重稳定，加快制造业数字化、智能化升级，相应调整制造业企业经营业绩考核政策，对升级改造投资予以定向支持；③建议深化基础设施、社会服务等行业的市场化改革，鼓励更多其他所有制资本进入，促进市场主体多元化，通过混合所有制改革增强国有经济活力；④建议助力打造自主可控、安全可靠的现代化产业体系，以现代产业链链长建设为依托，集中资源打造关键行业龙头企业，增强战略资源控制力，提升我国在全球产业体系中的竞争力。

企业专题研究

广州无线电集团有限公司

一、广州无线电集团有限公司概况

（一）简介

广州无线电集团有限公司（以下简称"广州无线电集团"）创立于1995年2月28日，是在1960年（国家第二个五年计划期间）隶属于国家第四机械工业部（现今的工业和信息化部）的国营第七五〇厂的基础上整体注册而成，其历史可以追溯至1956年在公私合营背景下组建的"国营广州无线电装修厂"，是我国最早布局的部属军工电子骨干企业之一。

广州无线电集团在20世纪90年代初期曾濒临破产，而后于1992年底易帅重整、重新崛起，以市场化改革走出了一条由部属企业（央企）下放地方，成为地方竞争型国有企业的个体化生存发展道路。

目前，广州无线电集团已发展成为一家以"高端高科技制造业、高端现代服务业"为战略定位的多元化产业集团，打造了行业人工智能、无线通信导航、计量检测服务、现代城市服务、调度指挥系统等优势产业板块，布局数字道路产业板块，并涉及科研孵化与加速、资本运作、科技园区投资运营以及5G新基建等领域，产品及服务覆盖全球110多个国家和地区。

1. 创新驱动筑牢发展根基

回顾广州无线电集团的发展历程可以发现，市场化的体制、机制创新是其发展至今最重要的成功归因。广州无线电集团认为，企业是体制中的企业，不同的体制有不同的企业（国有、民营、混合型、外资、个体）；人是机制中的人，不同的机制有不同的人。在国家全面改革开放的宏观背景下，在广州市委、市政府的领导下，集团创始人李承志率领团队，通过市场化的理念创新，推动合规合法的体制、机制创新（旗下成员企业在20世纪90年代末期，进行了当时称为多元投资主体，党的十八大以后称为混合型经济的股份制改造），驱动管理创新，并以此带动战略、制度创新，从而使各成员企业自动自发地进行技术创新，成功地由传统的制造型企业转型发展成为高科技制造业和现代服务业并重发展的大型企业集团。

广州无线电集团现拥有国家创新型企业1家、国家创新型试点企业1家、国家重点软件企业1家、国家火炬计划重点高新技术企业3家、国家认定高新技术企业65家，年均研发投入占同口径营业收入12%以上，新产品产值率年均超过80%，攻克多项具有自主知识产权的关键技术体系，让中国成为全球第三个完全掌握金融智能装备核心技术的国家，通信导航产品为神舟飞船发射等众多国家战略项目保驾护航。

目前，广州无线电集团共获得国家、省、市认定的科研平台资质近百项，设有国家级企业技术中心、国家地方联合工程研究中心、国家工业设计中心、博士后科研工作站、院士工作站。此外还拥有国家技术创新示范企业3家、国家知识产权示范企业1家、国家知识产权优势企业5家，"中国软件和信息技术服务综合竞争力百强企业"2家（广电运通、海格通信）。

截至2023年6月，广州无线电集团累计申请知识产权数量7694项、授权知识产权数量5729项，主持和参与制定的标准已实施223项，授权专利量在广州市国资委各监管企业中稳居前列。

2. 资本运营倍增发展

作为广州市总部经济企业，广州无线电集团总部位于中国广州天河区珠江新城，四大优势产业基地位于广州科学城及天河智慧城，在北京、武汉、西安、长沙、无锡、宜昌、邵阳等地建设了研发生产制造基地和服务基地，形成了以广州为总部，覆盖全国、面向全球的发展战略布局。

目前，广州无线电集团控股广州广电运通金融电子股份有限公司（以下简称"广电运通"）、广州海格通信集团股份有限公司（以下简称"海格通信"）、广州广电计量检测股份有限公司（以下简称"广电计量"）、广州广哈通信股份有限公司（以下简称"广哈通信"）、中科江南数字信息技术（广州）有限公司（以下简称"中科江南"）5家A股上市公司，参股上市公司3家，控股新三板挂牌公司3家，参股新三板挂牌公司3家，各层级子公司超过250家。

近10年来，广州无线电集团主要经济指标年均保持20%以上的增长速度，入围中国制造业企业500强和中国服务业企业500强，连续36年跻身中国电子信息百强企业榜单；旗下广电运通的金融智能终端设备市场占有率连续14年位居中国第一，综合实力排名全球前三；海格通信是全频段覆盖的无线通信与全产业链布局的北斗导航装备研制专家、电子信息系统解决方案提供商；广电计量跻身检验检测行业领跑队伍，其中计量校准、可靠性与环境试验、电磁兼容检测业务社会化服务规模全国领先；广电城市服务在国内首家提出"现代城市服务"理念，致力于构建现代城市服务生态圈。

3. "实业+资本"助力战略转型

广州无线电集团聚焦最前沿的高科技产业，潜心创造社会价值，战略布局人工智能、云计算、公共安全、大数据、区块链、物联网、生物识别、核心芯片等重点板块的优势细分领域。

在"拓展与扩张"的战略下，广州无线电集团先后成立广州广电研究院有限公司

（以下简称"广电研究院"）、广州广电新兴产业园投资有限公司和广州信息投资有限公司（以下简称"广州信投"），积极推动国家级孵化器中国科协广州科技园资产整合，建立起科研孵化、资本运作、科技园区和5G新基建"四位一体"的高科技产业培育平台，推动集团新兴产业发展。

广州无线电集团注册资本10亿元，系由广州市人民政府和广东省财政厅分别持股90%、10%设立的广州市属国有独资企业，2018年成功入选国务院国资委首批国企改革"双百行动"企业名单，并获广州市国资委批复改组为广州市首家国有资本投资公司。

（二）愿景、使命和企业宗旨

企业愿景：创建可持续发展的创新型高科技产业集团。

组织使命：通过持续创新，使企业长盛发展，为人类科技文明的进化添砖加瓦。

企业战略："高端高科技制造业、高端现代服务业"两个高端的战略定位，"实业＋资本"双轮驱动战略。

企业宗旨：创造价值、创造机会、创造效益。

（三）产业布局

广州无线电集团确定了"高端高科技制造业、高端现代服务业"两个高端的战略定位，具体如下：

1. 高端高科技制造业

高端高科技制造业涵盖了智能金融、智能交通、智能安全、智能便民、无线通信、北斗导航、航空航天等板块。在智能金融领域，金融智能终端设备在全球布放量超过30万台，全面赋能银行网点智能化转型；并为我国政府60%的财政性资金提供国库支付电子化方案，让智能金融触手可及。在智能交通领域，智慧出行系统解决方案已广泛应用于30多个城市的100多条地铁、高铁和机场航班线路中，并创新落地刷脸登机、扫码过闸、智慧安检等多个智能出行场景，致力于为便利人们交通出行提供一揽子解决方案。在智能安全领域，已在全国29个省份构建智慧新警务、智感小区、金融安全等平安城市综合解决方案，让人们更有安全感。在智能便民领域，利用"技术＋服务"创新融合优势，在政务、电信、大文旅、新零售等细分行业，打造线上便民服务云平台和线下便民服务生态圈。同时，为全球80多个国家与地区的客户提供运营服务，拥有近千个服务站、超5.5万人的网络认证工程师队伍，为用户提供更加便利的生产生活体验。在无线通信领域，结合用户需求进行部分现有产品提升改进的同时，面向新一代信息技术，发挥公司无线通信产品"用户覆盖广、频段覆盖宽、产品系列全"的优势，积极开展新一代产品布局与开发。在北斗导航领域，进一步巩固"芯片、模块、天线、终端、系统、运营"的全产业链布局竞争优势，重点开展北斗三代技术突破和产品研发。鉴于芯片国产化的发展趋势和北斗系统2020年覆盖全球的目标，加大北斗芯片的研制投入。在巩固行业优势地位的同时，主推位置服务、平安城市、智能交通三大方向，寻求新的突破。在航空航天领域，进一步构筑模拟仿真业务（VR）的优势地位，结合民航飞行模拟器国产化替代和通用航空逐步开放的契机，积极布局民航领域，打造海格通信在民用航空通信导航监视领域的品牌形象，致力于成为主流供应商；发展飞机零部件制造业务，拓展飞机配套市场。

2. 高端现代服务业

高端现代服务业主要包括现代城市服务、软件与信息服务、产融一体化投资与培育平台、新兴产业园投资、计量检测、智能大数据、行业人工智能解决方案等板块。在现代城市服务领域，适应现代城市发展的需要，运用高科技手段和严密的管理模式，提供多种类、多领域业态的管理服务，充分发挥平台集成商的作用，输出打造美好城市的服务方案，提升城市服务的运营效率，为城市服务注入新的活力。在软件与信息服务领域，在继续保持国内领先的技术能力和企业运营水平的基础上，进一步开展通信服务业务的全国布局和拓展延伸，布局5G业务领域，以"粤港澳大湾区"发展为契机，巩固在海关软件服务领域的竞争优势。在产融一体化投资与培育平台领域，广州广电平云资本管理有限公司（以下简称"平云资本"）是广州无线电集团为实施"实业+资本"双轮驱动战略而设立的资本运作平台。平云资本以打造具有区域影响力的产融一体化投资与培育平台为目标，围绕基金运营、战略投资与产业培育三大核心业务开展运作，通过资本与产业的共生互促，助力广州无线电集团创建可持续发展的创新型高科技产业集团。在新兴产业园投资领域，广州无线电集团依托高端高科技制造业、高端现代服务业的多产业、多平台优势，布局新兴产业园开发及运营，聚焦项目研判、园区规划、项目建设、策划招商、公共服务与专业服务，打造以人工智能、无线通信导航、新一代信息技术等核心产业为主导，集金融服务、产业服务、商务配套于一体的产业集群园区，构建产业链明晰、产业集群形成及产业资源高度整合的产业生态，助力产业经济提速增效和粤港澳大湾区创新发展。在计量检测领域，广州无线电集团成立了广电计量（股票代码：002967）。广电计量是原信息产业部电子602计量站，经过50余年的发展，现已成为一家全国化、综合性的国有第三方计量检测机构，专注于为客户提供计量、检测、认证以及技术咨询与培训等专业技术服务，在计量校准、可靠性与环境试验、电磁兼容检测等多个领域的技术能力及业务规模处于国内领先水平；并初步完成全国战略布局，在全国建立了23个综合性计量检测基地和50多家分子公司，形成覆盖全国的服务保障网络，服务遍布航空航天、汽车、轨道交通、通信、电力、石化、生物医药、环保、食品等行业和领域。在智能大数据领域，广电运通依托各行业大数据平台的组织体系，全面探索银行、财政、审计、智慧城市、文旅、零售等领域的大数据业务。同时，自主研发推出人工智能大数据平台 aiCore System，该平台为企业级 AI 大数据平台，可以助力企业实现智能处理数据、智能调配算法、智能分配算力，帮助企业一站式部署并迅速实现商业智能应用。在行业人工智能解决方案领域，广电运通紧跟行业、技术发展大势，深入拓展生物识别、智能视频、大数据等人工智能技术应用，以科技赋能产业升级，在智能金融、智能安全、智能交通、智能便民四大战略领域成功落地多个人工智能应用场景。

（四）产业园区

广州无线电集团拥有广电平云广场、广电运通（科学城）产业园、海格通信（科学城）产业园、海格通信北斗产业园、海格通信北京产业园、广电集团现代服务产业基地六大自主产权产业园区，总占地面积约 245082 平方米，总建筑面积 605759 平方米。集团产业园均落地于国家一线城市，北至北京，南至广州，立足集团战略布局，聚焦产业发展，依托优异的地理位置和高端产业链布局，形成全国性的产业园区集群，为集团提供产业转型升级和改革创新的主阵地。

（五）人才队伍

多年来，广州无线电集团高度重视高素质人才队伍建设，并持续加强人才引进力度。截至 2018 年底，集团已拥有 6 大院士工作站，聘请了包括戴汝为、孙家栋等在内的 19 名国内外院士专家，形成了广州国资系统人数最多、领域最广的院士团队。

与此同时，广州无线电集团还积极与斯坦福大学、密歇根大学等全球知名高校开放合作，与国防科技大学、中山大学、华南理工大学、西安电子科技大学等国内 23 家科研院所开展战略合作，重点推进人才引进与技术成果转化。

数据显示，广州无线电集团形成了一支 5300 余人的科研队伍，其中博士 71 人、硕士 1537 人。2017 年以来完成高级人才引进 35 人，其中博士 12 名；2018 年又完成中高级人才引进 59 人，不断加快高端人才的集结。

广州无线电集团企业大学成立于 2018 年 7 月 2 日，致力于成为培养优秀人才的重要阵地，成为企业加强党建的主要渠道，成为企业统一思想、推进改革的有效平台，成为提升企业综合影响力的重要窗口，在广电运通、海格通信、广电计量和广州广电城市服务集团有限公司（以下简称"广电城市服务"）下设 4 个专业学院。

二、广州无线电集团有限公司国有资产监管"三化"的做法

（一）构建国有资本投资公司特色治理体系

1. 全面推行"党建入章"全覆盖，确保党的领导融入公司治理各环节

深入落实"两个一以贯之"，坚持把加强党的领导和与完善公司治理一体推进，切实发挥国有企业党委"把方向、管大局、促落实"的领导作用。一是全面加强党的领导不动摇。规范和完善公司章程中的党建工作内容，推动下属各层级企业 100% 实现"党建入章"全覆盖，巩固和落实党组织在公司法人治理结构中的法定地位。二是出台党委会议事规则、党委研究决定事项清单和研究讨论重大经营管理事项清单，"先党内、后提交"成为重大事项决策固定程序。明确"四个上会、四个不上会"要求，即集团办公会、董事会审议事项必上会，子公司董事会议案必上会，重大投资项目必上会，重要改革部署必上会；未履行规定程序的议案不上会、存在较大分歧意见的议题不上会、研究论证不充分的重要项目不上会、不涉及方向和重大调整的已决事项不再上

会。三是压实主体责任不放松。严格落实"双向进入，交叉任职"领导体制，推行企业党委书记和董事长"一肩挑"模式，保证党的组织领导体制全覆盖。建立党委领导、纪委统筹，监督资源协同联动的监督体系，实现党内监督与法人治理监督有机融合。四是党建引领发展不偏航。严格落实第一议题学习制度，细化工作举措，明确落实成效，有效发挥党组织领导作用。将党建工作纳入集团年度重点工作，作为硬指标、硬任务加强督办考核。实施"党建+"工程，培育"党建"+"产业服务""重大项目"等特色品牌，推动党建与经营业务相融互促、服务战略落地实施。同时，建立健全党建制度体系，完善子企业"双向进入、交叉任职"领导体制，以高质量党建引领保障高质量发展。

2. 加强子企业董事会建设

全面完善"1+4+N"公司治理制度体系，实现董事会应建尽建、外部董事占多数、建立董事会授权制度、重要子企业落实董事会职权100%全覆盖，在重要子企业外推广实施落实职权，户数占应建尽建清单100%，强化董事会有效运转和作用发挥，董事会运行更加专业尽责、规范高效。

3. 打造高效组织体系，深化"服务、管理、拓展"职能

深入实施"强总部、实板块"战略，深化"服务、管理、拓展"三大职能，把"服务"挺在前面，通过加强职能业务学习和加深对基层一线的了解来提高自身的专业程度，在服务过程中展现专业水平和人格魅力，助推成员企业提升效益、控制风险，赢得成员企业的认可；在"服务"中实现"管理"，在"管理"中突出"服务"，并以此为良好基础，集团总部和成员企业上下协同，形成合力，进一步"拓展"外部政府资源、政策资源和市场资源。实现"总部+板块公司"一体化运营，实行扁平化管理，将全系统管理层级控制在4级，提高信息传递和决策效率。

4. 加快推进对标世界一流管理提升行动、价值创造行动，实现高质量发展

持续推进对标世界一流管理提升行动、价值创造行动，突出高质量发展、行业对标、分类监管，针对企业所处行业和实际经营情况，分类实施深化改革、促进发展、定责考核、完善治理、加强监管。结合国有资本投资公司特点，着手构建新型考核分配体系，落实企业董事会职权，建立激励与约束并重的奖惩体系。

（二）构建以章程为核心的规章制度体系

坚持以章程为准则管理企业，持续完善公司治理体系，不断提升公司管理治理效能。一是建立章程"动态化调整"机制。通过章程明确界定出资人、党委会、董事会、监事会、经理层等治理主体的职责权限，制定出台三重一大制度，并根据政策环境、监管体制的变化，动态修订完善公司章程、议事规则和配套制度，确保公司运作有法可依、有章可循。二是推进实施"治理型管控"。结合子企业所处行业特点、法人治理完善程度、市场化水平等因素，"一企一策"指导企业完成章程修订，并在章程中明确股东会、董事会决策事项和具体标准，通过派出股东代表、股权董事在股东会、董事会行

权履职，确保出资人意志在企业重大事项决策过程中得到贯彻执行。三是理顺公司各治理主体行权履职的规范，推动重大决策事项"清单化"，集团公司及下属二级企业已经全部制定三重一大事项清单。对于集团三重一大事项，通过建立重大事项决策的"一张表"，运用清单化的思维对公司权责清单进行优化设计，优化后的权责清单实现了对重大事项决策的程序化管理，为公司各治理主体、外派董事开展决策工作提供了规范依据和高效指引。四是集团公司审计部不定期对集团总部和子公司开展制度审计工作，提出改进建议并跟踪整改，保障了国资委关于内部控制自我评价及管理提升的工作，为集团全面开展内部控制建设构建了基础。

（三）筑牢防止国有资产流失堤坝

1. 投资监管"三加强"，构建发展新模式

广州无线电集团认真贯彻落实市委、市政府加强投资监管的工作要求，督促指导下属企业围绕全年投资计划，着力扩大有效投资，扎实推进项目建设。战略并购项目公司后，通过完善章程、派出董事等"管资本"方式，参与公司治理、维护国有资产权益，促进国有资产保值增值。一是加强战略引领，聚焦主责主业。广州无线电集团按照产业相同、行业相关、主业相近的原则，遵循实体化、市场化、专业化的发展方向，构建监管架构。为契合企业发展实际，广州市国资委对广州无线电集团的主业进行了重新核定，调整后集团主业范围包括智能终端设备制造、新一代信息技术产业、计量检测服务、城市物管服务及围绕主业的园区建设与运营等多个领域。二是加强制度建设，突出规范管理。广州无线电集团 2019 年制定了投资管理暂行办法，明确了涉及项目投资的监管事项的审批备案流程、办事材料等内容，理顺工作流程。对企业投资行为进行再规范，对禁止投资项目和特别监管投资项目实行差异化监管，严格执行投资负面清单。三是加强投资管理服务，突出重点关键。实行项目库动态调整，强化企业年度投资计划的执行，建立项目进展月报机制，统筹跟进子公司投资项目进展情况。通过集团投资管理平台"平云资本"，为子公司提供投资服务，协助子公司开展资本运作和投资并购等工作。每年根据集团审计委员会战略部署，选取重要投资项目开展投后评价，采用与二级审计部、会计师事务所联合审计的模式，从投前决策程序、投后管理举措、投资效果和存在风险等方面开展投后评价，提出问题并给出切实可行的审计建议。2023 年完成广电计量、深圳市创自技术有限公司等 7 个项目投后评价报告，为项目建设巡诊把脉，动态跟进投后管理情况，确保国有资产保值增值。同时，跟踪整改落实，促进集团投后管理再上新台阶，推动各单位有效开展股权投资的刚性管理。

2. 加强国有资产交易管理，防止国有资产流失

一是扎实做好产权管理的基础工作。加强和改进各项产权管理基础工作，不断提高其规范化程度，是做好产权管理基础工作的目标。产权登记做到应登必登，不定期组织培训，进一步发挥产权登记的基础作用。二是持续提升资产评估管理水平，制定国有资产评估管理办法，成立评估评审小组，严把中介机构选择关、核准备案关、评估过程

关、定价交易关、报告审核关，对国有资产评估活动进行全过程监管。同时，加大对国有资产评估项目的检查力度，努力做到应评尽评，杜绝资产评估中不评、漏评、低评及转移国有资产的行为，确保国有资产不流失。三是进一步规范国有产权流转。按照"应进必进、能进则进、进则规范、操作透明"的原则，通过产权交易市场公开转让，促进资源的优化配置。遵循三公开原则，坚持阳光操作、规范操作，对国有产权转让全过程进行监督，把好方案论证、资产评估定价、信息发布等环节，确保国有产权交易规范运作，确保国有资本有效有序流动，落实国有资产保值增值责任，避免出现监管中的"越位"和"缺位"现象。

3. 强化企业国有资产统计和财务监督，提升业财融合水平

把国有资产统计和财务监督作为履行出资人监管职能的基础工作来抓，切实提高管好"家底"的能力和水平。一是持续不断地加强企业财务统计培训工作，实现了企业财务快报全覆盖。通过以会代培、实操演练的方式，定期不定期对财务人员进行面对面、点对点国有资产统计报表和企业财务快报软件操作专项培训，提升财务统计人员业务素质和实操水平。二是每月跟踪监测企业重点经营指标情况，新增企业成本和科研投入等数据监管内容，每季度通过经济运行分析等形式，横向纵向比较展现企业经营情况，找出企业发展差距和短板，引导企业完善提高，切实发挥了把脉问诊对症下药的作用。三是加强财务管控，防范风险。建立集团"日常工作分层管理重点工作联合管控"财务管理体系，推动资金、会计、税务管理全面创新创效。做好联合管控，打好"降本增效""亏损企业专项治理""贸易业务监督"三大攻坚战。

4. 建立健全市场化经营管理机制，提升监管质效

广州无线电集团围绕建立健全市场化经营管理机制，加快人事、劳动、分配"三项制度"改革，推动管理实现工资能高能低、人员能进能出、职务能升能降、机构能分能合的目标。一是按照国资委要求，实施工资总额预算管理，通过建立健全企业与劳动力市场基本适应、与企业经济效益和劳动生产率挂钩的工资决定和正常增长机制，实现效益增、工资增，效益降、工资降的目标。二是坚持"市场化选聘、契约化管理、差异化薪酬、市场化退出"原则，构建"选育用留"全链条人才工作体系，市场化用人机制逐步形成，全员绩效考核、末位调整和不胜任退出机制持续健全。同时，推行任期制、契约化管理全覆盖，经理层成员全部签订任期协议、经营责任书，强化考核刚性约束，有效解决管理人员"能上不能下、能进不能出"的问题，推动企业发展内生动力进一步增强。三是突出激励约束。坚持业绩与市场"双对标"，构建"以业绩为导向、增量利润分享为主、收入能高能低"的激励约束机制。充分发挥企业负责人业绩考核"指挥棒"和"风向标"的作用，提高企业经营水平，推行高管人员差异化考核，大幅拉开薪酬差距；修订完善考核办法，根据企业在集团经济发展中的贡献度实施分类考核、分类施策，"一企一策"地调整各项指标基准值、计分办法和权重比例，考核体系更加科学。规范优化考核程序，年度考核结果通过"三审"（即人力部门核审、财务

部门会审、资本管理部门会审）"三决"（即与企业沟通议决、党委会研究表决和主要领导审核批准）程序确定，提高考核的严肃性和公正度。强化集团考核主导地位，集团总部主导负责二级企业高管经营业绩考核，确定企业经营业绩总体目标，积极构建高质量发展考核指标体系，以更加积极的年度目标引领企业发展，激励约束作用更为明显。同时，为推动子企业对标行业先进，建立员工持股、超额利润分享等长效激励约束机制。

（四）突出智慧化监管，充分运用科技赋能国有资产监管

一是编制智慧信息化三年规划。印发《关于加快广州无线电集团数字化转型工作的指导意见》，明确了全集团数字化转型的工作目标和要求。推动协同办公、产权管理、投资管理、评估管理、财务监管等子系统融合运用，提升管理智能化水平。二是以智慧办公提升工作效率，分批建设集团数字化管控平台，2022 年内完成首期 14 个业务子系统搭建，全新的 OA、财务、人力等系统上线应用并通过验收。三是打造集团"1+4"经营决策平台，打通集团与下属企业数据信息采集渠道，资金财务、股权投资、人才发展、科技创新、风险管控等各业务条线均实现数据动态采集，累计采集业务数据 200 余万条，为集团进行经营决策提供有效支撑。四是基于"智慧国资"系统监管要求，集成打通主要成员企业"一企一屏"综合运营管理系统，快速掌握下属企业日常经营和产销研服有关情况。推动大数据应用从综合展示向智能决策转变，做到国有资产监管"一屏总览、一键调取"，实现"全局感知、精准监控、全景可视、智慧分析"。五是着力以信息化提升监督效能，强化对要素交易领域的信息化监督，实现国有资产阳光运行、要素全部覆盖、过程留痕可询、动态监测预警。

（五）强化监督协同，国有资产监督职能更加凸显

突出风险事项监管是维护国有资产安全的关键举措。广州无线电集团坚持统筹发展与安全，制定出台企业违规经营投资问题线索移送和办理、深化内部审计监督、加强资金信用管理、规范资金存放管理等多项制度，进一步扎密扎实风险防控制度体系，引导下属企业加强基础管理、风险防范。一是集团着力构建完善的综合监督工作体系，明确建设法务、合规、风险、内控、审计、纪检"六位一体"融合的大风控体系的方向，强调风险管理责任划分，布局具有集团特色的"三道防线"。通过业务监督、审计监督、监事会监督、责任追究监督的协同动作，做实全过程、清单化监督，并与党内监督贯通，增强监督的系统性。二是强化企业内控体系建设，出台采购管理办法，规范企业采购行为，建立健全各级企业信息公开制度，实现信息公开全覆盖，增强监督的穿透性。对企业贸易业务、两金压降、对外担保、国有资产交易、资产评估等业务进行风险排查和专项检查，开展国有资产损失存量问题专项清理。三是指导企业完善内部审计工作体制，董事长直接分管内部审计工作。首先，立足于加强集团化管控，打造垂直管理审计体系。统筹制定集团及二级审计部年度审计计划，根据集团内部审计文件规定，对重要子公司实行年度经营责任审计全覆盖，并通过集团化管控举措，促进各级审计部高

质量完成年度审计工作计划。其次，强化垂直管理，对二级审计部的审计质量、进度等进行多维度考核与通报。再次，推行集团审计部与二级审计部、会计师事务所联合审计模式，对新纳入合并企业的经营管理状况、资产质量、内控有效性等进行深入审计和问题披露，有效促进集团及各级成员企业风险管控能力的提升。最后，推进内部企业轮审、制度审计、经济责任审计监督工作，做到应审必审，确保内部审计监督全覆盖；及时向董事会审计与合规委员会报告审计发现的重大问题，将董事会战略目标落实到审计工作中。四是广州无线电集团拥有完备的总法律顾问制度，重点二级子公司均配备了总法律顾问，充分发挥总法律顾问的职能；合规体系建设工作获得广州市国资委验收优秀评定，并在此基础上推进大风控体系的建设。此外，广州无线电集团还根据广州市国资委的工作安排，实施主要负责人履行推进法治建设第一责任人职责办法，加强集团及各二级企业的法治建设。

（六）发挥企业内部责任追究工作体系功能作用

一是健全违规经营投资责任追究工作体系和机制，通过出台经营投资资产损失责任追究暂行办法，建立健全集团公司违规经营投资责任追究制度及配套制度体系。持续优化工作机制，组织开展资产损失责任追究线索排查，建立企业责任追究工作报告机制，推动责任追究工作全面覆盖、上下贯通、落地落细，以追责强警示、促尽责、助发展，切实维护国有资产安全。截至2022年末，广州无线电集团已在广电运通、海格通信等12家二级企业建立了责任追究制度。通过责任追究制度的建设和完善，明确了责任追究工作的职责和分工、责任追究范围、损失认定、责任认定、责任追究处理、追究工作程序六大方面的具体内容，为深入推进责任追究提供了制度保障。二是明确责任追究职能机构，落实责任主体。由集团公司党委履行主体责任，以董事长为违规经营投资责任追究工作的主管领导，集团公司审计部为责任追究工作主责部门，审计部牵头建立责任追究工作组，配备责任追究专职人员。下属企业根据自身的组织架构情况，合理设置责任追究机构，由审计部、综合部、党群办公室等部门负责牵头组织，将责任追究工作责任压紧落实。三是通过多种方式开展责任追究共性问题专项核查，包括投资后评价专项检查、企业合规性检查，提高监督与问责效能。例如，根据多位一体联合监督工作计划，广州无线电集团在广电运通、海格通信等重点企业开展资产评估、国有资产交易检查。侧重股权转让与收购、引入战略投资者、实施员工持股的企业整体价值，以及重大资产处置和物业对外租赁相关的资产评估行为，进一步规范企业国有资产交易行为，加强企业国有资产交易监督管理，防止国有资产流失。四是在严肃追究违规经营投资责任的同时，注重保护经营管理人员开展正常生产经营活动的积极性，明确容错纠错机制的适用情况，探索建立容错正面清单，规范开展尽职合规免责工作。营造弘扬企业家精神、敢于改革创新、勇于履职担当的良好氛围。五是将落实巡察整改工作纳入子企业综合考核范畴，督促各级企业将整改工作列入年度重点任务清单，聚焦问题、举一反三、压实责任。

三、广州无线电集团有限公司国有资产监管"三化"的主要经验及成果

广州无线电集团是以"高端高科技制造业、高端现代服务业"为战略定位，聚焦行业人工智能、无线通信导航、计量检测服务、现代城市服务等领域的高科技产业集团。近年来，其坚持以习近平新时代中国特色社会主义思想为指导，以国务院国资委"双百企业"试点为契机，利用广州市首家国有资本投资公司平台优势，全面落实国有企业改革三年行动，通过体制机制创新激发内生动力，着力破解国有企业传统"三铁"（铁饭碗、铁交椅、铁薪水）难题，为企业优化经营质量、壮大产业规模、巩固竞争优势、收获倍增式发展提供了源头活水，实现了国有资产保值增值。

（一）遵循市场化机制，把准机构的"能分"与"能合"

通过外部收购、内部孵化并举，布局优势产业和新兴产业。广州无线电集团通过收购成立广电运通，内部孵化成立海格通信、广电计量、广电城市服务，从无到有、从小到大、由弱到强，聚焦形成行业人工智能、通信导航、计量检测、城市服务四大优势产业，创造了广电运通、海格通信、广电计量相继上市和倍增式发展的成长奇迹。同时，广州无线电集团紧抓新一代信息技术融合创新、数字经济发展等重大机遇，先后成立广电研究院、平云资本、广州信投等子公司，建立起科研孵化、资本运作、科技园区和5G新基建"四位一体"的高科技产业培育平台，推动广州无线电集团战略性新兴产业发展。

（二）围绕高素质领军人，畅通干部的"能上"与"能下"

一是全面推行两年一次的干部竞聘上岗制度、每年一次"业绩导向"的年度述职考评制度。广州无线电集团制定干部选拔任用管理办法，干部任期两年，到期重聘。通过全体起立、主动申请、差额竞聘，接受组织考察，排名末位淘汰，实现干部从"要我做"到"我要做"的转变。每年年底，按照"结果导向，业绩为王"的原则，实行中层干部年度述职考评，客观评价干部履职能力，推动"能者上、庸者下、平者让"。每两年一次的竞聘、每年一次的述职成为广州无线电集团的特色，乃至广州市国资系统的创新模范。二是全面实施经理层任期制和契约化管理。广州无线电集团制定经理层任期制和契约化管理工作方案，对集团党委直接管理的中层干部和控股二级企业的经理层推行"市场化选聘、契约化管理、差异化薪酬、市场化退出"的运营机制。广州无线电集团稳步推进以选聘社会化、管理契约化、薪酬市场化、退出制度化为主要特征的集团总部层面职业经理人制度，着力激发经理层干事创业活力。

（三）围绕增活力添动力，实现人员的"能进"与"能出"

一是以精细化岗位管理为基础，规范用工模式。广州无线电集团优化部门职责，科学定岗定编，明确任职条件，严控用工总量，杜绝冗员。在此基础上，完善市场化公开招聘制度，优化招聘录用管理办法，规范信息发布、笔试面试、试用录用等各环节工作，杜绝"近亲繁殖"、内部照顾、裙带关系等问题，确保招聘公平公正公开，营造风

清气正的用人环境。二是以品牌化招聘项目为载体，拓宽人才进入通道。广州无线电集团策划多样化、高端的、具有品牌效应的招聘项目，拓宽人才进入渠道。近年来，策划组织 GRG 群英会、千人招聘大会、IAB 招聘专场等，联袂权威媒体单位策划媒体招聘，打造了华南地区最大规模的单一企业人才引进活动。三是以考核、规范化合同管理为依据，健全退出机制。广州无线电集团持续优化人员结构，通过考核方式，规范劳动合同管理，使不适应企业发展的员工合理合法退出。近几年，广州无线电集团通过转岗、培训、合法解聘等方式，让"不想干、干不成"的人员"流出"，使"想干成，能干成"的人才"流入"，构筑人才池子，优化人员配置，提高人才资源合理适配率。

（四）完善差异化机制，激活薪酬的"能高"与"能低"

一是实施中长期激励，加大关键人才激励力度。首先是实行员工持股，广州无线电集团依法依规在主要成员企业推行混合所有制改制，率先引入员工持股，下属 4 家二级企业全部完成混合制改革和员工持股，促进企业与核心员工形成"责任共同体、利益共同体、命运共同体"，开创了广州国有企业混改的先河。其次是实施"二次混改"，广州无线电集团再次在海格通信、广电运通实施员工持股计划，加大对行业领军人、核心研发员工等关键人才的激励力度，增强可持续发展能力。最后是制定出台中长期激励管理办法和创新创业管理办法，在部分公司实施了员工持股计划。二是实施灵活的市场化收入分配机制，"以岗定薪、岗变薪变""全员考核、以绩付薪"。依据岗位价值评估合理确定各层级各类别岗位的薪酬宽带，确保薪酬向高价值岗位倾斜。采取薪酬与岗位相匹配策略，严格落实岗变薪变，确保员工薪酬与岗位相匹配，最大化激励员工工作积极性。广州无线电集团制定业绩考核办法，全面推行经理层、中层以及员工层核定收入与业绩紧密相关，年度考核结果与薪酬挂钩制度。三是推行"三个创新机制"，激发组织活力。广州无线电集团首次提出"三个创新机制"，包括创业创新项目孵化机制，制定创新创业企业员工激励操作指引并试点，有效激发了员工创业创新激情；事前约定超额收益共享机制，加快向三四级企业推广，为新时代体制机制创新不断赋予新内涵；重要投标项目成员风险金共担机制，在子公司科研项目上试点应用，成效明显。通过"三个创新机制"，持续完善激励与约束机制，在经营管理过程中做到管理层贴身经营、抱团拓展。

综上所述，从改革成效来看，广州无线电集团主要经济指标高速增长，构筑了综合型大型高科技产业集团。近 10 年来，广州无线电集团主要经济指标年均保持 20% 以上的增长速度，利润总额、净利润等主要经营指标均实现稳步增长，集团盈利能力长期位居全国电子信息百强企业前列。目前，集团打造了行业人工智能、通信及导航、计量检测服务、现代城市服务等优势产业板块，并完成算力、算法、数据、场景人工智能四大要素的全面布局，成为了广州国资人工智能和数字经济的平台型企业。

广州地铁集团有限公司

一、广州地铁集团有限公司概况

（一）简介

广州地铁集团有限公司（以下简称"广州地铁集团"）成立于 1992 年，是广州市政府全资大型国有企业。公司始终以"建设好、运营好、经营好地铁，服务好城市，带动好产业"为宗旨，主动担当、积极作为，业务实现从地铁新线规划建设到铁路建设投融资，从地铁线网到城际铁路、有轨电车全制式覆盖，从广州一地走向粤港澳大湾区、国内主要城市乃至"一带一路"沿线重要节点。

目前，广州地铁集团运营的轨道交通里程达 857 千米，除了本地地铁线网 621 千米、有轨电车 22.1 千米外，还包括城际铁路 60.8 千米，以及巴基斯坦拉合尔橙线、江西南昌地铁三号线、重庆地铁四号线二期、长沙地铁六号线、海南三亚有轨电车、东莞华为松山湖小火车、昆明长水国际机场旅客捷运系统等外地项目 153.1 千米。同时，正全面推进 12 条（段）243 千米轨道交通线网建设，以及佛莞城际等 11 条（段）411 千米城际铁路建设，统筹负责 32 个国铁、综合交通枢纽、市政道路项目投资建设。

广州地铁集团始终坚持"全程为你"的服务理念，精心组织运营，为乘客提供了安全优质的交通运输服务。2022 年，广州地铁共安全运送乘客 23.58 亿人次，居全国首位。根据国际地铁协会披露，在全球 42 家大型地铁中，广州地铁运能利用度、运营服务可靠度、列车正点率行业领先。

广州地铁集团积极实施多元化经营开发，成功打造万胜广场、荔胜广场、悦江上品等多个商业与住宅项目，现正结合地铁线网规划，大力开展地铁沿线土地储备，并与多家标杆企业合作开展物业开发，2020 年首度跻身广州房企年度权益销售前十名。积极推动行业发展，下属控股子公司广州地铁设计研究院股份有限公司成功上市（股票代码：003013，以下简称"地铁设计"），成为国内第一个登陆 A 股资本市场的地铁设计院。设计、监理、运营、咨询、培训和信息化等多项服务遍布 100 多个城市，为全球提供完备系统的城市交通综合解决方案。

未来，广州地铁集团将继续发挥一体化经营管理优势，主动承担"提速广州、主导湾区、引领行业"的使命，深化企业改革，推动数字化转型，持续提升轨道交通产业整体能级和技术创新能力。以"一张网、一张票、一串城"的理念，统筹推进广州都市圈城际铁路项目，全力推动"轨道上的大湾区"建设，努力构建结构合理、换乘高效、共建共享的世界级轨道交通，为广州以更实举措服务粤港澳大湾区建设，以更高质量实现老城市新活力、"四个出新出彩"，以更强担当推动形成"以国内大循环为主体、国内国际双循环相互促进"的新发展格局作出新的更大贡献。

（二）组织架构

广州地铁集团总部设立了办公室、人力资源部、党建工作部、战略发展部、财务管理部、法律合约部、纪委监察专员办综合室、审计部、安全监察部、市场部、生产管理部等14个职能部门，运营事业总部、房地产事业总部及国家工程研究中心3个事业部，信息管理中心、行政后勤中心、资源服务中心、广州地铁党校（大学）4个共享中心。集团控股参股二级子企业62家（不含30亿元物业相关主体），其中：全资子公司18家，控股子公司6家，参股企业38家，全资及控股三级子企业25家。

（三）企业品牌

1. 品牌理念：全程为你

广州地铁，提供安全、准点、便捷、人性化的轨道交通服务，同时依托资源和实力优势，从出行到商住，提供一体化生活方式，并依靠多年的经验和知识，提供专业的行业服务，最终践行全程为你的品牌理念。

2. 理念解读

（1）规划、建设、人性化运营服务，公共运输全程为你。

（2）商业、住宅、一体化生活方式，价值创造全程为你。

（3）经验、沉淀、产业链专业服务，行业贡献全程为你。

（四）多元化业务布局

1. 设计业务

通过控股上市子公司地铁设计推进相关业务，地铁设计拥有工程设计综合甲级、工程勘察综合甲级、城乡规划编制甲级资质，业务范围涵盖城市轨道交通、市政、建筑等工程的规划咨询、勘察设计、工程总承包等领域，共享广州地铁集团建设、运营、综合开发等雄厚资源，工程业绩及设计经验领先业内，是国内城市轨道交通综合设计实力最强的企业之一。业务遍及广州、北京、天津、南京、西安、成都、武汉、深圳、厦门等40多个城市以及海外，在20多个城市建立了业务机构，能够为客户提供高效、便捷的服务。

2. 运营业务

主要通过运营事业总部及全资子公司广东城际铁路运营有限公司推进相关业务。其中：运营事业总部主要负责地铁相关运营，广东城际铁路运营有限公司负责城际铁路运营和有轨电车业务等。

3. 物业开发与经营

广州地铁地产隶属于广州地铁集团，始终秉承"以城为本、以人为本"的开发理念，致力于成为"TOD轨道交通都市美好生活运营商"，落实创新"轨道+产业+生活"的开发模式，用物业开发价值为地铁建设筹资，反哺地铁运营。

在30年的发展历程中，广州地铁地产已累计打造20余个城市轨道交通TOD综合开发项目，依托前瞻布局和创新开发模式，实现TOD综合开发项目与地铁同步选址、同步设计、同步建设，以及交通、社区、商业一体化运营。凭借优越的创新开发模式及卓越的产品品质，2022年从众多房企群雄逐鹿中脱颖而出，打造的TOD综合开发项目多成为区域销冠和标杆。

4. 地铁附属资源

（1）民用通信业务：民用通信业务系统地解决了地下空间移动通信信号覆盖存在盲区的问题，为广大乘客提供无缝隙、不间断的移动通信（含语音业务和数据业务）服务，让广大乘客在享受地铁交通便利的同时，也能享受到优质的移动通信和有线通信服务。另外，民用通信业务为地铁运营提供了通信保障，为地铁商户提供了有线电话、数据专线、上网服务。

（2）媒体广告：广州地铁承担了广州市超过50%的公交客流运送任务，高效衔接白云机场、广州南站、铁路、城际轨道交通等重要交通枢纽。广州地铁广告充分发挥自身的广告媒体平台优势和线网日益增长的客流，协同、创新开展广告经营，积极打造广州地铁广告品牌形象。同时，广州地铁广告积极支持社会公益宣传，弘扬主流文化，传播社会文明，致力于助力广州地铁成为城市轨道交通的典范。

（3）商业经营：地铁商业经营包括商业资源的开发策划、经营策划、经营管理及服务等。地铁商业经营包括车站商业、地铁商场（商业街）、地面物业等形式，经营业态主要有车站商业街、超市、专业市场、写字楼、物流仓库、社区商铺等。车站商业作为广州地铁运营重要的服务设施，以"品牌连锁、便利服务"为经营策略，全力提供地铁运营配套服务，现合作客户包括7-11便利店、华润万家、美心西饼、广州酒家等。自地铁一号线开通运营以来，地铁商业便利服务已经成为地铁运营服务的重要组成部分，化作数百万地铁乘客出行生活不可或缺的一部分。

（4）文化产品：广州地铁文化产品是广州地铁集十余年之文化建设积淀，以地铁元素为基础，以创意文化为纽带之新开发地铁附属资源。地铁文化产品分为实物产品与体验类产品两大类，包括纪念票卡、地铁车辆与系统模型、地铁吉祥物系列产品及影视、演艺、动漫、论坛、展览等，产品形态丰富多样。广州地铁文化产品将不断推陈出新，致力于为广大乘客和市民提供缤纷多姿的文化盛宴。

（五）运营成效

广州地铁集团不断发挥一体化经营管理优势，持续提升轨道交通产业整体能级和技术创新能力。

目前，广州地铁集团的业务涵盖地铁/城际新线和铁路/枢纽建设投资、物业开发与经营、专业对外服务、轨道交通装备制造、地铁商业经营等方面，运营的轨道交通里程达 857 千米，2022 年日均客运量 646.01 万人次，占广州市内公共交通出行总量 60% 以上。截至 2022 年底，广州地铁注册资本 584.25 亿元，资产规模 5809.54 亿元，所有者权益 2528.67 亿元；2022 年度营业收入 122.85 亿元，利润总额 104.59 亿元。

（六）人才队伍

广州地铁集团截至 2022 年底拥有员工 29869 人，其中：线网运营人员 24162 人、工程建设 672 人、资源开发 343 人、子公司经营 2474 人、管理及服务 2218 人；员工年龄构成：25 岁及以下人员 2607 人，26～35 岁 14475 人，36～45 岁 10520 人，46 岁及以上 2267 人（见图 1）。

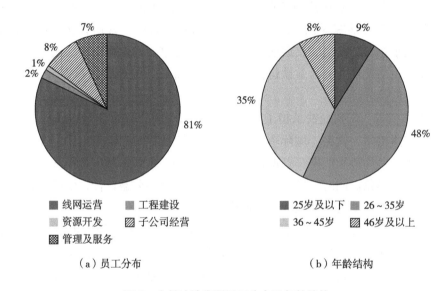

（a）员工分布　　　　　　　　（b）年龄结构

图 1　广州地铁集团员工分布及年龄结构

二、广州地铁集团有限公司国有资产监管"三化"成就和经验做法

（一）国有资产监管专业化现状、经验做法

1. 党建工作

一是广州地铁集团以高质量党建赋能高质量发展，党建工作两次获中央、省委、市委组织部专题调研，并得到高度评价；近三年位列市国资系统党建考核前三，获市国资委主要领导多次肯定；智慧党建项目获"数字中国"创新大赛二等奖、入选全国企业党建创新优秀案例。二是坚持党的全面领导，集团党委开展中心组集体学习和"第一议题"学习，领导班子带头下基层调研，党委会决策部署落实重大事项，党委班子调研解决制约生产经营、改革发展的难点痛点问题，牵头开展党建课题研究，解决一批制

约生产经营、改革发展的难点痛点问题。三是打通基层党建"最后一公里"，集中开展"强服务、保安全、提品质"专项活动，实施党支部"七一工程"，落地36项"党建+"书记项目成果；升级"红色羊角"全域智慧党建系统，打造"十大创新应用场景"；首创"铸魂赋能"训练营，形成30项党建促生产课题，持续做实"四践行、四融合、四和谐"工作。

2. 战略管理

广州地铁集团紧密围绕"聚焦突破，改革赋能"工作总基调，以习近平新时代中国特色社会主义思想为指导，深入贯彻落实中国共产党第二十次全国代表大会精神，落实"十四五"规划，优化战略执行管理体系，推动常态化变革，深化投资布局。

一是紧紧锁定集团"十四五"战略规划，引入业务领先模型和商业计划制定体系，有效推动了战略执行，重点解决了战略目标承接、资源配置、解码主体错位等问题，进一步强化了战略执行落地体系，促使战略承接落地到位、资源协同配置到位、考核牵引准确到位。根据广州市国资委国有企业改革三年行动工作要求，推动质量变革、效率变革、动力变革和体制机制变革，改革"回头看"现场评审得到广州市国资委认可。在完成国有企业改革三年行动任务基础上，创新构建了集团常态化变革体系，高效高质地推动了资源业务变革等项目，使业务变革创新推进更加顺畅。同时，进一步完善优化了集团公司绩效考核体系，确保任期制和契约化管理落实到位。

二是有序推进投资企业管理优化工作，增强投资企业盈利能力。以板块化运作为方向，系统梳理管理台账，完成投资企业管理办法修订，建立项目公司授权管控规则。匹配集团变革落地，优化产业布局，完成物资公司重组及非主航道子企业股权处置，推动旗下上市公司设计院完成国务院国资委科改示范企业认定。推进大湾区轨交融合，稳步推进承接珠三角股权。紧扣政府政策红利，积极推动集团向国有资本投资公司转型，稳步促进集团各业务发展、助力集团年度目标的实现。

3. 财务管理

一是财务管理借助数智化新技术手段与"改革赋能"的契机，立足战略财务，研究提出集团"十四五"期间财务体系建设的总体目标、指导思想，大力推进控本增效，践行《控本增效三年行动方案》，推动业财一体化，应对城轨交通建设投资新政以及宏观经济环境波动挑战，全力推动大湾区轨道交通事业高质量发展。二是持续探索投融资模式创新，广花城际、芳白城际项目"股权投资+施工总承包"模式高效落地；探索并发行集团公司首支碳中和公司债；成功落地集团公司首笔境内外币流动资金贷款40亿元。2022年多元化融资1352亿元，其中债券融资240亿元，银行贷款1050亿元，政策性开发性金融工具62亿元（获批额度广州市第一，为重点项目资本金提供了重要补充来源，有效减轻了财政压力），平均融资成本为广州市属国有企业最低、城轨行业最优。三是强化外部政策争取，在广州市税务局大力支持下，完成集团留抵退税。

4. 人力资源管理

一是人力资源管理匹配广州地铁集团数字化转型和智慧地铁建设发展的趋势，聚焦提升员工能力、强化员工拼搏动力和激发员工经营活力，深化人才发展、分配激励和授权管控三大机制创新，为广州地铁及大湾区轨道交通高质量发展提供了坚实的人才保障。二是制定集团公司中长期专业技术人才发展结构规划，构建集团级专业技术人才能力标准，发布《广州地铁集团进一步完善人才交流机制指导意见》，重点完善内部人才市场，推动人才交流常态化、制度化。三是匹配广州地铁集团经营发展导向，编制并发布了《2022年工资总额管理方案》《关于竞争类单位工资总额执行监控指导意见》，切实推行工资总额与效益同向联动管理。四是打破"大一统"管控模式，激发业务单位自驱动力，匹配集团板块化、公司化、市场化发展趋势，深入完善人力资源分板块差异化授权管控，发布《集团公司人力资源授权管控优化清单（2022版）》，指导各业务单位自主开展岗位薪酬体系的优化，提高薪酬激励效用，激活各层组织的主动性与积极性。五是营造控本增效氛围，发挥员工企业经营主人翁精神，组织开展第二届"控本王者·效傲江湖"员工建言献策活动、第二届中青/青干班控本增效一人一策征集活动，最终收集员工建议超500条，推进超140条落地试点实施。

5. 纪检监察

一是加快建设"轨道上的大湾区"，党风廉政建设围绕"发展"和"安全"两个关键，既强调责任更注重落实，既强化监督更注重保障，坚持"三不腐"（不敢腐、不能腐、不想腐）一体推进。认真把握"惩、治、防"的辩证统一关系，既查清问题、披露风险，又深挖根源、提出对策，以廉洁地铁建设的有力成效助推集团改革、服务粤港澳大湾区轨道交通高质量发展。二是印发《党风廉政建设和反腐败工作专项规划》，制定"四责协同"（党委主体责任、党委书记第一责任人责任、党委班子其他成员"一岗双责"和纪委监督责任有机协同）机制推进全面从严治党。加强省委巡视整改、大规模迁移砍伐城市树木问题整改等重点政治任务落实情况监督，对存在问题党组织班子进行集体约谈。保持高压态势不放松，持续加大执纪审查力度，严肃查处违纪违法问题。

6. 内部审计

广州地铁集团秉持"风险导向+价值导向"的内部审计理念，以"保合规、防风险、提效益、促整改"为总体思路，聚焦合规经营，通过开展"四合一"合规检查等专项审计项目，推进审计循环，强化审计整改，以审计整改落地效果倒逼审计质量提升。年内完成《集团内审五年战略规划》，制定了三项策略和五大保障措施，为全面达成集团"十四五"战略目标保驾护航。

统筹安全与发展两件大事，统筹确认和咨询两种形态业务，持续发挥"治已病、防未病"的功效；紧盯国家"十四五"审计工作规划及有关政策，不断提升审计技术、优化组织模式、强化审计质量及整改、做深做实研究型审计，持续保持审计先进性。

7. 科技创新

一是广州地铁集团以《新时代城市轨道交通创新与发展》为指引，以支持未来智慧城市轨道交通的"数字化、智能化"发展为目标，充分发挥国家级创新平台的组织和资源整合优势，2022年统筹推进54个在研科技项目，完成科研投入约4.83亿元。二是广州地铁集团积极策划、申报国家、省、市重大科技专项任务，2022年成功获批13项政府科技项目（国家级4个、省级3个、市级6个），2项中城协科技项目，新增项目的质量和数量都较往年有突破性提升。其中，以公开竞争方式获得科技部"十四五"国家重点专项"城市轨道交通运营重大风险防控关键技术装备研发及示范应用"，研发水平和承担重大科研项目能力得到科技部专家组的高度认可。"轨道交通一体化智慧平台——穗腾OS""基于多信息融合的直流牵引供变电系统健康管理关键技术研究及应用""自主可控城轨交通CBTC列车控制系统技术研究及工程化应用""城市轨道交通列车在途安全保障与能力保持关键技术及应用"4项科技成果开展鉴定，均为国际领先。2022年，广州地铁集团获得授权专利153项，取得政府部委、行业协会科技奖励22项。

8. 质量管理

2022年，广州地铁集团通过体系内外审、管理评审持续改进管理短板，持续优化健全集团质量管理机制，强化全面质量管理体系运行质效，推进各单位管理体系建设认证工作，确保集团全面质量管理体系全覆盖。

一是提升意识，以数字化驱动质量监控管理升级。引入三年趋势、同期对比及问题库等指标设置及分析思路，通过数据量化、表单结构化的方式持续优化集团公司质量管理工作报告。以文化驱动、"以奖促效"提升品牌质量、培养人才。总结沉淀优秀质量管理经验，组织申报第七届广东省政府质量奖（一线班组），参加"2022年广州市百强质量品牌推介暨专家访谈"活动，完成卓越绩效管理自评师培训认证，开发"广州地铁全面质量管理实践"课程并在技术课堂授课。

二是持续完善标准化管理体系，年内主、参编国家、行业、地方标准57项。其中，主编26项，参编31项。广州地铁集团主编的《粤港澳大湾区城际铁路技术标准》，为打造"轨道上的大湾区"提供了重要保障；参编的地方标准《城际铁路设计细则》颁布实施，有力促进了多层次轨道交通"融合发展"，标志着广东省干线铁路、城际铁路、城市轨道交通等多层次轨道交通融合发展迈出了关键的一步。

（二）国有资产监管体系化成就、经验做法

广州地铁集团建立了合规、内控及风险一体化管理体系（见图2），实现合规、内控及风险管理的整合。

1. 一体化组织体系建设

广州地铁集团在合规管理体系符合国资委监管要求的基础上，进行合规、内控及风险管理组织架构的调整整合。2022年，在原有风险管理组织体系的基础上，进一步明确治理层、管理层及执行层，以及三道防线的合规管理职责。

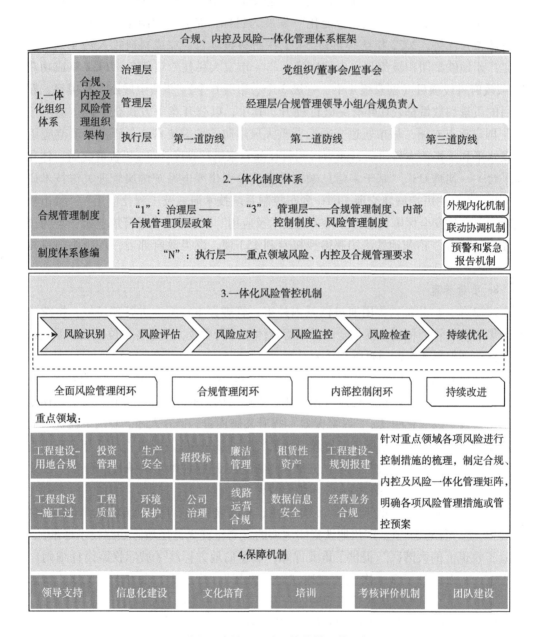

图2　合规、内控及风险一体化管理体系框架

2. 一体化制度体系建设

广州地铁集团一是通过编制及修改合规、内控及风险制度，将管理要求、评价标准及风险应对措施落实于制度当中；二是基于重点领域合规要求，编制重点领域合规、内控及风险一体化管理手册及指引，将一体化管理固化进制度中；三是建立明确的外规内化机制，促使合规管理常态化；四是开展外规内化工作，并将合规要求落实到企业现有制度中，提出制度体系修编建议。

3. 一体化风险管控机制建设

一是建立风险定期评估机制，动态调整合规管理重点领域；二是协助开展年度风险评估工作，深化重点领域合规管理，整理法律法规库，梳理及优化相关流程，编制合规风险清单，制定完善的合规检查机制及测试程序；三是建立单个重大事项风险管控机制，将风险管理深入业务过程中；四是在当下内控及风险评价机制的基础上，完善合规评价流程，提升现有评价机制的效率、效果。

4. 一体化保障机制建设

广州地铁集团通过建立合规培训课程体系、合规管理考核及激励方案，来确保合规管理的落地实施。

（1）构筑"点线面体"式的全面质量管理体系。广州地铁集团自1992年成立以来，从最初的专业技术质量管理发展到形成质量管理体系，再到进行全面质量管理，直至目前开展卓越绩效管理，完成了从分散型多体系的质量管理向整合型全面质量管理的转变，构建集"EHS管理体系、质量管理体系、企业标准体系、卓越绩效体系"等于一体的综合管理体系。

广州地铁集团以全组织、全过程、全员参与为核心，以质量为中心，以全员参与为基础，致力于通过让顾客满意、所有成员及相关方受益而实现长期成功。目前，广州地铁集团已构筑起"点线面体"式的全面质量管理体系，也就是以业务流程为基础，点指以顾客需求和质量事件为关注点，线是工程、设备设施、服务、工作、供应商五大质量专业线，面是各类管理体系，体即以卓越绩效模式实现高效的经营质量管理（见图3）。

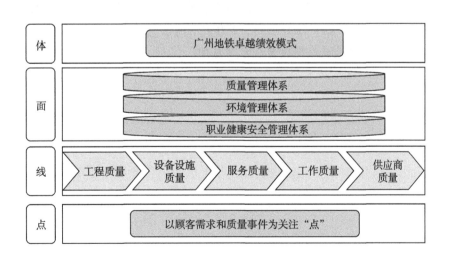

图3 "点线面体"式的全面质量管理体系

（2）强化"多位一体"式的大监督体系。广州地铁集团印发进一步建立健全监督联席会议制度的指导意见，规范联合监督工作机制，促进各类监督贯通融合，深化纪检监察监督部门与审计监督、巡察监督、合规管理等各监督部门的统筹衔接。深化纪检监察机构改革，完善集团监督管理机制，在运营事业总部开展改革试点，实现垂直统一管理。深入推进新时代廉洁文化建设，建立完善12个反腐倡廉教育基地矩阵，"君子悦廉·猎德站"反腐倡廉教育基地获评第三届"中国廉洁创新奖"提名奖。

（三）国有资产监管法治化成就、经验做法

1. 制定法治建设规划，全面贯彻落实国有资产监管要求

广州地铁集团认真贯彻习近平全面依法治国法治思想，落实《国资法》等国有资产监管法律法规、政策要求，制定法治建设第八个五年规划，为集团依法管理国有资产指明了方向。集团法治建设第八个五个规划期间要实现合同法律审查率、重大经营决策法律审核率、市国资委备案的重要子企业总法律顾问配置率、法务岗位专业资格覆盖率、干部职工普法覆盖率关键目标均达到100%。

2. 完善法律管理体系，为国有资产增值保值、依法经营提供法律保障

广州地铁集团已建立"事前防范、事中控制、事后补救，预防为主"的工作方针和法律事务管理体系。按照广州市国资委相关管理要求，广州地铁集团构建完善了相应的管理制度体系，针对各重点风险业务，建立完善股权转让、物业租赁等各类法律指引。

3. 系统开展法治宣教，提升整体素养，夯实国有资产管理的法治文化基础

一是积极贯彻党中央关于全面依法治国的战略部署，推动"谁执法谁普法""谁服务谁普法"普法责任制的落实；二是有序开展普法工作，法治建设计划工作完成率100%；三是开展环境保护、反垄断、公司法等各类专题学习；四是开展各类法律法规培训，完成法律法规干部学考、宪法宣传周等活动；五是开展法治基地建设，在268座地铁车站广告灯箱，900多个LCD屏幕，2万多个地铁电视，列车及车站画框开展普法公益宣传，打造"龙潭地铁站保密普法示范基地"。

北京国有资本运营管理有限公司

一、北京国有资本运营管理有限公司基本情况

（一）简介

北京国有资本运营管理有限公司（以下简称"北京国管"）前身为北京国有资本经营管理中心，于2008年12月成立，是北京市委、市政府深化国资国企改革，加快国有经济战略调整，以市场化方式进行国有资本运营管理的市属一级企业。

北京国管的国有资产规模目前约占北京市国资委管理的国有资产规模的51%，是首家获得国际三大评级机构，中国主权信用评级的中资投控企业。2019年8月，北京国管建立党委，并于同年底获批成为北京市首家国有资本运营公司改革试点单位。2021年7月，北京国管由全民所有制企业改制为国有独资公司，公司注册资本增至500亿元，100%由北京市国资委持股。2022年2月16日，《北京国管深化市场化改革方案》出台，为北京国管的市场化改革与高质量发展揭开了新的篇章。

（二）目标、使命和功能

（1）一个目标：打造"世界一流、国内顶尖"的国有资本运营平台综合体，成为全国国有资本运营公司试点标杆企业。

（2）三大使命：服务北京市国资国企改革创新发展；助推北京产业高端发展；成为备受信赖的北京市国有资产管护者。

（3）四项功能：北京市委、市政府战略意图的践行者；优化北京国有经济布局结构的操盘手；国资国企改革的助推器；以管资本为主完善国有资产监管的切入点。

（三）运营模式

北京国管通过构建"融、投、管、运、研"一体化的运营模式，加快实现"资金、资产、资本"的形态转换（见图1），促进国有资本在合理流动中实现保值增值，全面提升国有经济的竞争力、创新力、控制力、影响力和抗风险能力。

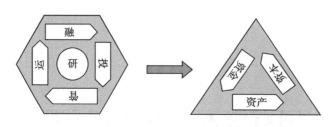

图1　北京国管专业化资本运营模式

（四）决策机制

（1）2008～2022年：①成立以来，北京国管以管理委员会为最高决策机构，管理委员会主任由北京市国资委主任兼任，管理委员会成员由北京市国资委领导班子成员和执行董事组成；②在管理委员会的领导下北京国管各项功能充分发挥，整体工作成效显著，风险牢牢把控，落实北京市委、市政府的战略意图和工作部署坚决、到位。

（2）2023年起：按照整体部署和市国资委工作要求，下一步北京国管将建立完善由市领导担任组长的战略决策领导小组和外部董事占多数的董事会，进一步发挥市级国有资本运营平台作用。

（五）运营成效

（1）资产规模显著壮大：截至2021年末，合并总资产为3.3万亿元，占北京市管非金融企业资产总额的51%，是成立之初的4.3倍。

（2）经营业绩持续提升：截至2021年末，合并营业收入为1.4万亿元，占市管非金融企业营业收入总额的70%，是成立之初的4.55倍。合并利润总额为954亿元，占市管非金融企业利润总额的72%，是成立之初的6.87倍。

（3）功能作用显著发挥（剔除划入企业）：2019～2021年，合计实现利润总额141.39亿元；上缴国有资本收益73.67亿元（不含代持项目自身收益上缴37.7亿元；代持项目收益上缴35.97亿元）；缴纳税费10.97亿元；累计境内债权融资规模大于2100亿元；通过基金撬动社会资本大于2900亿元。

（4）持续保持高质量增长：①2019年以来连续在北京市国资委企业负责人经营业绩考核中被评为A级；②始终坚持稳健经营、精细化管理，成为境内获得最高信用评级的投资控股类企业，同时严格防范经营风险，未发生重大风险事件，国资委国有企业法治建设考核评价常年保持优秀；③落实国资国企改革坚决有力，平稳有序完成7家一级企业的重组或并入，赋能相关企业实现转型发展，并妥善化解多项历史遗留问题。

（六）国管体系

目前，北京国管划入市属企业集团共计15家，包括京能集团、首发集团、首钢集团、京城机电、北京电控、一轻控股、首开集团、北汽集团、同仁堂集团、祥龙公司、首农食品集团、北辰实业、金隅集团等（见图2）。

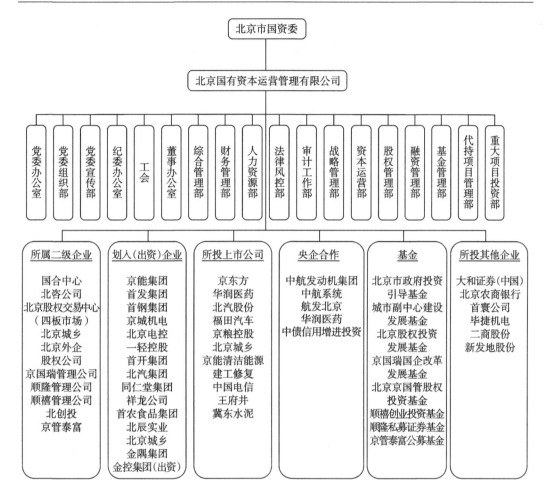

图 2 国管体系

资料来源：北京国有资本运营管理有限公司官网。

北京国管所属的二级企业共计 11 家，包括国合中心、北咨公司、北京股权交易中心、北京城乡、北京外企、京国瑞管理公司、顺隆管理公司、顺禧管理公司等。

北京国管直接持有京东方、华润医药、北汽股份、福田汽车、京粮控股、北京城乡、京能清洁能源、王府井、中国电信、建工修复、冀东水泥多家境内外上市公司股权。

北京国管共与中国航空发动机集团、中航系统、航发北京、华润医药、中债信用增进投资 5 家央企进行合作。

北京国管受托管理北京市政府投资引导基金、城市副中心建设发展基金、京国瑞国企改革发展基金等重大基金，出资参与组建北京市科技创新基金。按照北京市委、市政府构建"1+3+N"股权投资基金体系的要求，大力整合全球高端优质资源，与凯雷、摩根大通、高盛等世界顶尖金融机构及中信产业基金等国内知名投资机构进行合作，共同发起设立多只基金，重点投向科技创新、节能环保、医疗健康等战略性新兴产业。北京国管目前已成为北京市唯一同时具备母基金、私募基金、风险投资基金管理经验和能力的大型国有企业。

（七）组织架构、党建情况和人才队伍

1. 组织架构

北京国管的组织架构可划分为三个部门：业务部门、党群部门以及职能部门（见图 3）。这三个部门分别承担着不同的责任，共同支持公司的运营和发展。

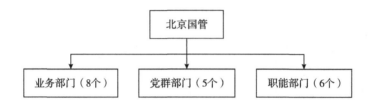

图 3　北京国管组织架构

业务部门是北京国管的主要运营核心，当前包括 8 个部门。这些部门直接负责推动和执行机构的主要业务活动，包括但不限于资本运营部、战略管理部、法律合规部等。党群部门共有 5 个，作为北京国管内部党群工作的主要执行机构。这些部门负责推动党群工作的开展，包括党员管理、党的建设以及相关活动的组织和实施。职能部门共有 6 个，这些部门主要负责北京国管的日常运营，包括人力资源管理、财务审计、信息技术支持等。

通过这种三层架构，北京国管能够实现业务、党群和职能活动的有序运作，从而推动其战略目标的实现。

2. 党建情况

北京国管党委担负着关键的领导职责。截至 2023 年 8 月，北京国管包含管理干部 65 人，全系统的党组织总计达到 107 个，全系统党员 1585 名。北京外企党委所属在党组织建设方面也具有显著的影响力。当前，北京外企党委所属的流动党员为 14196 名，党组织 323 个。这展现了北京国管党组织建设广泛的组织网络和大规模的党员基础。

3. 人才队伍

北京国管全系统的员工数量从初始的 24 人增长至当前的 7696 人，人力资源规模显著扩展。北京国管的人才队伍具有以下显著特征。

首先，人才队伍显现年轻化趋势。员工整体平均年龄低于 35 岁，这显示了该组织拥有大量充满活力、适应性强、具有创新潜能的年轻员工。其次，北京国管全系统的人才队伍呈现高素质发展的特点。统计数据显示，拥有硕士及以上学历的员工占比超过

84%，这标志着公司的员工教育层次较高，为实现企业目标提供了强大的知识和技能支持。最后，金融经济、管理、财会和法律方面的专业人才在总员工中的占比约为76%，表明北京国管聚焦培养和吸引特定领域的专业人才，以促进其在相关业务领域的发展和创新。

北京国管全系统在人才规模扩张、年轻化、高素质化和专业化方向上取得了显著进展，这对北京国管的长期发展具有重要的战略价值。

二、国有资产监管成就

（一）坚决贯彻落实北京市发展战略部署和要求

（1）助力北京打造国际科技创新中心：①北京国管及受托管理的北京市政府投资引导基金分别出资20亿元和120亿元，参与发起设立北京市科技创新基金。②促进北京加快构建"高精尖"经济结构。出资8亿元推动发起设立北京创新产业投资有限公司；合计出资171亿元支持京东方、北方华创和燕东微电子等高新项目；为北京电控提供6.67亿元两年免息借款，支持其加快发展集成电路产业。③着力加强对科技型中小企业的培育、孵化。累计服务企业超过3.3万家，促成直接融资超过500亿元，转板至更高层次资本市场110家。④出资100亿元参与组建中国航空发动机集团，推动"两机"（航空发动机、燃气轮机）重大专项国家战略落地实施。

（2）助力"金融管理中心"功能建设：①以"现金+股权"方式出资设立北京金融控股集团有限公司，其中现金出资20亿元、股权出资为持有的核心资产中信建投证券35.11%股权（对应市值1074亿元）及北京农商银行10%股权，现金和股权出资总计净资产279亿元；②有序推进受让首创集团所持第一创业股份事宜，进一步优化金融资源配置，丰富首都多层次资本市场服务手段；③认购中债信用增进公司2亿元金融永续债，提升债券市场金融服务实体经济能力。

（3）助力国际交往中心建设：①出资3.3亿元与日本大和证券集团共同设立大和证券（中国），成为北京发挥"两区"政策优势，推动服务业扩大开放的又一标志性成果。②所属企业北京外企，在北京市人才工作局指导下，打造国际人才一站式综合服务平台——易北京。易北京App集合多元职场服务、前沿政策资讯、数字生活服务、便捷政务服务、智能在线客服等功能，为来京旅游、工作、留学、长期居住、创业、探亲六大人群提供融入式服务，助力首都打造全球高层次人才向往并主动汇聚的"人才之都"。③通过市场化基金持续深化与摩根大通、凯雷、高盛、中信产业基金等知名机构的合作，吸引具有丰富投资经验的知名基金管理机构落户北京。④发挥智库作用，为北京冬奥会延庆赛区、国家速滑馆等PPP项目提供咨询服务，为崇礼奥运保障项目提供科学、高效的项目管理，助力北京冬奥会圆满举办。

（4）助力城市副中心建设：①作为首寰公司第二大股东累计出资50.36亿元，保障北京环球度假区项目有序建设并顺利开园。②下属北咨公司高质量完成北京城市副中心"十四五"规划纲要编制，承担重点区域规划和行动计划编制任务，参与城市副中心重点课题任务，开展副中心行政办公区、副中心枢纽等综合咨询服务等。③推动落地并受托管理北京城市副中心建设基金；通过八里桥项目促进了非首都功能疏解，通过"两站一街"项目降低了政府土地储备开发的阶段性债务压力。

（二）发挥国有资本运营功能

（1）重大重组任务取得实效：①稳妥有序推进与北咨公司、北京城乡、北京外企、北京建院等一级企业的重组、并入等工作；②通过整体规划、资源注入、优化布局、架构调整等方式赋能重组企业转型发展，并妥善解决部分企业转制过程中的历史遗留问题，实现"1+1>2"的重组效果，探索出一条市属一级企业重组整合的新路子。

（2）着力提升国有资本证券化率：①推动华润医药与北京医药战略重组，并推动华润医药在香港联合交易所实现统筹上市，募集资金150.61亿港元。②推动北京建院、北咨公司混改上市。③推动中信建投证券在香港联合交易所挂牌上市，募集资金75.61亿港元；推动中信建投证券在上海证券交易所主板成功发行上市，募集资金21.68亿元；助力中信建投证券成为"A+H"上市的国内头部券商，进一步提升其资本实力和市场影响力，目前市值约2000亿元。

（3）推动战略性重组和专业化整合：①推动所属上市公司北京城乡与北京外企开展重大资产重组，将优质资产注入上市公司，大幅提升上市公司营收及利润，重组完成后上市公司主业由零售业变为人力资源服务业，进一步增强企业发展效能；②合计出资17.3亿元与中航工业共同设立航发北京、中航系统及中航复材，配合完成系列资本运作及资产重组，在促进实现中航工业战略部署的同时，取得相关项目退出收入20.15亿元（投资成本6.06亿），并仍持有航发北京18.18%的股权及中航系统23.71%的股权；③出资2.55亿元与京粮集团共同发起设立京粮股份，推动完成京粮股份与珠江控股实现重大资产重组，重组后北京国管持有上市公司京粮控股6.67%的股权；④出资2.87亿元支持王府井东安集团增资扩股王府井国际，配合王府井国际成功实现大资产重组，促使王府井成功实现整体上市。

（4）促进国有经济布局优化和结构调整：①支持王府井对首商股份换股吸收合并募集配套资金，认购8.84亿元；②出资4.71亿元与京城机电共同发起设立北一机床；③出资5亿元参与冀东水泥定向增发，支持冀东水泥解决历史遗留问题；④出资3437.5万元支持二商集团老字号重组改制；⑤出资5.24亿元与京仪集团共同发起设立京仪科技股份，支持京仪集团实施混改；⑥出资9亿元参与中国电信的战略配售，加强产业深度协同。

（5）市场化、法治化纾困风险：①出资24.4亿元受让海淀国资中心所持的北京农商行5亿股股份；②保障海国投30亿元公司债足额发行，其中认购10亿元、协调10亿元；③出资10亿欧元支持北汽集团有效化解债务风险、维持国际信用评级稳定；④出资 8.67 亿元受让北京文投集团所持首寰公司 5% 股权、向北京文投集团提供委托贷款 18.7 亿元；⑤向京城机电累计提供委托贷款 20 亿元，向首开集团提供委托贷款 12 亿元，向北京市供销合作总社累计提供 17 亿元紧急资金救助等。

（三）强化专业运作，发挥协同优势

（1）专业的基金管理能力：北京国管按照北京市委、市政府相关要求，建立健全基金管理体系，成为目前北京市唯一同时拥有私募基金、风险投资基金、基金中的基金、另类基金管理经验和管理能力的专业化平台，管理基金规模近 1800 亿元。

（2）受托管理北京市政府投资引导基金：①充分发挥政府资金的引导放大作用，在服务国家京津冀协同发展战略支持北京市城市副中心建设、国际科技创新中心建设、"高精尖"产业升级、创新创业集聚、中小企业发展、国资国企改革等重点领域发挥了重要作用；②截至 2022 年第三季度末，纳入引导基金管理范围的子基金和直投项目共 35 个。27 支市级基金共投资 6236 个项目，撬动社会资本总规模达 1961.07 亿元，其中投资北京项目 3477 个、1189.33 亿元。

（3）着力打造全链条私募股权基金体系：①截至 2022 年 6 月，管理私募股权基金规模近 600 亿元，完成投资近 300 亿元，撬动社会资本约 1150 亿元。②截至 2022 年通过直接管理的各只基金累计投资项目 68 个，培育上市公司 21 家，其中投资国企项目 37 个，金额约 156 亿元；投资北京市高精尖项目 19 个，金额约 96 亿元，持续支持首都"高精尖"产业发展和国资国企改革。③通过旗下基金中的基金累计间接投资项目 545 个，重点投向高端制造、消费升级、能源环保、医药医疗等前沿领域，累计培育宁德时代、药明康德、光威复材、贝瑞和康等上市公司 57 家，有效引导放大社会资本投资，形成了良好的经济效益和社会效益。④京国瑞国企改革发展基金在北京市国资委领导下，始终秉持服务首都国资国企改革的投资理念：投资北方华创、燕东微电子，支持北京市"高精尖"产业发展；落实京津冀协同发展战略，受让首钢京唐钢铁股权，支持首钢集团降低资产负债率；直接参与王府井、首创集团股份非公开发行，间接参与金隅集团、同仁堂集团、京能电力等市属上市公司的融资，支持市属国有企业做强做优做大；吸引社会资本共同投资城建设计、首发云星宇，推动市属国企股权多元化；投资中航复材并参与中航高科资产重组，加强央地合作，吸引高精尖产业落地北京；参与投资的燕东微电子和云星宇成为入选国务院国资委"科改示范企业"仅有的两家北京企业。

（四）坚持创新引领，探索运营新模式

提升信用评级，拓展融资渠道：①实现境内外融资渠道全覆盖，获得境内发行人和投资人双付费"AAA"最高信用评级，国际三大评级机构标准普尔、穆迪、惠誉国际均授予北京国管境内企业最高主体信用评级（"A+/A1/A+"，同中国政府主权评级），在资本市场树立了优质发行人形象，并得到了市场及监管机构的高度认可；②设立北京国管众益投资管理有限公司，受托管理用于充实社保基金的划转股权；③牵头会同华夏银行等 6 家企业共同发起成立北京水木现代国有企业研究院，支持清华大学成立中国现代国有企业研究院，打造为首都国资国企改革建言献策的新型智库；④率先推动中国证券监督管理委员会股权投资和创业投资基金份额转让试点在京落地，创新多种交易服务模式，实现基金类型全覆盖，累计促成交易超 60 亿元；⑤2018 年获批设立北京国管博士后工作站，累计招收 5 名博士后，已成功出站 1 名，在站 4 名，为企业改革发展积累了高端人才。

（五）健全风险管理体系

（1）持续完善公司内控体系建设：持续完善制度建设，累计制定投融资、财务管理等方面的制度近 100 项，基本实现业务层面全覆盖。不断优化内控体系，目前内控体系公司层面涉及 50 余项控制点、业务层面涉及 95 个子流程和 310 余项控制点，引入第三方专业机构联合开展内控体系评价及缺陷整改工作。

（2）不断推动企业"健身瘦体"：①按北京市国资委工作要求，持续开展"三降一减一提升"专项行动，明确减亏工作要求和时限，超额完成有关减亏指标；②累计处置 4 家"两非"（非主业、非优势）、"两资"（低效资产、无效资产）企业，进一步提升企业经营质量。

（3）全方位加强风险防范：①加强顶层设计，制定公司风险管理暂行办法；②加强投资风险分析和管控，做好全方位风险评估工作，制定风险防控预案，加强投资项目后评价工作及时总结投资过程经验教训，有效防范和降低投资风险；③完善财务管理体系，夯实财务基础管理，有效发挥财务监控和预警功能，定期组织经济运行分析，在全系统开展财务检查和重大风险自查自纠工作；④持续优化债务结构，将资产负债率控制在合理水平，高质量完成各项信息披露工作。

首钢集团有限公司

一、首钢集团有限公司概况

（一）简介

首钢集团有限公司（以下简称"首钢集团"）始建于1919年，是中国钢铁工业的缩影、改革开放的一面旗帜，是北京市国企深改综合试点单位，入选国务院国企改革"双百企业"。首钢集团聚焦钢铁业、园区开发与运营管理、产业基金与资产管理三大主业，协同发展，成为跨行业、跨地区、跨所有制、跨国经营的综合性大型国有企业集团，自2011年以来十二次上榜《财富》世界500强。

自中华人民共和国成立以来，党和国家高度重视首钢集团发展，先后有几十位党和国家领导人到首钢集团视察指导工作。2014年2月，习近平总书记在视察北京重要讲话中指出，首钢集团搬迁到曹妃甸就是具体行动。要继续坚定不移地做下去。2019年2月1日，习近平总书记到首钢园区视察慰问并作出重要指示，为首钢集团高质量发展注入了强大动力。2022年1月4日，习近平总书记来到位于首钢园区的北京冬奥运行指挥部调度中心，看望慰问运行管理人员，对筹办备赛作出重要指示。

首钢人传承"敢闯敢坚持敢于苦干硬干"、发扬"敢担当敢创新敢为天下先"的首钢精神，历经百年光辉岁月，创造无数奇迹。2005年，首钢集团自觉服从国家奥运战略和首都城市发展功能定位，率先实施钢铁业搬迁调整，被北京市政府授予"功勋首钢"称号；在曹妃甸建成代表21世纪国际先进水平的"钢铁梦工厂"，成为中国由中心城市搬迁调整向沿海发展的钢铁企业排头兵；跨地区联合重组长钢、水钢、贵钢、通钢、伊钢，产业布局拓展到沿海和资源富集地区，形成3500万吨钢生产能力，产品结构实现向高端板材为主转变。

坚持做优做强钢铁业。首钢集团积极践行新发展理念，推动技术领先成为首钢集团的核心竞争力，着力打造产品、质量、成本、服务、技术"五大优势"。持续优化产品结构，自2016年以来累计实现七项产品全球首发、41项产品国内首发。汽车板电工钢市场占有率稳步提升，连续多年成为宝马、奔驰重要供应商，跻身变压器材料供应企业第一梯队，成为白鹤滩水电站、乌东德水电站变压器材料主供应商；镀锡板实现高端客户全覆盖，成功迈入国内镀锡板生产企业第一方阵；其他重点产品大量应用于西气东输、"蓝鲸1号"、高铁动车、火箭飞船等国家重点工程和国之重器。

打造新时代首都城市复兴新地标。首钢集团紧抓冬奥机遇，始终坚持以习近平总书记对北京的重要讲话为根本遵循，认真落实市委、市政府各项要求，自觉服务北京市"四个中心"功能建设，统筹推进首钢园区文化复兴、生态复兴、产业复兴、活力复兴，建成石景山景观公园、冬奥广场、工业遗址公园三大片区等空间载体，不断释放传统工业资源的生命力。高标准完成"一赛场、一总部、四中心、多队伍"等冬奥服务保障任务，交出了"双奥之企"的优异答卷。谋划首钢园区后冬奥时期高质量发展，推进园区产业集聚、重大项目落地见效，推动冬奥"冷资源"变"热经济"，全力打造"一起向未来"的城市复兴新地标，展现冬奥遗产与工业遗存交相辉映、老工业区华彩蝶变为城市更新典范的首钢。

持续深化产融结合。设立首钢基金公司，组建首钢财务公司，加强资本运作，推动资源配置转向主业和优势产业，打造新的经济增长点。首钢基金打造"融资—投资—运营"一体化模式，通过出资及撬动外部资本助力园区开发；布局REITs（不动产投资信托基金）赛道，2021年6月，首钢绿能（基础设施公募REITs）在深圳证券交易所上市。首钢供应链金融平台上线运行，开出"首钢京票"，成为北京市较早可开立供应链多级流转债权凭证的国企。首钢基金管理规模达600亿元，既全力服务首都"四个中心"建设和京津冀协同发展，也支持了首钢集团的改革发展。

扎实推进新产业培育。首钢集团聚焦新材料、新能源、环境产业、静态交通等领域，加快新产业培育。首钢吉泰安自主研发的"蚕丝钢"、北冶公司参与"神舟"系列飞船、运载火箭、嫦娥工程等重大领域重点项目、首钢环境的城市固废项目、首钢朗泽的合成生物技术、首程控股的交通枢纽类停车项目、首钢城运的立体停车库项目、首钢建设的海外工程、首钢自信公司的智能服务、首钢国际的技术服务、首钢矿投的投资经营、首钢实业的物业、首钢体育的品牌等各具特色。积极开展国际化经营。在改革开放之初，首钢即开始尝试发展海外事业。经过30多年跨国经营的探索与发展，首钢集团已形成以矿产资源、静态交通运营管理为主的境外产业布局。

（二）业务板块

1. 钢铁产业

通过搬迁调整和联合重组，首钢钢铁业形成了3000万吨以上钢铁生产能力，技术装备达到国际一流水平，产业布局拓展到沿海和资源富集地区，形成了京唐、迁钢、冷轧、长钢、水钢、通钢、贵钢、伊钢八个生产基地；产品结构实现向高端板材和精品长材转变，形成了热轧商品卷、冷轧商品卷、电工钢、中厚板和长材五个系列产品集群，市场占有率不断提高。目前，首钢集团正围绕做优做强钢铁业，打造"制造加服务"的综合竞争力。一方面，以满足高端客户需求为目标，实现从产品制造商向综合服务商转变，打造一批具有国际竞争力的钢铁产品，成为高端客户信赖的服务商；另一方面，以运营高效、系统协同为目标，以股份公司为平台公司，搭建钢铁板块管理平台，实现对钢铁业的"战略控制型"管控，提升首钢集团整体和各企业的经营效率。

2019年，首钢集团成功推出无取向电工钢25SW1250H，获得高端汽车业界赞誉。首钢集团成为第四代轻量轮辐及轮辋钢材供应者。2021年，首钢集团推出以汽车用双相高强外板CR290Y490T-DP-GI代表的6项新产品，并实现了以汽车外板DP500为代表的29项高端材料的国产化，进一步研发出以高强度低铁损产品15SW1100H为代表的高牌号无取向电工钢12项新产品。自"十三五"以来，首钢集团共获省部级及以上奖励53项次，其中国家科技进步二等奖2项。专利授权2377件，其中发明专利1020件。制修订标准191项，其中国际标准20项，国家标准115项。首钢技术中心在国家企业技术中心历次评价中一直保持"优秀"。

2. 城市综合服务商

首钢集团率先实施搬迁调整，实现了钢铁产业优化升级，成为京津冀协同发展的先行者、示范者，进入了转型发展的新阶段。按照北京市委、市政府"首钢要成为传统产业转型发展的一面旗帜，成为具有世界影响力的综合性大型企业集团"的要求，首钢集团确定了新的发展战略，即通过打造全新的资本运营平台，实现钢铁和城市综合服务商两大主导产业并重和协同发展。

首钢集团顺应中国城市发展趋势，遵循新型城市发展规律，深化供给侧结构性改革，紧紧围绕城市发展、政府所急、百姓所需等方面积极寻找机遇，强化市场和服务意识，在城市综合服务业领域谋划布局，培育新动能、发展新产业、形成新经济、新业态，努力打造城市综合服务商。

首钢集团以多年发展中积累的大量服务设施建设经验为基础，发挥在钢铁制造领域积累的资源优势，在整合钢铁领域规划设计、研发生产、基础建设、设备制造、自动化控制等产业基础上，积极发展静态交通、能源环保、钢结构装配式建筑、智慧城市、工业智能化、道路设施、军民融合装备创新、文化创意、体育健身等城市服务产业、产品，承担城市难点热点设施建设和管理服务，积极为中国城市发展做贡献。

3. 金融服务

在全面深化改革的新形势下，为建设有世界影响力的综合性大型企业集团，首钢集团打造全新的资本运营平台，坚持产融结合，加强资金管理，运用金融政策，创新金融产品，助力钢铁和城市综合服务商两大主导产业并重和协同发展。

首钢集团拥有较为丰富的金融资源，1992年首钢集团独资创办华夏银行，现已成长为全国性股份制商业银行，首钢集团始终保持第一大股东地位。在香港注册成立全资的投资控股公司香港首控，充分利用香港资本市场环境优势，依托全资及控股的上市公司深耕资本市场。

2014年12月成立北京首钢基金有限公司（以下简称"首钢基金公司"），作为集团产业投资运作平台。首钢基金公司积极贯彻产融结合理念、为实体经济服务，逐步发展成为以核心产业为基础的"融资—投资—运营"一体化的新产业投资控股平台。重点投向供应链及金融，以医疗健康、体育娱乐为主的消费升级，以停车为主的基础设施和智慧城市等行业领域。目前，公司管理 16 只基金、累计规模超过 500 亿元。

北京创业公社投资发展有限公司（以下简称"创业公社"）是首钢基金公司旗下的城市更新服务商。聚焦城市存量资产改造运营，以"基金+基地+产业链服务"的生态运营模式激活城市空间，帮助中小微科技企业实现创业梦想，获得了国家级众创空间、国家级孵化器、全国青年创业示范园区、海峡两岸青年创业就业示范点、投中 2016 中国最佳众创空间 TOP10、全国首个 SGS 认证的 ISO 创业服务标准化体系等荣誉称号。

2015 年 9 月成立首钢集团财务有限公司，作为首钢集团金融综合服务平台，是具有独立法人地位的非银行金融机构。该公司秉承"依托集团、立足服务、助推转型、发挥引领、合规经营、稳健发展"的宗旨，以加强首钢集团资金集中管理和提高资金使用效率为目的，以合规经营、稳健发展为准则，构建首钢集团"资金归集平台、资金结算平台、资金监控平台、金融服务平台"，助推首钢集团产融结合和转型发展。截至 2021 年 12 月末，总资产为 569.88 亿元。

4. 首钢园区

新首钢高端产业综合服务区（以下简称"首钢园区"）位于长安街西延长线与永定河绿色生态走廊交汇处，占地面积 8.63 平方千米，在地理区位、空间资源、历史文化、生态环境上具有独特优势，在新版北京城市总体规划中，新首钢地区未来将成为传统工业绿色转型升级示范区、京西高端产业创新高地、后工业文化体育创意基地。

2017 年 11 月，《新首钢高端产业综合服务区北区详细规划》（首钢园区北区）获北京市规划和国土资源管理委员会正式批复。规划成果达到国际先进水平，荣获国际卓越规划奖、绿色建筑先锋大奖、中国人居环境奖、全国优秀城乡规划设计奖（城市规划）一等奖、国际城市与区域规划 2018 年度规划卓越奖、2019 年环保建筑大奖研究及规划类别优异奖。2020 年，《新首钢高端产业综合服务区南区控制性详细规划（街区层面）》获批复。

首钢园区纳入国家首批城区老工业区改造试点、国家服务业综合改革试点区、国家可持续发展实验区、中关村国家自主创新示范区、国家级智慧城市试点、北京市绿色生态示范区，是国内首个 C40 正气候样板区。2016 年北京冬奥组委正式入驻是首钢园区开发的里程碑事件。6 年来，以奥运工程破局城市更新，紧抓冬奥机遇，聚焦"文化复兴、产业复兴、生态复兴、活力复兴"，推动新首钢地区"三年行动计划"全面收官，基础设施承载能力和环境品质显著提升，高端要素加速集聚，创新活力初步释放，城市复兴新地标建设取得阶段性成果，社会反响积极，首钢园区已成为世界范围内奥林匹克运动带动城市更新的经典案例。

招商运营方面，对接企业及机构，跟进重点项目，已实现当红齐天、腾讯科技、亚太文融、麦当劳旗舰店等项目签约落地。探月项目完成预售许可办理和认购意向书、预售协议签署,华夏银行项目完成合作备忘录签署,怡和项目完成合作框架协议、战略合作协议签署,1609街区控规批复。围绕科技+、体育+、腾讯内容事业群、百度智能驾驶、冬奥云转播公司、探月工程研发及国际交流中心等入驻。首钢园香格里拉、全民畅读、星巴克、首钢大食堂等彰显了园区魅力和活力。三高炉区域成功举办中国科幻大会、奔驰汽车发布会、北京时装周、BTV跨年晚会、2021奥林匹克博览会、北京消费季启动仪式等200多场活动,首钢园区全球首发中心的品牌影响力不断提升。

产业生态方面,持续推进重大合作项目对接,获得市级文化产业园、北京市体育产业示范基地、智能网联汽车示范运行区、中关村智能创新应用产业园、北京市电子竞技产业品牌中心、北京市游戏创新体验区和科幻产业聚集区授牌。加快科幻产业集聚区及元宇宙创新中心建设,组建"科幻产业联合体",联合设立"中关村科幻产业创新中心"。以科技冬奥为牵引,开展七类23项人工智能相关示范场景应用,九种无人车入园测试运行,累计测试里程达15万千米,无人驾驶在首钢园区实现全国首次开放运营。

2021年9月,中国国际服务贸易交易会(以下简称"服贸会")专题展成功在首钢园区举办,充分体现了北京市对新首钢地区转型发展的持续支持,更为京西地区在"十四五"期间注入新活力、新动能。服贸会的引进是传统工业区实施城市更新、功能再造,步入复兴的新的重要标志。2022年2月,首钢集团滑雪大跳台承担北京2022年冬奥会自由式滑雪和单板滑雪大跳台赛事,中国选手谷爱凌、苏翊鸣勇夺两枚金牌,首钢园区成为中国队"双金福地"和世界网红地。

5. 国际业务

在改革开放之初的20世纪70年代末,首钢集团便开始尝试发展国际业务,1992年10月,首钢集团在香港成立首钢控股(香港)有限公司,并陆续兼并收购四家上市公司,1992年12月,首钢集团收购秘鲁铁矿公司及其所属670平方千米矿区的永久开采权、勘探权和经营权,这一阶段成为首钢集团海外战略布局的初创时期。首钢集团运用国际市场合规化思维,利用境外资源优势,打通跨境信息渠道,对境外企业实施分级分类管理,优化和灵活运用跨境信息和资金流转渠道,构建协调运转、有效制衡的境外管控体系,已经成为具有国际影响力的跨国经营的大型企业集团。

目前,首钢集团共拥有境外全资和控股子公司70余家,分布在秘鲁、新加坡、中国香港等10个国家和地区,涉及矿产资源开发、进出口贸易、海外工程建设、城市综合服务等多个业务领域,境外企业资产总额近600亿元。

(三)人才发展

1. 人才队伍

首钢集团向来重视人才队伍建设和职工个人成长平台建设。1950年,首钢集团成立首钢职工大学,对在职职工进行科学知识、专业技能培训。其在1954年成立首钢技工学校,面向社会招生,培养钢铁专业技术工人;1958年开办首钢党校,培训各个层级的干部。

20 世纪 70 年代首钢集团开始筹建大学：1978 年成立北京钢铁学院一分院、1979 年成立北京钢铁学院二分院、1985 年成立首钢大学，面向社会招生，培养本科、专科、中专等不同层次人才。1960 年成立钢铁研究所（研究钢铁冶炼技术），1973 年成立首钢设计院（研究冶金基建工程设计）。1983 年收并北京冶金研究所（研究合金冶炼技术）。自 2007 年开始，首钢集团全面推进实施并持续优化经营管理系列、专业技术管理系列和技能操作系列三支人才队伍职业发展"绿色通道"，搭建了人才成长阶梯，实现各类人才"纵向晋升、横向互通"，激发了人才干事创业热情，促进人才与企业共同发展。

进入转型发展关键时期，首钢集团落实"一根扁担挑两头"发展战略，进一步深化三支人才队伍建设，并取得明显成效。经营管理系列推行符号化职级体系，实行职务职级一体化管理，以职务职级确定薪酬福利及相关履职待遇，健全合理流动机制，统筹谋划各级领导班子和领导人员队伍建设，持续提高首钢集团干部人事工作效率和精准度，形成更加符合市场竞争需要，"下管一级、分级管理、系统受控"的领导人员管理体系。探索推行职业经理人选聘机制，加大市场化选人用人力度，有效弥补了新产业高层次领军人才缺口，有力推动各产业快速发展。强化优秀年轻干部培养，连续举办青年干部特训班、中青年领导人员培训班，不断加强后备人才领导力建设。

专业技术管理序列打造科技领军人才队伍，评选出 13 名"首钢科学家"，坚持事业激励和薪酬激励相结合，给予科研课题和攻关项目立项、经费预算、团队提名和技术路线的建议权，给予有市场竞争力的薪酬待遇，充分发挥科技领军人才引领带动作用。实施优秀高校毕业生学历和住房津贴政策，聚集优质高校优质生源到首钢集团建功立业。实施高层次专业人才市场化选聘，建立与市场接轨、更具活力和竞争力的薪酬分配机制，汇聚人才智力，加快补齐人才短板。持续开展首钢集团科学技术奖评选和激励工作，构建以"一院多中心"为主体的技术创新体系，加速科研技术人才成长。以技术中心为平台，与高等院校、科研院所、产品用户共同组建联合实验室，形成开放式人才培养格局。构建人才素质模型、测评工具、人才盘点、人才开发"四位一体"的人才开发体系，推进全集团人才在线培训"一人一号"，高标准建设在线学习平台，助力全员学习提素。

技能操作系列建设工匠型人才队伍，开展"首钢工匠"评选，给予一次性奖励并按月发放工匠津贴，打破薪酬和职务晋升天花板，营造尊重高技能人才的浓厚氛围。推进百名技能操作专家、千名高级技师工程，加强高级技师队伍建设。着力打造首钢集团技能关键人才品牌培训项目，发挥技能大师工作室、职工创新工作室等平台辐射带动作用，多种途径培养技能人才。打通技能竞赛绿色通道，建立健全配套激励机制，以赛促培激发技能人才主动增长本领。

2. 博士后工作站

首钢集团博士后工作站是 1998 年经全国博管办批准建立的。通过吸纳博士进站从事课题研究、提升进站人员素质层次，成为首钢集团人才队伍建设、学科发展与科技创新建设的重要平台和资源。首钢集团博士后工作站树立"管理就是服务"的理念，努力打造首钢集团博士后工作的"三个中心"，即政策指导中心、信息沟通咨询中心、服务协调中心，重点聚焦钢铁版块主业及新首钢高端产业园区建设，进一步为首钢集团在科研能力方面特别是攻克各类技术难关上提供支持，为首钢集团加强高层次科研人才力量建设提供保障。

首钢集团博士后工作站的培养方式为与高校博士后流动站联合招收培养，在站培养时间一般为 2 年。以提高博士后培养质量和使用效果为核心，制定了严格的博士后进出站考核标准和程序，从科研选题到中期和出站考核等方面实行全程跟踪，及时对博士后研究人员提供指导和服务，保证其研究计划能够按期完成。与此同时，首钢集团博士后工作站努力为在站博士后研究人员营造宽松的学术科研环境，做好后勤保障服务。从建站起至 2023 年 3 月，首钢集团博士后工作站共招收 30 名博士进站从事科研学术研究，已顺利出站 24 名，目前在站 6 名。

3. 创新工作室

首钢集团不断发挥创新工作室的示范、引领和辐射作用，目前已建立职工创新工作室 317 个，参与职工 5073 名。自 2016 年以来，共完成攻关课题 6003 项；取得科技成果 1155 项，其中获得国家科技成果奖 44 项，获得省市科技成果奖 196 项，获得首钢科技成果奖 772 项；申报专利 3114 项，获得专利授权 2134 项；总结创出最佳操作法（管理、服务）886 个；提出并被采纳合理化建议 20801 条；培养技术骨干 2325 人，其中全国技术能手 30 人、省市技术能手（含全国行业技术能手）56 人、首钢技术能手（含地市级技术能手）147 人，高级技师 320 人、技师 671 人。

（四）企业文化

1. 企业愿景

建设有世界影响力的综合性大型企业集团。这是全体首钢人共同的愿景目标，是引领全体首钢人团结奋进的旗帜方向，是激励全体首钢人开拓创新的信念力量。

2. 首钢三大核心价值

首钢服务、首钢品牌与首钢创造。首钢服务旨在强化综合性、提升与客户的协同创值水平；首钢品牌反映其竞争能力，通过技术、质量和诚信培育其深度与广度；首钢创造则代表着自主创新与管理效率的追求，勇于在体制、制度及技术领域中实现突破。在这些核心价值观的指引下，首钢集团全体员工致力于塑造企业文化并助力实现既定愿景。

3. 首钢精神

经历百年风雨，首钢集团深化了其独特企业文化和精神财富。企业之精神可以概括为"敢闯敢坚持敢于苦干硬干",体现了首钢集团面对挑战的坚韧不拔。新时期则衍生出"敢担当敢创新敢为天下先"的核心理念:"担当"代表责任与作风;"创新"意味着驱动与实践;"为天下先"展现了宏大的志向与追求。这两套精神理念既彰显了首钢集团的传统价值观,又与时俱进。首钢精神不仅构建了企业的核心支柱,更是首钢人的情感寄托。全体首钢人将此精神内化于心、外化于行,助推企业持续创新与发展。

（五）社会责任

首钢集团秉承"强企报国"理念,致力于将企业目标与国家战略和社会进步相结合。其不仅提倡"生态优先、绿色低碳"的原则,更通过其技术领先的钢铁节能和循环经济手段,助推地区生态环境提升。此外,首钢集团致力于构建绿色工厂与园区,秉持绿色经济发展模式,确保人、企与环境之间达到和谐共生状态。

1. 绿色低碳

首钢集团坚决践行习近平生态文明思想,推动节能降碳,强化企业绿色发展策略。作为大型国企,首钢集团认真响应国家"双碳"目标,将其整合于高质量发展蓝图,稳健推进低碳战略。

（1）深度构建绿色低碳发展格局。三地钢铁业的节能减排技术领跑行业。其中,多个设备获得"冠军炉"荣誉。六大单位如股份迁钢、京唐等被评为国家级绿色工厂,冷轧更被认定为绿色供应链管理企业。2022年,中国冶金报社的绿色榜单中,股份迁钢、京唐、长钢成为"钢铁绿色发展标杆企业",京唐更获评"绿色低碳优秀品牌企业"。

（2）持续提升极致能效水平。根据国家标准（GB/T23331）,单位如股份迁钢、京唐等建立了能源管理体系并采用策划—实施—检查—改进（PDCA）策略进行持续改进。首钢股份强调资源回收,特别是生产过程中的余热、余压和余气,并利用低热值煤气技术推进三台燃气机组建设。京唐的"燃—热—电—水—盐"系统使其能源效率达国际先进水平。

（3）积极推进清洁能源利用。股份迁钢、冷轧等单位均致力于可再生能源的开发与利用,成功构建多项屋顶分布式光伏设施。另外,股份、京唐等钢铁单位及北京园区积极参与市场化绿电交易,探寻交易驱动的减碳策略。同时,矿业单元正利用水厂等空间资源,推进大型光伏示范项目的建设。

（4）大力推进节能降碳技术创新。京唐采用自研的高炉技术和烧结复合喷吹技术,与首钢股份共同推进烟气循环及高风温富氧喷煤技术。利用转炉煤气,京唐成功构建4.5万吨燃料乙醇生产线,并率先实现白灰窑尾气二氧化碳的回收,引领行业低碳技术创新。

（5）深化碳排放管控体系建设。首钢集团深度研究国家碳排放政策,探索碳交易机制及北京试点市场运作。制定节能减碳及碳排放权交易规章,构建高效的碳排放管控体系。首钢集团荣膺数项环境与管理荣誉。

（6）大力开发绿色低碳型产品。致力于高端绿色产品制造，研发了高能效电工钢、汽车轻量化高强钢等多个系列的绿色低碳产品，促进机械、汽车、家电等多行业的协同减碳，助力下游产业链年减排二氧化碳 500 余万吨。

（7）积极发展绿色低碳产业。首钢环境筹建了鲁家山垃圾焚烧发电（年处理 100 万吨）及长治市无害化处理项目（年处理 36.5 万吨）等重点工程。积极采纳绿色建筑方法，推广装配式建筑，"十三五"期间，其建成面积逾 120 万平方米，助力建筑业实现节能降碳。

（8）首钢股份努力打造"循环经济型、节能环保型、清洁高效型"的新一代冶金工厂，将实施光伏发电项目作为建设绿色钢厂的有力举措。

（9）首钢京唐追求极致能效，以燃气蒸汽联合循环发电和低温多效蒸馏海水淡化为核心，联合下游盐化工产业链，构建了全球首例"燃—热—电—水—盐"五效一体高效循环利用系统。该技术荣获中国节能协会节能减排科技进步一等奖，整体上达到国际先进水平。

（10）首钢京唐强化低碳冶金工艺创新，创建了世界首例超大型高炉千万吨规模高比例球团冶炼工艺流程。首钢京唐致力于"双碳"关键技术研发，积极推进碳捕集与利用技术示范项目建设。

（11）首钢水钢以提升自发电水平为发力点，推动余能回收利用上台阶。首钢长钢以余热余能利用、水资源优化利用为节能减碳抓手，企业自发电率实现大幅增长。

2. 环境保护

首钢集团始终秉承"绿水青山就是金山银山"的发展理念，自觉将绿色低碳作为企业高质量发展的重要部分，把环境保护深度融入企业发展全过程，自觉履行社会责任，主动成为建设美好家园的中坚力量。自 2015 年起，首钢集团持续实施"绿色行动计划"。"十三五"期间，首钢集团实施重点治理项目 300 余项，钢烟粉尘、二氧化硫、氮氧化物减排幅度分别达 61.73%、62.37%、47.11%。

首钢股份公司成为全世界首家实现全流程超低排放钢铁企业，成为钢铁行业超低排放的排头兵；首钢股份公司、京唐公司、冷轧公司、贵钢公司、京西重工五家单位荣获国家级绿色工厂称号。在中国冶金报社发布的 2022 钢铁及产业链"绿色"榜单中，首钢股份迁钢、京唐、长钢获评"钢铁绿色发展标杆企业"，京唐被冶金工业信息标准研究院评为"绿色低碳优秀品牌企业"。首钢集团大力开发绿色低碳型产品，助力下游产业链年减排二氧化碳 500 余万吨。

首钢集团积极推进清洁能源利用。股份迁钢、冷轧、京西重工、首钢建投等单位积极开发利用可再生能源，节能减碳效果良好。股份、京唐、长钢、通钢等钢铁主业单位和北京园区还积极开展市场化绿电交易，探索交易减碳新机制。首钢集团大力推进节能降碳技术创新。京唐建成国内首例白灰窑尾气二氧化碳回收用于 $CO_2 \sim O_2$ 混合喷吹炼钢项目，引领行业低碳技术创新。京唐公司发挥工艺装备优势，将低碳循环、绿色发展与效益提升同步推进，成为钢铁行业绿色发展的典范。首钢矿业公司生态环境恢复治理成效显著。几年来，累计复垦绿化2400余亩，实现矿区可绿化率100%的三年目标。

（六）组织架构

首钢集团的组织架构可被划分为四个关键领域：战略管控部门、战略支撑部门、业务支持服务部门、党群部门（见图1）。这四个部门分别承担着不同的角色和责任，共同支持公司的运营和发展。

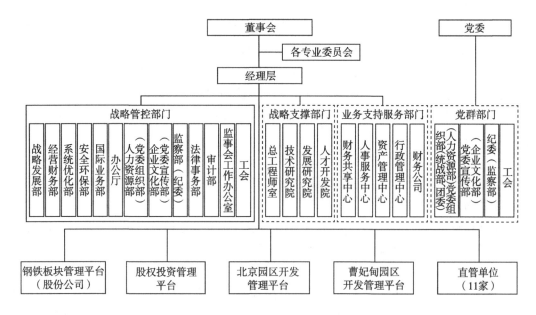

图1　组织架构

战略管控部门是首钢集团的主要运营核心，当前包括13个部门。这些部门直接负责推动和执行机构的主要管控活动，包括但不限于战略发展部、审计部、法律事务部、人力资源部（党委组织部）等。党群部门共有四个，作为机构内部党群工作的主要执行机构，这些部门负责维护和推动党群工作的进程，包括党员管理、党的建设以及相关活动的组织和实施。战略支撑部门、业务支持服务部门共有九个，这些部门主要负责支持首钢集团的日常运营，包括技术开发院、人才开发院、资产管理中心和人事服务中心等。

通过这种三层架构，首钢集团能够实现管控、党群和支撑服务活动的有序运作，从而推动其整体的战略目标并实现有效的管理和运营。

二、首钢集团有限公司国有资产监管成就

（一）党的建设

1. 党建工作

首钢集团党委坚持以习近平新时代中国特色社会主义思想为指导，认真落实市委、市政府各项工作要求，继承和发扬重视党建的优良传统，牢牢把握新时代党的建设总要求和新时代党的组织路线，把坚持党的领导、加强党的建设转化为企业的发展优势，以高质量党建引领和推动高质量发展。

（1）强化政治建设，压实管党治党政治责任。以高标准、严格要求落实政治导向，捍卫"两个确立"，强化"四个意识"与"四个自信"，确保"两个维护"，努力提升政治判断、领悟及执行能力。主动将首钢集团的战略定位于京津冀协同发展、首都"四个中心"功能及"五子"联动的大局中，志在塑造城市未来发展新地标。坚决执行"三重一大"决策制度，明确治理权责、规范议事流程、确保有效衔接。按年度设定全面从严治党任务，领导层对标"一岗双责"，全面监督基层治党工作，确保治党工作的深入推进。

（2）强化理论武装，加强宣传思想文化工作。认真学习贯彻习近平总书记重要讲话和党的二十大精神，开展以"党史"为重点的四史学习教育，弘扬伟大建党精神。坚持正确的政治方向、舆论导向、价值取向与坚守企业本质有机结合，开展正面宣传引导。坚持典型引路，讲好首钢人的故事，传承"敢闯、敢坚持、敢于苦干硬干"、发扬"敢担当、敢创新、敢为天下先"的首钢精神，培育践行社会主义核心价值观。

（3）加强组织建设，提升党组织标准化规范化水平。严格落实党的组织建设工作要求，着力夯基础、聚合力、促提升，切实增强基层党组织的政治功能和组织功能，推动基层党组织全面进步、全面过硬。注重系统研究部署首钢集团党的建设，年初召开党委扩大会、职工代表大会，对全年党建工作和生产经营重点任务同部署、同推进。坚持完善上下贯通、执行有力的组织体系，扎实推进"两个覆盖"。牢固树立一切工作到支部的鲜明导向，每年专题研究党支部建设工作，以党支部"达标准、晋等级、创先进"活动为载体，推进党支部"过筛子"；评选首钢品牌党支部，建强战斗堡垒。

（4）强化建章立制，提升选人用人工作质量。贯彻落实全国、全市组织部长会议精神，着眼首钢集团高质量发展需要，提升选人用人工作制度化、规范化、科学化水平。健全选人用人制度体系，近三年修订颁发12项干部人才相关制度办法，逐步形成系统完备、有效管用、简便易行的制度机制。规范选人用人流程，编制领导人员选拔任用、选聘职业经理人工作参考指南，全面规范选人用人工作。

（5）强化正风肃纪，扎实推进党风廉政建设。坚持全面从严治党战略方针，始终保持严的基调、严的措施、严的氛围，把不敢腐、不能腐、不想腐贯通起来，以正风肃纪反腐实效为打好首钢高质量发展基础提供坚强保障。深入开展"4+1"专项治理和境外企业五项集中整治。修订监督工作联席会制度，把"六位一体"监督协同要求融入"10+1"联合监督体系，全面完成年度联合监督任务。

（6）凝聚奋进力量，充分发挥群团组织桥梁纽带作用。首钢集团党委加强对群团组织的领导，发挥群团组织合力，努力开创群团工作新局面。首钢集团推进智慧工会建设等方面取得了新成效，荣获"全国机械冶金建材行业工会经济技术工作先进单位"。

组织青年志愿者全力参与北京冬奥会、服贸会等党和国家重大活动服务保障任务，荣获"中国青年五四奖章集体""2022 年冬奥会、冬残奥会北京市先进集体"等荣誉。

2. 群团工作

（1）首钢集团工会。2022 年，在首钢集团党委和上级工会的领导下，首钢集团工会以习近平新时代中国特色社会主义思想为指导，认真学习贯彻党的二十大精神，在服务保障冬奥、弘扬劳模工匠精神、倾心关心关爱职工、丰富职工文化生活、推进智慧工会建设等方面取得了新成效。

1）弘扬劳模工匠精神，发挥示范引领作用。一是组织开展五一先进评比表彰工作。首钢集团荣获全国五一劳动奖状 1 个、劳动奖章 1 人、全国工人先锋号 2 个，省级五一劳动奖章 8 人、工人先锋号 4 个；共评选表彰首钢集团先进单位 9 个、先进集体 117 个、劳动模范 149 名。二是组织开展冬奥会、冬残奥会先进评比表彰。评选突出贡献单位 8 个、突出贡献集体 32 个、突出贡献个人 50 名、先进个人 100 名、专项嘉奖 499 人。

首钢集团被推荐为"全国十大产业百家企业深化产业工人队伍建设改革专项行动"企业和"全国机械冶金建材系统产业工人队伍建设改革示范单位"。"首都工匠学院"落户首钢技师学院。4 家创新工作室获评市级职工创新工作室称号，郭玉明等 7 位师傅与 14 名徒弟获市级"名师带徒"称号，7 项创新成果获北京市表彰，1 项创新成果获全国冶金科学技术奖一线工人科技成果三等奖。4 个单位 9 名职工创新成果在全国职工创新成果交流区展出。1 项职工创新项目获全国总工会职工创新补助资金、6 项创新项目获北京市总工会 2021 年职工创新项目助推，109 项发明专利获 2021 年职工创新发明专利。首钢集团工会被命名全国机冶建材行业工会经济技术先进单位，15 名职工被命名全国机冶建材行业岗位能手。

2）服务中心工作，积极助力一线疫情防控。聚焦生产基地驻厂期间职工生活物资、急需药品、心理关爱等需求，加大投入、主动作为，提供力所能及的支援帮助。组织设立疫情防控专项资金，年内为京唐、矿业等单位拨付 209 万元，采购、调拨一批急需药品送达一线。截至 2022 年底，首钢集团工会系统共筹集疫情防控资金 2095 万元，惠及职工 36950 人。

3）为服务保障冬奥筑牢坚强后盾。为直接服务保障冬奥会、冬残奥会的 2809 人，购买四批次生活慰问品、保暖装备、文化用品等物资。组织开展"你为冬奥，工会为你"亲情慰问，向服务保障人员家属推出八项服务项目。做好职工观赛组织工作，组织 900 余人次现场观赛、200 名观众观看火炬接力。

（2）首钢集团团委。首钢集团团委主要负责集团各级团组织、团干部、团员管理；负责组织达标创优、推优入党、推优荐才工作；负责开展团组织的理论学习、思想引领、宣传教育，以及青年思想动态调研等；开展青年创新创效工作、青年"创新"双争、青年岗位能手、青年文明号、青年突击队、青年安全示范岗等活动；开展青年志愿服务和丰富多彩的文体活动。2021 年，在首钢集团党委和上级团组织的坚强领导下，首钢共青团坚持围绕中心、服务大局，在生产经营建设、园区重大活动、疫情防控等方面，充分发挥生力军作用。全年近 200 名青年集体和个人，荣获全国优秀共青团员、北京五四红旗团委、钢铁行业优秀共青团干部、首都最美志愿者等各类集团外部荣誉。

（二）资产管理

近年，首钢集团资产管理中心在固定及无形资产管理领域深化工作研究。至 2022 年底，首钢集团的财务报表显示合并企业达到 336 家，其中固定资产净值为 2495 亿元，约占企业总资产的 50%。这些资产主要分布于钢铁业，具有资产规模庞大、种类繁多，以及跨行业、跨地域和管理层级复杂的特点。首钢集团的北京厂区自 2011 年开始停产，原有的工厂管理模式已不符合现时的战略管理需求，这为资产管理提出了新的要求。资产管理中心成立后，依据中共中央关于国有资产管理报告制度及其五年规划和加强国有资产监管的决策，针对固定资产和无形资产实施了更为专业、体系化和制度化的管理。

在专业化方面，2015 年前，首钢集团的固定资产管理按照各类资产的生命周期阶段进行分类，其管理和业务活动分布于六个部门。无形资产的管理则涵盖了五个部门和两家二级企业。2015 年，随着首钢集团总部的重组，首钢集团成立了资产管理中心，将多部门管理集约化至一个部门，其中资产专业管理人员从 112 人减少至 27 人，实现了高达 75% 的精简率。该中心的成立标志着首钢集团在有形和无形资产管理方面的专业化重塑。依托深度的内外部调研，逐步明确了一个全局性、体系性、系统性和风险可控性并重的资产管理原则，逐渐构筑了一个注重效能、成本和风险平衡的资产管理体系，以深化资产价值管理和潜在价值挖掘为核心目标。在深化改革的进程中，形成了集团、板块和产权单位三个管控层。为实现更高效的管控，首钢集团对原有的 180 项主要管理职责进行了优化。在集团层面，主要聚焦于战略管控，资产管理体系的构建，重点是确保资产转户的及时性和合规性。激活前置低效资产，及提升不动产价值效益。在板块层面，则致力于整合内部资产资源，以实现资产管理的有效向下延伸。对于基层产权单位，其主要责任是资产的日常管理、使用和维护，包括定期组织资产清查盘点和准确时效的上报相关数据与信息记录。此外，资产管理中心还新增了 14 项职责，包括体系管理价值优化、无形资产管理、不动产管理和信息化管理等，将原先的 108 项职责优化为 76 项，实现了 57% 的优化率。在无形资产管理方面，承接了商标字号和土地使用权的管理，并新增了冠名权、著作权和专利权的专业管理职责，以进一步丰富和拓展资产管理的维度和深度。

2016 年，首钢职工代表大会对固定资产管理体系的构建提出了明确要求，强调资产管理基础的重要性以及提高管理效率。首钢集团层面已为资产管理转型提供了清晰的方向和指引。基于部门与职责的优化，首钢集团梳理了资产管理制度。原有十项资产类管理制度经过适用性研究后，六项被保留，而这六项中有五项经进一步整合，形成了集团的固定资产管理制度、固定资产管理实施细则、土地房屋管理办法及北京地区土地房屋管理实施细则四个新制度。首次制定的无形资产管理制度与固定资产管理制度一同作为资产管理的基础制度，而其他四项作为通用业务制度。基于此，首钢集团进一步完善了资产管理相关的细则、规划、标准、规则和指导书，形成了由 12 项制度组成的完整资产管理制度体系。自 2016 年起，每年组织固定资产与无形资产盘点，形成年度报告，并向集团董事会汇报资产管理状况。

2016 年 7 月，首钢集团发布了固定资产和无形资产管理体系构建方案，旨在全寿命周期中，达成资产效能、成本和风险的综合最优化，同时整合无形资产的综合价值。该体系以职责权利、制度规范、运营管控、指标评价及风险防控五大核心模块，再加上基础支撑和能力保障两大支撑模块，构成了"5+2"的固定资产管理体系。为确保体系与集团总体战略对接及下层管理目标的落实，采用三步法：明确目标、分析现状和制定策略。形成了固定资产的总管控策略，以及资产运营、资产处置和不动产管控的三大执行策略。进一步地，为确保纵向与横向的管理协同，首钢集团根据不同的资产类型和管控强度，设计了一个"3113"模式的资产关键管控事项清单。其中，"3"代表三个基本点，分别是资产法律法规的规定、集团总部的职能定位和集团的管理模式。第一个"1"为一个目标：确保集团的战略目标被下层所理解与执行。第二个"1"是一个导向：始终坚持问题导向。最后的"3"代表三个转变：从资产工厂化管理到集团战略、集权到集权与分权相结合、直管资产到制度及审批流程转变的三大转型方向。在集团层面，特别强调了不动产与商标的管理控制。资产处置审批权限则根据初始额度进行划分，确保资产运营的权利应放尽放，旨在将权力下放至基层单位。

为提升资产管理效率，首钢集团重新梳理并优化了管控流程与审批审核程序，进而确立了 52 个关键业务流程。以风险导向为核心，基于专业制度和风控手册，构建了一套资产管理评价体系。这套体系以风险控制点为评价标准，细化至具体的业务与管理层面，分别制定了 86 项固定资产管理评价标准和 38 项商标管理评价标准。集团组建了资产管理评价小组，囊括了战略、制度风控、财务以及资产等专业部门。自 2018 年起，该小组对原值超过 5000 万的 28 家集团企业进行了管理评价，同时对四家企业进行了商标管理评价。评价结果揭示了 38 项管理亮点、232 项主要问题，并为此提出了 246 项优化建议。通过这一系列评价，不仅掌握了集团关键单位的资产管控状况，也为企业汇总了宝贵的资产管理经验，明确了管控的短板和问题，后续为企业提供更有针对性的资产管理知识提供了坚实基础。进一步地，首钢集团构建了资产风控体系，并针对实际情况，识别出 54 个固定资产管理风险点和 9 个无形资产管理风险点，进而形成了相应的风险控制矩阵及权限指引表。

同时，首钢集团推进了资产管理信息系统的建设，利用信息化手段优化固定资产和无形资产的管理能力。自 2016 年启动筹划，系统逐渐整合了固定资产管理、无形资产管理、不动产管理和专业分析评价等六大功能模块，覆盖了资产的新增、运营和退出三个关键生命周期阶段。该系统整合了财务核算、决策分析、税务及法务等关键模块，确保了资产信息与财务账务的高度匹配，从而提高了资产业务处理的规范性和时效性。至2022年底，资产管理系统在集团内实现了全面覆盖，即涵盖了336家子公司。这确保了资产数据在各系统间的共享及跨专业协同，为资产管理的进一步数字化奠定了坚实基础。

在资产管理的法治化方面，首钢集团从制度化管理升级到资产法制化管理。此策略旨在利用法律法规维护集团资产的合法权益，并规避风险。主要涉及两个方面：首先，自2016年起，在北京及所属地区完成了152项任务，包括治理与拆除违法建筑2547万平方米，通过棚户区和工业厂房改造以及农村拆迁，进一步拆除约72万平方米。此外，针对合同到期的产权纠纷，积极收集证据并向司法部门提起诉讼，成功维护企业合法权益。首钢集团的诉讼经验也作为参考推广至其他单位，为后续的企业维权提供法律支持。其次，自2016年起，首钢集团致力于打击假冒国企行为，并对侵犯首钢集团商标的情况进行治理。依据国家相关法律，通过发函或举报至12315平台，共计14家侵权企业主动变更，通过法律途径使23家企业停止使用首钢集团商标，从而维护了集团的合法权益。

三、首钢集团有限公司国有资产监管流程现状

（一）产权管理

（1）在产权登记方面。一般情况下，首钢集团的产权登记在完成系统内的填报后，相应数据会上报至国资委进行审批。一旦获得批准，该登记流程即告完成。

（2）资产评估方面。由市政府及国资委确定的资产评估项目、上市公司的重大重组等项目、北京范围内土地权属处置相关的项目需要报国资委审批及核准或备案。除上述三类外，其他项目的评估备案均由首钢集团自主完成。当项目需要报至国资委进行核准或备案时，流程如下：首先，项目需经首钢集团经理会和董事会审议；其次，首钢集团会出具资产评估报告并提交国资委审核。国资委的审查周期平均约为65天，审批完成后，国资委会下发相应的审批批复。

（3）产权交易方面。当前涉及首钢集团的所有二级企业及子公司，已全面实现放权，即由首钢集团自主审批。对于非公开协议的资产转让项目，仍需报国资委审批。在提交非公开协议的相关项目给国资委审批之前，首钢集团首先需通过董事会或经理会，来完成相关的决策流程。

（4）在无偿划转方面。所有内部划转均由首钢集团自主决策并制定相关指引，进而报给国资委进行备案。首钢集团明确了经理会和董事会的审批权限。对于内部划转，由首钢集团自行审批；外部划转则需提交至市国资委审议。具体流程为：首先通过集团的经理会和董事会，其次上报市国资委。一般事务可能仅由市国资委内部完成审批，被视为重大的事项则需上报市政府审议。整体审批流程预计需时一至两个月。

（二）财务监控

在财务监控方面，年终结算环节在国资委监管中占据重要地位。每年约三月底至四月中上旬，国资委组织专家团队，对首钢集团的年终决算报告进行审核。此外，每月，首钢集团都需通过系统，向国资委提交月度财务报告。半年度和季度，首钢集团也需向统计处提供对应的财务数据。基于首钢集团年初制定的预算，统计处会对上报的数据进行分析，尤其针对财务报告中出现的偏差或异常，会进一步要求首钢集团提供详细文件以作解释和说明。

（三）公司治理

首钢集团严格按国资委要求，持续健全完善公司治理机制，规范"三会"运作。董事会方面：①会前准备：董事会开会前需提前十日提交通知会议材料，同时抄送给国资委。此阶段的目的是确保国资委对开会内容与议题有充分了解。②会中流程：在董事会召开时，国资委会派员参会。审议事项在讨论过程中，若有重大项目则需进一步提交国资委审批。独立外部董事会向国资委直接汇报其在董事会上的表决情况，而非通过公司渠道。③会后总结：会后需将完整会议材料、会议结果以及相关纪要提交给国资委。此外，每年年底还需提供一份年度工作报告，并于每季度报送会议召开情况及外部董事履职情况。综上所述，从会前到会后的每个环节都涉及材料的提交和审批流程，以确保公司治理的透明度和规范性。

（四）投资规划

①投资管理制度建立与备案：指导企业确立健全投资管理制度，要求投资管理制度在获得董事会审议同意后进行备案。若制度有更新或修订，需再次进行备案。②年度投资计划监管：企业应于每年1月31日前，将经董事会审议的年度投资计划提交至国资委信息系统备案。未纳入年度投资计划的项目原则上不予执行，若确需追加的投资项目，应调整年度计划。③监管年度投资计划执行情况：企业需定期通过国资委信息系统报送季度及年度投资完成情况。④重点监管特殊项目：国资委将其定义为"特殊项目"，总投资额超过十亿元的北京外投资项目以及总投资额超过一亿美元的境外投资项目。这些项目均需履行报告程序，由国资委报送市政府审议。

（五）资本运营

资本运营并非单一制度的实践，而是分块管理的应用。在上市前，首钢集团严格遵循资产交易程序，根据《企业国有资产交易监督管理办法》的管理办法与交易管理办法，确保流程的严谨，并保证交易流程的顺畅。

上市后，首钢集团遵循《上市公司国有股权监督管理办法》，对公司股权的变动进行管理。该办法对国资上市公司的股权变动进行了详尽的规定，首钢集团严格按照这一管理标准进行资本管理。

（六）科技创新

纵向项目如国家的"十三五""十四五"重点研发计划及工业和信息化部的创业示

范平台项目，均已建立完善的管理流程，包括进度跟踪、审计、规范化管理以及成果验收。这些项目，都是严格按照国家流程执行的。企业内部的横向合作项目则涉及与高校、科研院所的合作。首钢集团内部制定了明确的项目管理方法，从立项、合作伙伴选择、资金分配到过程管理，都有清晰的规定。例如，每年都有两个定期的专家评审阶段，以规范化的文档进行验收。与高校、研究机构的合作和成果转化，每年均会经由调研和总结形式进行评估，以确保公司的有效运营。

四、国有资产监管实践中亟待解决的问题和建议

（一）投资规划方面

从投资监督管理视角，首钢集团受北京市国资委的制度性监管。主要涉及《北京市国有企业投资监督管理办法》《北京市国有企业境外投资监督管理办法》《关于进一步加强市管企业京外境外投资管理的通知》。在实际执行中，国资委对企业投资的监管侧重于对投资的规模、方向和结构的整体控制，旨在平衡监管职责，同时激发企业活力。

1. 北京外与境外投资管理

问题：在北京外及境外投资管理方面，根据现行制度，当北京外投资超过 10 亿元时，需向国资委及市政府报备。此政策初衷是为了防范风险，避免企业在北京外或境外投资中出现损失或其他不利情况。首钢集团的北京外投资是其主业投资，投资项目的金额往往高于 10 亿元。因此，对于首钢集团而言，该政策在实际应用中存在报备过于烦琐的问题。

建议：建议对现行制度进行细化和调整。当企业的核心业务主要集中在北京外时，可以为这些企业提供一个更为灵活的报备阈值或评估流程，确保这些企业在进行项目投资时能够获得及时的决策反馈。同时，为这些特殊情况的企业提供针对性的风险评估和管理方案，确保其境外投资的稳健和安全。

2. 年度投资计划

问题：《中央企业投资监督管理办法》第十一条规定，企业的投资活动应当纳入年度投资计划，未纳入年度投资计划的投资项目原则上不得投资，确需追加投资项目的应调整年度投资计划。然而，在实际经营活动中，企业可能需快速响应市场变化或满足政府的节能环保要求，很多此类项目在年初制订计划时，存在难以预测的问题。

建议：针对企业年度投资计划，建议给予一定的操作自由度，应考虑允许企业在超过年度计划的一定额度内拥有灵活的调整空间，以便能够迅速做出决策并执行，而无需经过董事会审批程序。

3. 投资计划审批流程

问题：目前，对北京外及境外项目的审批周期为两个半月至三个月。整体年度投资完成与计划备案，通过国资委的系统操作，常常从上一年年底开始，直至次年五六月方

能完成，显然需要进一步提高效率。

建议：针对在北京外及境外项目的审批流程，建议进一步优化和简化程序，以缩短当前的审批周期。同时，对于整体年度投资的计划备案，考虑调整国资委的系统操作流程，以提高效率。

（二）资本运营方面

自"十四五"计划开始，首钢集团大力强调产业经营与资本运营的平衡重要性，目的是通过资本运营推动企业高质量发展。在此背景下，首钢集团在资本运营方面取得了显著进展。

在资本运营的监管领域，当前并没有专门针对资本运营的独立制度或方法。国资委目前的监管办法涉及上市前的《企业国有资产交易监督管理办法》以及上市后的《上市公司国有股权监督管理办法》。这些办法为上市前的企业员工持股、股权激励等提供了政策指导，并在上市后明确了如国有股东标识、合理持股比例等相关政策。遵循上述国资监管办法，首钢集团的运作得以规范且流畅。

1. 资本运营策略在国有企业高质量发展

问题：在当前经济环境下，如何通过资本运营策略，优化国有资产和资本布局，以促进企业做强、做优、做大，并实现高质量的发展与跨越式进步？同时，如何激励中长期资本，如国家社保基金和大型基金，对国企的优质资产进行战略性投资，从而赋能这些企业？

建议：在考虑如何进一步加强和优化国有资产及资本布局方面，建议国资委提供更大力度的支持。当前，为实现一流企业地位或促进企业做强做优做大，资本运营已成为关键手段，致力于推动企业高质量发展并实现跨越式进步。因此，建议国资委鼓励国家社保基金和大型基金等中长期资本，对国企中优质的资产进行战略性投资，从而赋能相关企业。

2. 资产瑕疵和历史遗留问题

问题：自国有企业改革之初，国有企业便在持续的转型和升级中。尤其在资本市场运作，如资本增值、IPO等，为企业注入了新的生命力。与此同时，一些问题也随之浮现。尤为关键的是，在这些大型企业资本运作的背后，往往伴随一系列资产瑕疵和历史遗留问题。如何高效解决这些问题，成为影响企业资本运作成功与否的关键。首钢集团的大型资产流转和注入上市公司的过程中，常常因为历史遗留问题和资产瑕疵遭遇困境。鉴于上述情况：如何通过政策和制度创新，为企业提供更为高效、有针对性的支持，从而帮助其更好地解决资产瑕疵和历史遗留问题，确保其资本运作的顺利进行？

建议：为助力企业更好地发展，建议国资委设立特定的绿色通道，以快速解决上述问题。这不仅涉及政策层面的支持，更关键的是在实际操作中，有关部门的高效协调与推动，确保企业面临的历史遗留问题得到妥善处理，从而促进国企的持续、健康和高质量的发展。

（三）产权管理方面

产权管理，涵盖资产评估、产业交易、无偿划转以及产权登记等环节。在法律框架上，首钢集团根据由国务院、国务院国资委以及财政部联合发布的法律法规和北京市政府基于中央政策下发的配套文件，结合商业法的实际，制定了一套内部的操作指南与管理方法。在产权管理方面，无论是产权登记、资产评估、无偿划转或产业交易，都有明确且严格的政策要求。针对此，首钢集团在执行上严格遵循要求，确保政策与操作的一致性。

1. 无偿划转

问题：自 2005 年起，我国开始探索并实施无偿划转政策。然而，历经十几年，其已难以满足现代企业发展与资源配置需求。企业与经济环境演变，使原有的决策流程、操作事项在现实中的适用性逐渐下降，与现代企业的实际需求脱节。在现代化企业转型和发展的背景下，如何结合最新的企业治理要求，对原有的无偿划转政策进行修订和完善，以更好地适应当前和未来企业的实际需求和发展趋势？

建议：鉴于现有的无偿划转政策在某些方面与现代企业的实际需求存在脱节，建议重新审视并完善现有的无偿划转政策。对过时政策进行必要的修订和完善，确保其在指导企业决策和资源布局上的适用性和针对性，从而更好地服务于企业的现代化转型和高质量发展。

2. 资产评估

问题：传统上，在资产评估方面主要遵循国务院国资委和财政部的指导，采用收益法、市场法及资产成本法三种评估方法。然而，在互联网、大数据、人工智能等新型行业迅猛发展的背景下，这三种传统评估方法可能无法准确地反映这些新兴企业的真实价值。尤其是对于基金类企业，这些方法可能会导致其在资产评估过程中面临困境。对于国有企业而言，此种评估方式的局限性可能导致它们在投资新兴行业时受到制约。例如，按照这三种传统方法进行的评估，可能难以捕捉到互联网企业的增长潜力和未来价值，这无疑给国有企业在竞争和投资决策上带来了不小的挑战。如何重新审视并完善传统的资产评估方法，以适应现代企业特别是基金、互联网等新型企业的评估需求？

3. 企业减负

问题：首钢集团成立于 1919 年，过去与军工等关键领域的紧密联系，并在多次行业及体制变革中形成了复杂的股权结构。由于其复杂的历史遗留问题，致使"僵尸企业""劣势企业"的问题较为严重。这些企业的存在不仅拖累了首钢集团的整体经营效率，还可能对其长期的健康发展造成威胁。然而，当前的国资监管体系和政策环境似乎并未为这些老牌国有企业提供足够的支持与突破口，以助其轻装上阵、转型升级。在当前的市场与政策环境下，如何有效地帮助首钢集团这样的老牌国有企业实现转型，摆脱历史遗留问题，优化经营结构，从而更好地适应新的经济形态和市场竞争？对于国有企业中的"僵尸企业"如何进行有效治理、重组或退出，以促进整体企业集团的健康、可持续发展？

建议：针对历史悠久、资产结构复杂的国有企业，国资监管部门应更加精细化、差异化地制定管理策略。对于有潜力的企业，可以考虑注入更多资源或与其他有优势的企业进行战略合作。对于长期亏损，难以为继的企业，应考虑合理的退出。对于这类历史悠久、业务领域宽泛的企业，应明确其核心竞争领域，加大在此领域的资源配置和研发投入，确保企业在市场中保持领先地位并增加政策支持，如税收减免、研发资金支持等，以促进其转型创新和结构优化。

（四）资本经营预算方面

1. 红利分配

问题：首钢集团在处理投资回报时采纳的"一刀切"策略，即无论企业的未分配利润是否为正，如果当年实现了盈利，则需要对其进行分红。这一策略与现行的公司法有所冲突。《中华人民共和国公司法》规定，当企业的未分配利润为负时，不需要分红。首钢集团作为历史、资产结构复杂的国有企业，承担了巨大的历史包袱。尽管近两年当地经济形势有所好转，使首钢集团得以盈利，但是其未分配利润却呈现出一个巨大的负值。按照"一刀切"的策略，首钢集团需要每年承担几个亿的分红，这不利于企业的长期健康和稳定发展。

建议：针对首钢集团等历史悠久、负担沉重的企业，建议采取灵活的分红策略，根据企业的实际经营状况和未来的投资需求来决定分红比例。对其所存在的大量负值未分配利润，国资委可以考虑建立一个减负方案，以支持这些企业度过经营困境。分红政策应更注重企业的长期健康和稳定发展，而非仅基于年度盈利情况。对于携带历史包袱的企业，可以给予更多的支持和理解，帮助其渐进实现转型和升级。建议国资委定期与各大企业进行沟通，了解其经营状况和面临的困境，并通过定期的评估和沟通，及时调整政策，确保其真正符合企业的实际需求。

2. 基金类投资

问题：针对当前中央及国有企业，包括首钢集团在内，涉及基金类投资的情况日益增多。然而，关于国有企业和中央企业投资基金的具体操作与监管，现行政策多为鼓励而非强制，此策略的模糊性可能导致各企业对政策的诠释和实施产生差异。目前首钢集团的基金的产权仍以线下方式进行登记，与线上完整登记体系相去甚远。

建议：虽然鼓励性政策对于初创和探索阶段的行为有一定的积极作用，但随着国有企业基金类投资活动的增多，更明确和详细的政策指导显得尤为重要。针对不同的基金投资环节，建议细化政策条款，明确每一步的操作流程和要求。鉴于技术进步和数字化的趋势，可以积极推动基金产权的线上登记方式，既提高了效率，也保证了登记的准确性和透明度。为确保各国有企业及中央企业正确、统一地理解和执行相关政策，建议组织定期的政策培训和指导活动，确保政策传达无误并得到有效执行。

（五）公司治理方面

1. 党建工作

问题：鉴于当前首钢集团党组织建设的多样性与差异，层级众多、党员人数差异显著、党组织形态不一致，以及无党组织或联合党支部的情况，其对于党的建设与管理的策略与实践应如何演变和优化？是继续坚持"一刀切"式的统一要求，还是根据实际情况进行差异化处理？并且，在确保党的核心领导地位与其在公司治理中的角色时，如何合理引导和规范无党组织或联合党支部，从而进行结构和策略调整？

建议：建议针对性地制定党组织策略，而非简单地进行"一刀切"式管理，可以根据自身实际情况调整党组织建设。在党组织建设和公司治理策略的制定过程中，与国务院国资委保持紧密沟通，确保各项策略与国家政策和指引保持一致。

2. 出资人监管

问题：党的领导在公司治理中已经具有明确的地位，党委的前置事项已经被具体地纳入公司治理章程中。如何使出资人监管也能得到与党的领导同样的细化和法治化，进而在公司治理的各项权责中起到应有的作用？如何推动出资人监督的法治化与公司治理的融合与协同？

建议：建议出资人监督与党建一同融入公司治理体系，即通过向出资企业派遣股东代表或董事来实现有效的监督。当前，党的领导已经在公司治理章程中获得明确地位，党委前置事项已具体列明。鉴于此，国资监管或出资人监管是否可以采纳相似的模式，对其进行进一步细化与法治化，进而在公司治理的各项权责中起到应有的作用。

3. 外部董事

问题：考虑到当前外部董事多为兼职，并面对本职工作的压力，如何确保其有效履职成为关键。随国企改革探索董事专职化，需深度评估此模式的实施可行性：首先，如何筛选并确保专职外部董事具备所需的专业性、独立性和避免利益冲突？其次，如何搭建现职领导人员的沟通桥梁，保障信息流通与透明？最后，如何构建专职外部董事的管理机制？

建议：建议建立有效的交流通道，使外部董事能够与内部管理团队、员工和其他利益相关者进行有效沟通。这不仅可以增强外部董事的影响力，而且可以帮助他们更好地理解公司的运营和挑战。国资委可以进一步出台针对专职外部董事的指引和细则，为企业提供明确的方向和支持，从而推动专职外部董事管理机制的落实。

（六）科技创新方面

建议：①政府可以进一步增强对制造业、双碳、基金、环保等领域制度化转型的支持，特别是在高端材料及装备制造等关键项目上。钢铁材料作为首钢集团的核心支柱，强化面向制造业的项目支持是至关重要的。②增加科技成果转化的专项投入，尤其是对那些具有示范带动作用大、市场前景好且与产业升级趋势相符的科技项目。加快科技及文化人才的培养与应用，并推进科研团队的标准化建设，以保证技术创新和人才培育同步进行，从而为未来的发展奠定坚实的基础。

（七）人力资源方面

企业领导层的薪酬

问题：根据2016年12月，国务院国资委印发的《中央企业负责人经营业绩考核办法》，中央企业领导薪酬公示存在一定的约束。具体而言，正职领导年薪约为80万元，而副职领导薪酬相对更为保守。这一薪酬结构要求领导干部的收入增长不得超过普通职工，且在遭遇经济下滑时，领导薪酬的降幅应高于一般职工。对比市场常态，此薪酬制度偏低，可能妨碍高能力领导的工作积极性和留任意愿，从而对企业整体效益产生不利影响。

建议：建议重新评估国有企业领导薪酬体系，使之与市场水平更为接近，以确保吸引和留住高效能领导，并且与现代企业管理理念接轨，将领导薪酬与企业绩效等实际成果挂钩，而非仅基于职务级别确定。为了确保公司长期稳健发展，除了合理的薪酬制度外，还可以为领导层提供丰富的职业发展、学习和培训机会，同时优化工作环境，从而进一步激发其积极性和工作满意度。

广州越秀企业集团股份有限公司

一、广州越秀企业集团股份有限公司概况

（一）简介

广州越秀企业集团股份有限公司（以下简称"越秀集团"）于 1985 年在香港成立。经过近 40 年的改革发展，越秀集团已形成以金融、房地产、交通基建、食品为核心产业，造纸等传统产业和未来可能进入的战略性新兴产业在内的"4+X"现代产业体系。在地产板块中，越秀地产是全国性的综合房地产开发商，其"住宅+商业+新业务"全面发力，呈现出快速扩张态势。目前，越秀地产战略布局 30 个核心城市，土地资源货值近 4500 亿元；2022 年合同销售额接近 1250 亿元。历年来开发了 200 余个住宅项目和以华南第一高楼广州国际金融中心为代表的 40 多个商业地产项目，商业地产价值雄踞上市公司类房企前列；公司战略性布局中国最具活力的经济带，业务已扩张至全国近 20 个一线城市和二线城市，形成了粤港澳大湾区、华中、华东、北方、西部五大核心区域。近年来，越秀地产积极布局养老产业、长租公寓、城市更新、产业地产等新兴业务领域，同时引入广州地铁成为战略股东，合力开拓"轨交+物业"TOD 发展模式。越秀房地产投资信托基金是全球首只投资中国内地物业的房地产投资信托基金，旗下控有广州核心商业区域的白马大厦、财富广场、城建大厦、维多利广场、广州国际金融中心，位于上海陆家嘴竹园 CBD 的越秀大厦、武汉越秀财富中、星汇维港购物中心等高素质物业，物业产权面积共近 100 万平方米。

金融板块在境内外拥有两个金控平台以及银行、资产管理、租赁、产业基金、期货、担保、小贷等多个金融业务子公司，目前总资产超过 4000 亿元。其中，越秀资本于 2016 年重组上市，是国内首个地方金控上市平台，目前已成为中信证券第二大股东；创兴银行拥有 70 余年的历史，现为越秀集团全资持有。

越秀交通基建有限公司（以下简称"越秀交通"）主要从事高速公路、桥梁、码头等资产的投资、运营、管理和建设。越秀交通现有在管项目 18 个（高速公路、桥梁、码头），包括：位于广东省的广州北二环高速公路、广州西二环高速公路、广州北环高速公路、琶洲港澳客运口岸、虎门大桥、汕头海湾大桥、清连高速公路；位于湖北

省的汉孝高速公路、汉蔡高速公路、汉鄂高速公路、大广南高速公路、随岳南高速公路；位于河南省的尉许高速公路、兰尉高速公路；位于湖南省的长株高速公路；位于广西壮族自治区的苍郁高速公路；位于天津市的津雄高速公路，总收费里程约 960 千米。

越秀食品集团有限公司始建于 1949 年，前身为广州市农场管理局、广州市国营农工商联合总公司、广州市农工商集团有限公司、广州风行发展集团有限公司，是一家以乳业为主体，以畜牧养殖业和现代服务业为支撑的都市型现代农业产业集团，构建了乳业、生猪、蛋鸡全产业链。目前为广东企业 500 强、广东服务业 100 强。

（二）发展战略

1. 战略定位

做稳做强做大金融、做强做优做大地产、稳定发展交通、大力发展现代农业，发展成为大湾区建设重要平台公司，将越秀集团打造为产融结合、创新驱动、具有强大投融资能力和核心竞争力的国际化企业集团。

2. 战略目标

战略目标是高质量迈向世界 500 强，并相对应设定了"12345"战略目标，即资产规模超过 15000 亿元、营业收入超 2000 亿元、利润总额 300 亿元、四大主业、利税总额超 500 亿元。

3. 战略管理

通过借鉴学习典型外部对标企业，在充分融合越秀集团自身特点的基础上，建立"6S"战略管理体系（见图 1），有效保障战略的牵引与落地。

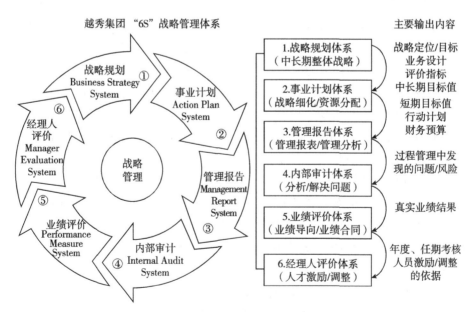

图 1　战略管理

（三）组织架构

越秀集团主要由广州市政府控股，占比89.1%，广东省财政厅、广州产投分别控股9.9%、1%，实施混改后又引入工商银行作为集团优先股股东。其下100%控股香港越企和广州越企，其中香港越企旗下控股有越秀地产、越秀交通和香港越秀金控；广州越企旗下控股越秀资本、置业担保和信托（托管），食品板块直接控股越秀乳业、越秀农牧食品和越秀食品，另外还直接控股广州造纸。目前，越秀集团共控股越秀资本、越秀地产、越秀交通基建、越秀房托基金、越秀服务、华夏越秀高速REIT六家上市平台（见图2）。

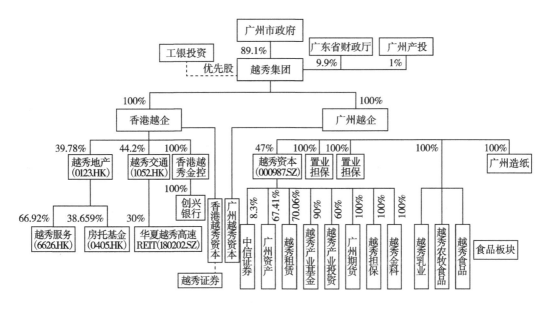

图2 组织架构

（四）业务领域

经过37年的改革发展，越秀集团已形成以金融、房地产、交通基建、现代农业为核心产业，造纸等传统产业和未来可能进入的战略性新兴产业在内的"4+X"现代产业体系。2021年越秀集团统计口径总资产约8535亿元；营业收入937.8亿元，同比增长25%；利润总额185.1亿元，同比增长10%。

越秀集团旗下控有越秀金控、越秀地产、越秀交通基建、越秀房地产投资信托基金、越秀服务、华夏越秀高速六家上市公司。其中，越秀地产是摩根士丹利资本国际中国指数成分股，越秀交通是恒生香港中资企业指数成分股，越秀房托是标普全球房托基金指数和彭博亚洲房托基金指数股，越秀金控是国内首个地方金控上市平台。

（五）企业文化

越秀集团"信之道"企业文化核心理念包括企业愿景、企业使命、核心价值观、企业精神和企业风格五个部分，在企业文化理念体系中起根本性、引领性的作用（见图3）。

图3 "信之道"文化理念

1. 企业愿景：成为受人尊敬的优秀企业

越秀愿景根植于"稳中求进，志存高远"的发展理念，体现新时代高质量发展的要求，是全体越秀人矢志不渝的追求。以专业、敬业、勤业之努力，打造盈利能力强、效益行业领先、产品服务口碑好、品牌影响力强的"百年老店"。以大发展格局、强品牌影响力、显著社会贡献，推动社会发展和时代进步。以高质量发展为导向，做到"四优一持续"，即业绩指标优、资产质量优、产品服务优、运营质量优、持续地学习和成长。以高尚德行和卓越贡献，赢得客户信赖、员工忠诚、股东钟意、社会赞誉，实现基业长青。

2. 企业使命：回报客户、回报员工、回报股东、回报社会

回报客户：为客户提供满意的产品和服务，满足客户对美好生活的向往，创造并提供价值，是越秀的初心。回报员工：人才是企业之本，是第一资源，是价值的创造者，是企业兴旺发达的必然依靠，无"人"不成为企业。回报股东：股东是发展之源，是资本的来源，是企业的血液，是企业可持续发展的根基。回报社会：社会是企业的土壤，是成就百年老店的前提，推动社会进步、和谐发展是企业奋斗的终极追求。

3. 核心价值观：信念、信用、信任、信心

信念：以奋斗者为本、以客户为中心、追求卓越。信用：诚信、尊重市场、专业。信任：卓越绩效、协同高效、坦诚自律。信心：突破力、责任担当、专注执着。

4. 企业精神和企业风格

不断超越，更加优秀是越秀追求不断发展的精神状态，持续引领着企业的经营管理和改革创新。阳光、激情、简单、包容是越秀集团的企业风格。

（六）人才队伍建设

根据广州市国资委对标世界一流企业管理提升专项工作的总体部署，越秀集团在人

才梯队培养方面重点对标华润集团，学习借鉴核心人才培养上的先进做法。结合越秀集团"十四五"战略与业务发展需求，面向高层职业经理人、中基层关键人才、基层储备人才三类重点人群，越秀集团领秀大学设计并落地多层级、差异化的人才梯队培养体系，构建多元且包容的人才生态，持续提升人力资源管理水平，切实打造具有越秀特色的人才赋能平台。

选优配强各级团队领航头雁，积极从行业标杆企业引入专业经验丰富的领军人物和关键人才，快速加强核心业务能力。结合产业特性，灵活运用超业绩奖励基金购股、股票期权、项目跟投、虚拟股权、员工持股等多种中长期激励工具，聚焦核心骨干，长期深度捆绑，有效发挥机制改革对团队活力和业绩提升的"中枢+推手"作用，打造企业内生增长强力引擎。持续加强以发展为目的的人才轮岗交流机制（"点将计划"），向食品等新业务输送大量"懂企业、熟体系、能打仗、靠得住"的骨干人才，为新业务发展初期的体系搭建、人才培育、风险防控等发挥了重要作用。

二、广州越秀企业集团股份有限公司国有资产监管体系"三化"改革成就和经验做法

（一）党建引领

强化理论指引，积极学习习近平总书记关于国企改革发展和党的建设的重要论述。越秀集团始终把学习贯彻习近平新时代中国特色社会主义思想作为首要政治任务，深入学习贯彻习近平总书记重要讲话重要指示批示精神，健全落实党委会"第一议题"制度和理论学习中心组学习机制，坚持用党的科学理论指导集团改革发展和党的建设各项工作，确保政治方向、战略方向、发展方向高度一致。

推动党建与改革发展同频共振、深度融合，服务集团经营与发展。越秀集团严格落实党建工作与业务工作同步研究、同步部署、同步实施、同步考核、同步述职"五同步"，强化考核评价，全面实施党建管控指标体系考核、党组织书记抓基层党建工作述职评议考核、党支部和党员评星定级考核的全覆盖考核体系，并与经营工作共同纳入集团各板块的绩效考核中。

结合集团实际，坚定不移、纵深推进全面从严治党。越秀集团持续深化落实越秀特色的"党建八力"做法，构建贯彻落实全面从严治党"2+3+4"制度机制（2份管理办法+3项考核机制+4份责任清单），形成上下贯通、环环相扣、层层负责、层层落实的责任链条，切实发挥全面从严治党引领保障作用。

（二）公司治理

以制度建设为重点，党的领导全面融入公司治理。越秀集团公司及各级子企业全面完成党建进章程工作，全面建立以公司章程为统领，党委会、股东大会、董事会、总经理办公会4项议事规则为支撑，党委前置研究讨论事项、党委研究决定事项、"三重一大"决策事项、经营班子权责事项4份清单为基础的"1+4+4"制度体系。

以合规专业为目标，加快推进越秀集团及下属企业董事会规范化建设纳入董事会"应建"范围的 33 户企业均已实现"应建尽建"。引入具有财务、法律、投资、企管等多元化经验背景的专业人才作为独立董事或外部董事，为越秀集团及下属企业重大经营事项提供独立、专业的意见，按国资委要求持续指导下属企业董事会配齐建强工作，纳入名单范围内的 27 户企业已于 2022 年 100%实现外部董事占多数（见图 4）。

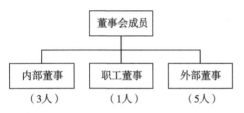

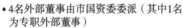

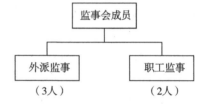

- 4名外部董事由市国资委委派（其中1名为专职外部董事）

- 1名外部董事由优先股股东委派

- 外派监事共3人，其中监事会主席1人

图 4　越秀集团董事会及监事会成员构成

以科学高效为原则，授权保障经理层依法行权履责。通过公司章程、总经理工作条例等文件，明确董事会向经理层在财务、资产、采购、风险、组织、人事、考核、薪酬等多个管理领域授权放权事项，在保障经理层行权履责有章可循、有规可依的同时，有效提升管理决策效率，确保各治理主体协作高效、到位而不越位。

（三）投资规划

当前正面临百年变局叠加世纪疫情，全球经济增长放缓、通胀高位运行，地缘政治冲突持续，外部环境更趋复杂严峻。中国经济总体延续恢复发展态势，但仍面临需求收缩、供给冲击、预期转弱三重压力，不确定因素显著增多。

越秀集团面临产业经营难度加大、企业发展成熟度不一、新进产业需加快培育等多重压力，积极践行国企担当，进一步优化主业，提升行业竞争力。

对此，越秀集团聚焦主责主业，积极提升行业竞争力。对于金融、地产、交通等已有多年管控经验积累、运行成熟的产业，采用动态检视管控模式，促进企业规模不断发展。同时，响应国家发展战略，布局食品新赛道。食品业务作为全新布局产业，整合并购全国和市属优质食品产业资源、品牌，形成以乳业、生猪和食品加工生产三大为主，生鲜、商贸、冷链为辅的"3+3"发展模式，保障食品供应和食品安全，增进社会民生福祉，支持国家食品产业高质量发展。

此外，越秀集团坚持服务大局，充分发挥"公转"作用。作为立足大湾区的市属重要国企，越秀积极参与广州城市建设和运营、省市重点基础设施投资建设、助力实体经济发展、支持打造大湾区科技创新发展平台和推动广州地区乡村振兴等；积极投资和引入高端产业，越秀产投布局广州新兴企业 35 家（企业估值总计达 1847 亿元），引导外地优质企业 15 家落户广州（企业估值总计达 186 亿元），为广州产业转型升级服务；进一步扩大对南沙投资，积极拓展战略性新兴产业，为广州产城融合和城市升级服务；积极投入产业帮扶，赴贵州投资生猪养殖全产业链项目，推进贵州产业帮扶，助力打赢脱贫攻坚战。

（四）产权管理

越秀集团结合"集团—板块—下属企业"三级管控体系，严格执行国有产权登记管理、资产交易管理、资产评估管理相关要求，利用信息化手段，进一步完善国有资产交易全流程管控，确保国有资产保值增值。

规范产权登记管理，从越秀集团、板块到下属企业，实现各业务条线制度全覆盖，加强制度建设。明确产权登记管理要求，各业务条线建立标准化操作，加强标准化建设。通过产权管理、产权报表、项目信息库等基础功能，实现了对下属全量企业信息的全局把控和动态监管，加强了产权信息管理系统建设。从越秀集团总部到下属企业各业务条线重视过程的审核与监督，确保产权登记的及时性与准确性，提升规范化管理水平，坐实日常产权审核及检查。

强化产权交易管理。加强重点项目监管，重点处置事项列入年度必赢仗、事业计划，实施全程跟踪审核；联合越秀集团审计部、纪检监察室等职能部门，不定期开展联合检查，发现问题解决问题，及时控制风险。强化日常审核指导，日常资产处置事项实施前置沟通审核、定时指导和督办；出台答疑手册，收集日常问题，向越秀集团各板块推广处理经验。明确审核重点内容：一是交易方案是否满足国资制度，二是交易财税影响是否符合监管法规，三是交易法律风险是否合理且可控，四是交易时间安排是否妥当，五是交易定价是否公允且符合商业逻辑本质，六是交易审批程序是否符合制度要求。

（五）资本运营

2019 年落地全国首单双非公司债转优先股项目，成功引入工商银行作为第二大股东，募集优先股认购资金 100 亿元，顺利完成越秀集团层面"混改"。

2016 年，越秀参与国资重组快速登陆 A 股资本市场，成为国内首个地方金控上市平台。2020 年，顺利完成了"两进一出一重组"战略转型。2021 年 6 月，越秀物服在香港联交所挂牌上市，募集资金 20.14 亿港元，成为首家在香港上市的市属物管企业。自 2020 年以来，越秀交通积极推动旗下汉孝高速资产分拆于境内发行公募 REITs，成功获得"国内第二批基础设施公募 REITs 试点"批准，2021 年已上市发行。目前控有越秀资本、越秀地产、越秀交通、越秀物服、越秀房托基金、华夏越秀高速 REIT 六个上市平台。

越秀地产成功引入广州地铁作为上市公司第二大股东，与各省市国有房企和优秀品牌房企合资开发房地产项目 40 个；越秀物服成功收购广州地铁环境工程与物管公司控股权，拓展 TOD 综合物业管理业务的独特优势；广州资产目前正通过公开挂牌增资方式引入战略投资者，打造全国一流地方资产管理公司。

（六）考核分配

越秀集团自 2009 年起，开始建设市场化、专业化、越秀化的职业经理人管理体系。在具体工作中，始终坚持党对人才工作的全面领导，落实上级人才工作要求，持续优化完善"五好"职业经理人管理体系。建立以短中长期结合的薪酬机制、项目跟投、BSC 考核为重点的规范化激励考核体系。

加强工资总额管控，提升人力资源精细化管理水平。越秀实施灵活高效的工资总额管理方式，传导"工资总额是挣出来的、增量业绩决定增量薪酬"理念。获批工资总额周期制（2021~2023 年）试点，结合产业特性、企业发展阶段、人才市场特征等实行板块差异化分类管理；同时采用自上而下与自下而上相结合的方式，合理有效评估板块工资总额，提升人力成本投产水平。

（七）全面风险管理

越秀集团搭建"七位一体"的全面风险管理体系，从集团到各板块建立起以业务和经营单位为第一道防线，财务和法律风控等部门为第二道防线，审计部门为第三道防线的分层分类风险治理架构。以推动业务线上化为基础，建立多项风控模型和工具，逐步实现风险管理数字化转型。

三、国有资产"三化"监管存在的问题及对策建议

（一）公司治理方面

国有企业董事履职评价要求尚需明确

问题：国务院国资委在指导国企改革三年行动实施方案推进过程中，曾提出要逐步建立健全对下属企业董事会运作及董事履职的评价机制。目前，广东省国有资产监管机构尚未印发相关制度，越秀集团已根据实际情况将"下属企业董事履职评价"列入后续工作计划。

建议：从国务院国资委层面，明确董事会考核评价机制的相关要求，指导各级国有企业积极开展下属企业董事履职评价、考核相关工作。

（二）人力资源方面

职业经理人改革试点

问题：2021 年 8 月，越秀集团党委会审议通过《广州越秀集团股份有限公司职业经理人改革试点方案》并正式发文报市国资委审批，同时征求市委组织部意见。经上级单位多次赴集团调研，目前该试点方案正在审批中，越秀集团将在取得正式批复后启动落地实施工作。

建议：在更高层级加大对国有企业职业经理人（特别是高层职业经理人）试点的支持力度，并对企业试点落地工作进行指导支持。

（三）国有资产管理方面

1. 基金合伙企业交易行为的监管问题

问题：《企业国有资产交易监督管理办法》未明确基金合伙企业交易行为是否属于其监管范围。如果参照《企业国有资产交易监督管理办法》相关规定执行，基金合伙企业在开展份额转让、增减合伙份额等涉及交易的经济行为时，需要履行相应审批程序，将导致相关投资基金无法及时应对市场变化。如果不参照《企业国有资产交易监督管理办法》执行，则没有明确的监管政策，可能会被认为规避国有资产监管要求。在实际操作中，投资基金在投资时一般已约定回购价格和对象，与《企业国有资产交易监督管理办法》的公开挂牌、资产评估备案等要求不一致。

建议：明确投资基金合伙企业交易行为是否纳入《企业国有资产交易监督管理办法》等国有资产交易监管范畴，如果不纳入，建议出台相应监管规则，对基金合伙企业交易行为如何监管做出明确指导。

2. 国有股东上市公司股权转让价格限制问题

问题：根据《上市公司国有股权监督管理办法》：国有股东公开征集（或非公开协议）转让上市公司股份的价格不得低于下列两者之中的较高者：①提示性公告日前30个交易日的每日加权平均价格的算术平均值；②最近一个会计年度上市公司经审计的每股净资产值。在实际操作中，国有股东因资本运作或市值管理需要，在上市公司股价处于相对低位时，通过增持、回购上市公司股票等方式维稳股价、提振市场信心。其在持有上市公司股票期间，国有股东既获得稳定分红以覆盖融资成本，又能增加应占归属于母公司所有者的净利润；在上市公司股价逐步拉升时，期望通过转让上市公司股份获取资本利得收益，实现国有资产保值增值，但往往因价格低于最近一个会计年度经审计的每股净资产值，受制度限制而无法实施转让。

建议：放宽上市公司股份转让的价格限制，对因资本运作或市值管理需要持有的上市公司股票，转让价格可低于最近一个会计年度上市公司经审计的每股净资产值，不得低于获取股票时的经济成本（如上市公司配售、供股时的配售价/供股价，或二级市场增持时的增持价）。

3. 境外交易的定价依据

问题：在境外投资并购中，境外交易对手一般按市场惯例使用境外估值报告作为定价依据。尽管国有资产评估管理相关规则明确规定境外交易可以使用估值报告进行备案，也不限制用于备案的审计报告委托方，但在实际操作中，由于专家评审对境外估值报告不熟悉，导致有关交易中仍需以境内评估报告以及买方另行委托的审计报告（即使卖方或标的审计报告为四大出具的无保留意见报告）作为备案材料，导致即使双方较快达成商业共识，也只能等待审计报告和国资评估程序完成才能进行内部交易，使国有企业在境外收购中需更多时间以及更多卖方配合事项，不利于捕捉交易窗口。

建议：境外交易直接采用估值报告作为定价依据，并制定相关备案操作细则，结合境外交易市场惯例，允许基准日为上一年度末的标的年度审计报告（无保留意见及特殊声明、符合对应会计准则的）作为备案材料。

4. 国有全资企业债转股、资产置换的资产评估

问题：国有全资企业因内部重组、费用归集管理等内部需求形成的负债，拟采用债转股方式清理，但债转股需要以经备案的评估值作为定价依据；越秀集团内部全资企业进行资产置换，也需要对置换的资产进行评估。

建议：鉴于债转股没有实际投资，且对国有权益无实际影响，国有全资企业的资产置换也不会造成国有资产流失。为进一步降低企业成本、提升效率，建议对国有全资企业实施债转股、资产置换，可以最近一期审计报告确定的账面值为定价依据，豁免资产评估。

5. 小额国有资产的对外转让方式

问题：《企业国有资产交易监督管理办法》第四十八条规定，企业一定金额以上的国有资产对外转让，需要在产权交易机构公开进行，但是并未明确具体金额；第五十条规定，转让底价高于 100 万元、低于 1000 万元的资产转让信息公告需要不少于 10 个工作日。

结合这两条的规定，是否可以理解为 100 万元以下的国有资产对外转让，无需在产权交易机构公开进行？如是，关于转让方式由于《企业国有资产交易监督管理办法》只提到了进场和非公开协议转让两种，在实际操作中，对于 100 万元以下的资产转让是否可以采取公开拍卖、三方询价等其他方式进行？

建议：进一步明确 100 万元以下的资产转让无需在产权交易机构公开进行，可以采取公开招标、拍卖、三方询价等其他公开的方式进行转让，以便企业在实际操作时有制度依据，提高处置效率。

（四）审计监督方面

重复监督

问题：广州市属国有企业要接受广州市委、市国资委党委的巡察和审计部门的各类审计。同时，越秀集团内部也会开展由纪委、监事会、巡察办、内部审计部门组织的内部监督工作，如内部审计、巡察、专项检查等。相关监督检查较多，在一定程度上造成了资源浪费。

建议：进一步整合监督力量，通过上下级监督机构联合巡察、专项检查等方式，实现监督资源有效调配；通过一审多果、一果多用等方式，降低企业监督工作频次。

北京汽车集团有限公司

一、北京汽车集团有限公司概况

（一）简介

北京汽车集团有限公司（以下简称"北汽集团"）是中国汽车行业的骨干企业，初创于 1958 年，总部位于北京，现已发展为产业链涵盖整车及零部件研发制造、汽车服务贸易、综合出行服务、金融与投资等业务，年营业收入超 4800 亿元，世界 500 强排名第 192 的大型企业集团。

60 多年来，北汽集团创下多个行业里程碑：研制生产了北京第一辆汽车"井冈山"牌轿车、中国轻型越野车第一品牌 BJ212 和第一代轻型载货车 BJ130，成立了中国汽车工业第一家整车制造合资企业——北京吉普汽车有限公司，中国加入 WTO 以后第一家整车制造合资企业——北京现代汽车有限公司，中德全面深化战略合资合作的典范——北京奔驰汽车有限公司，在自主研发、产业链建设、对外开放、转换机制、合资合作、引进技术和运用社会资本方面走在全国行业前列，为中国汽车工业发展做出了积极贡献。

1. 聚焦整车、零部件、服务贸易三大主营业务

旗下拥有自主品牌——极狐汽车（ARCFOX）、北京汽车（北京、BEIJING）、福田汽车、北京重卡、昌河汽车；合资品牌——北京奔驰、福建奔驰、北京现代、福田戴姆勒。

2. 打造领先的自主核心竞争力

北汽集团以打造领先的自主核心竞争力为企业行稳致远的基石，已构建起整车研发（含自主品牌乘用车、自主品牌商用车和合资品牌）、零部件研发和前瞻技术研发体系，拥有 1 万余人研发团队，硕士及以上人员占比超过 30%；"十三五"期间研发总投入近 400 亿元。北汽集团将继续围绕新能源化和智能网联化两条技术主路线加强布局，掌控核心技术，三电技术产品竞争力不断迭代，智能网联实现新一代电子架构应用，掌握智能座舱功能定义、人机交互设计、应用层软件开发能力。

3. "高新特"发展战略

北汽集团坚持创新驱动战略转型，持续推进"高新特"发展战略。"高"是指围绕

高效益强化高端制造、高端产品,加快高质量发展动力;"新"代表创新驱动,加快新能源化步伐,推动智能网联新技术开发应用;"特"体现比较优势,强化特色产品和服务,打造差异化竞争优势。

4. 行有道·达天下

北汽集团秉承"行有道·达天下"的品牌理念,坚持以客户为中心,推动科技创新变革,为社会发展提供多方位优质出行解决方案,以"百年北汽成就美好生活"为愿景,致力成为具有国际竞争力的汽车制造商和服务提供商,全力开启高质量发展的新征程。

(二)党的建设

北汽集团是北京市最大的制造业企业,承担着"立志为国造好车"的光荣使命,是首都经济的重要支柱,位列世界 500 强第 192。北汽集团所属企业 440 余个,员工近 10 万人,下设党组织 996 个,党员 19267 名。作为国有企业,北汽集团历来高度重视党的建设。

1. 坚持举旗定向,把牢国企改革正确方向

牢记"看北京首先从政治上看"的要求,坚持从政治上把握,在"两个大局"下谋划,在强化政治引领中坚持和加强党对国有企业的全面领导。

2. 强化深度融合,系统激活基层组织活力

坚持把工作重心下移,以提升组织力为重点,创新实施两轮次"基层党建三年行动计划",贯通顶层设计与基层实践,实现"一把尺子量到底"。

3. 聚焦关键少数,全面建强干部人才队伍

把干部、人才作为企业发展的第一推动力,探索建立适应现代企业制度要求和市场化改革需要的选人用人机制,为企业改革发展提供保障。加强和改进国有企业党的建设没有止境。北汽集团党委将继续深入学习贯彻习近平总书记关于国有企业改革发展和党的建设的重要论述,不断探索党对国有企业领导的方法和途径,让党的建设成为企业高质量发展的强大引擎。

(三)企业文化

1. 品牌理念

行——是人的行动行为,是车的移动运行,也是我们赖以生存的自然的循环运转,更是北汽人志存高远、全力以赴的汽车事业与筑梦旅程。道——是人的行为准则,是车的行驶规则,是自然的运行法则;更是北汽人恪守的诚信之道,以及人、车、自然的和谐发展之道。达天下——指"善"达天下,就是指北汽人驭善于行,致力以创新的产品和科技共圆人们移动梦想,创造北汽共享价值。

2. 愿景

百年北汽成就美好生活。北汽使命:致力汽车强国,以"北汽梦"助力"中国梦"——聚焦价值创造,引领幸福出行生活。北汽核心价值观:敬业合规、重情诚信、创新进取。北汽精神:奋力拼搏、团结协作、知难而进、志在必得。北汽核心经营理

念：市场导向、精益运营、价值增长。

（四）科技创新

以习近平新时代中国特色社会主义思想为指引，坚持创新、协调、绿色、开放、共享的新发展理念，全面深入落实创新驱动发展战略、京津冀协同发展战略及北京"十四五"时期国际科技创新中心建设总体要求，积极响应国家"碳达峰、碳中和"目标，紧密围绕"高新特"发展定位，打造核心竞争力，激发人才创新活力，构建开放创新生态，为消费者提供更多绿色环保的出行选择，推进企业高质量发展。

"高新特"是进入新时代以来北汽集团按照高质量发展要求提出的总体方向。随着北汽集团各业务领域的高速推进，"高新特"的外延也在不断丰富和拓展。

北汽集团以市场需求为导向，紧密围绕"高新特"发展定位：一方面，持续加大自主研发力度，深化产业合作；另一方面，发挥在新能源、越野车等方面的技术优势及国家新能源汽车技术创新中心的平台作用，主导开展或积极参与行业重大活动，打造创新生态圈。

（五）人才队伍

北汽集团深入学习贯彻习近平总书记关于人才工作的系列重要讲话精神，以国家人才强国战略为指导，坚持"党管人才"原则。紧紧围绕北汽集团"十四五"发展战略总体要求，根据"改革调整、高质量发展"总体目标，以"激活组织效能，赋能集团'高、新、特'发展，全力打造高效的创新型智力资源体系"为工作目标，聚焦"打造敏捷型组织、推进人力资源数字化转型、提升人力资源配置效率和效果"等工作，通过"专业化、职业化、国际化和年轻化"人才队伍建设，打造集团人力资源 2.0 竞争比较优势，为北汽集团实现跻身中国汽车第一阵营、迈进世界汽车行业前列奠定人才基础。

一直以来，北汽集团党委高度重视人才建设，特别是在聚力高质量发展的改革关键期，北汽集团及所属企业党委牢牢把握方向，遵循社会主义市场经济规律和人才成长规律，着力破除束缚人才发展的思想观念，通过完善和创新人才制度体系，不断释放人才创造活力，为"想干事、会干事、干成事、不出事、好共事"的人，提供干事创业的广阔空间（见图1）。

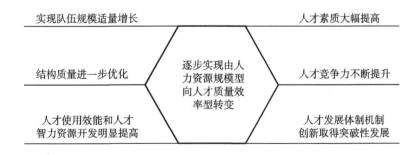

图1　人才战略目标

1. 努力成为"人才磁场"

北汽集团深入实施一系列重磅人才计划，不遗余力打造科技创新人才聚集高地，"引得进、留得住、用得好"。北汽集团制定高层次紧缺人才需求引进清单，聚焦关键核心技术领域加大新能源、智能网联等战略性人才的引进力度。发挥海外高层次、青年领军、科技专项等重大人才工程带动作用，战略牵引梯次有序，储备集聚了一大批领军人才。北汽集团建立了管理人才、专业人才、技能人才发展通道，依据各支队伍任职资格及特征，打造专属成长培养方案，并通过人才轮岗、政策指导、服务协调、检查督促等工作，全面提升各领域人才能力水平。同时，设置优秀人才奖励基金，设立"优秀创新人才""优秀青年人才""优秀技能操作人才"等奖项，让高层次核心人才脱颖而出。北汽发挥国家级工作室、重点实验室、博士后科研工作站、职工创新工作室等各类人才平台载体作用，充分发挥领军人才的带动作用和智力资源的乘数效应，加快重大项目研发的孵化、重要项目的落地。聚焦轻量化、智能网联、燃料电池、纯电与插电动力系统、整车电控与集成等领域，建立智力资源共享机制，加强交流分享。

2. 绘就人才发展蓝图

北汽集团锚定长远，围绕首都"四个中心"建设及企业高质量发展目标，为激发科技创新人才的活力制定了更加宏伟的蓝图。

（1）打造更强队伍：在2022年发布的校园招聘计划中，北汽集团招聘研发类、制造类、营销类等岗位共3300余人，其中，研发类人才占比超过50%。来自核心研发技术板块的用人需求主要涉及"三电"、智能化、网联化、越野技术、整车基础等多方面岗位。

（2）建立更新机制：自2022年初，由北汽集团党委组织部牵头，协同人力资源及技术产品等职能部门先后拟定了北汽集团科学技术委员会筹建方案、北汽集团首席科学家聘任管理办法、专业技术带头人评聘管理办法等，加快北汽集团高水平人才高地建设，发挥高层次人才的创新引领作用。

（3）搭建更大舞台：北汽集团不断拓展外部资源合作边界，积极对接高校、科研机构、国家重点实验室等外部创新资源，助力集团主业发展。同时，积极整合内部创新资源，带动集团院士专家工作站、博士后工作站、国家级及省市级创新工作室、引智基地等优质平台载体的能量释放，打造吸引和培育领军人才和紧缺人才的综合优势。

二、北京汽车集团有限公司国有资产"三化"监管的成就及经验做法

（一）国有资产监管专业化、体系化的成就及经验做法

1. 党建引领

作为国有企业，北汽集团历来高度重视党的建设。北汽集团是北京市的优秀红旗单位。北汽集团每周五固定召开党委常委会，涉及企业经营和发展的"重"和"大"的问题，集中表现为"三重一大"事项，均纳入党委会前置研究范围。自全国国有企业

党的建设工会议以来，集团党委自觉坚持党的领导、加强党的建设，把习近平新时代中国特色社会主义思想贯穿到企业深化改革各方面，把党的领导体现在企业发展全过程，增强"四个意识"、坚定"四个自信"、做到"两个维护"，以高质量党建推动企业高质量发展。坚持举旗定向，把牢国企改革正确方向，牢记"看北京首先从政治上看"的要求，坚持从政治上把握，在"两个大局"下谋划，在强化政治引领中坚持和加强党对国有企业的全面领导。强化深度融合，系统激活基层组织活力，坚持把工作重心下移，以提升组织力为重点，创新实施两轮次"基层党建三年行动计划"，贯通顶层设计与基层实践，实现"一把尺子量到底"。

2023 年 5 月，北汽集团印发《关于加强学习贯彻习近平新时代中国特色社会主义思想主题教育整改整治工作的通知》，以刀刃向内的自我革命精神，开展整改整治。梳理理论学习、政治素质、能力本领、担当作为、工作作风、廉洁自律六大类问题，建立清单，实施两周一更新的动态管理；挂账督办清单问题项，坚持"当下改"和"长久立"相结合，抓好问题整改和成果转化；针对"疑难杂症"突出问题，制定专项整治方案，"对症施针"整治到位；开展典型案例及问题剖析，找准根源和症结，举一反三杜绝同类问题再发生。

北汽集团在抓实理论学习的同时深化调查研究，聚焦调查研究主线，上到前线、沉到一线，一探到底溯准根源是北汽集团推进主题教育的方法论之一。2023 年 5 月 4 日，北汽集团印发《关于在全集团大兴调查研究的工作方案》，突出重点、直击要害、精准发力，紧密联系北汽集团发展实际，明确了 12 个方面的调研内容。与此同时，北汽集团各二级企业党委也在主动加强沟通对接，开展跨层级、跨领域、跨部门调研，探寻破解难题的好招、实招。北京奔驰党委聚焦发展难题，深入电动车工厂、质量、研发体系等重点领域开展领题调研，在上海国际车展对相关供应商和经销商运营情况进行重点调研；北汽福田党委组织海外、研发、制造、产品、供应链、新能源等各业务负责人带着10 项研究课题与策略思考，对重点战略展开集中研讨，对在市场、一线、运营中找到的问题、难题展开深入交流，以学促干、以干带学，使理论学习、治企能力双提升。

2. 内部审计

北汽集团现已开始尝试在北京市先行一步进行试点改革，实行三个转变。

第一，从事后审计监督向事前和事中转变。在事前监督这部分，像专题会、重大项目评审会等，审计人员都需要全过程参与；在事中监督上，由于集团的二级企业和特别是在一线的三级企业，每年都会涉及大量的合同采购和招投标，审计部门要参与到合同签订与招投标的过程中，以防围标串标、不履行合同等问题发生。将审计慢慢渗透到一线企业的重大采购活动中，可以有效避免大量的国有资产流失和让渡，避免企业走弯路，并且对每个项目的可研报告也提供了有力的支撑，避免了犯错和事后追责；在事后监督上，北汽集团沿用了经济责任审计、离任审计、专项审计、项目后评价等审计制度来进行监督。

第二，从以财务监督为主向财务和经营监督并重转变。原来的审计主要还是以问题为导向，以财务为核心进行审计监督，但由于现在是全过程的监督、全链条的监督，集团就需要由以前的财务监督为主，向财务和经营并重转变。当前尤其是在集团的二级企业和三级企业，内部审计就已经参与到经营的全过程中。与此同时，审计部门参与到企业所有的经营活动也有助于第一个转变的实现。

第三，从以经济责任监督向管理的全链条监督转变。相较于过去，审计的力量有限，审计更重要的是完成法律法规明确的要求。现在，审计开始受到了重视，北汽集团审计队伍的质量、层次和规模也都提高，集团具备了方方面面的条件进行全链条的监督。通过参与到企业的各种经营活动当中，如评估委员会的专项会议、战略投资的项目评审会，可以从审计监督和专业的角度提出相应建议，避免企业在经营过程当中犯过去盲目投资、重复投资的老毛病。在审计的全过程监督和全链条监督的前提下，为集团的高质量发展提供了一定保障。

3. 财务监管

从北汽集团内部来看，财务管控和经营业绩考核的结合越发紧密，已经基本形成一个有机结合或是有效闭环。从综合指标体系来看，北京市属国企的考核指标体系是定量和定性指标相结合，同时也会关注企业最后的经营结果。

在专业化方面，北汽集团金融专业化监管相对突出，相较于以往国资委定绝对额—市属国企报送—国资委审核的方式，近两年，国资委突出了行业对标，通过参考行业值引入了相关的经济效益指标，引导市属国企来提升市场竞争力。

在体系化方面，国有资产监管的体系化近几年呈现递进的趋势：2018 年，国资委提出了资产负债约束的要求；2019 年，提出了资产运营效率提升的专项工作要求；2020 年，市国资委把各个点上的要求，串成一个体系，提出"三降一减一提升"专项工作要求。由此可见，在财务监管方面是越发的体系化，并且通过专项工作，已经基本上全面涵盖了企业效率改善、资产运营效率提升及财务风险防范等多个维度。北汽集团，从集团总部到各个下属单位，也高度重视专项工作的要求，在企业中层层落实，从三年专项行动（2020~2022 年）的结果来看，北汽集团基本上完成了市国资委下发的各项任务要求，同时体系化管理也逐渐成为北汽集团的一种常态化管理。通过财务监管的体系化，提高了国有资产监管的效率和精准度，促进了国有资产的合理配置和优化利用。提高了国有资产的利用效率和经济效率，也规范了集团的财务管理、提高了治理水平，有效地减少了财务违规行为的发生。

4. 资产管理

北汽集团通过一系列制度的建立来进行资产评估和产权登记的体系化管理。在资产评估管理上，包括有专家评审管理办法、公示管理办法、评估备案管理办法、机构选聘管理办法等；在产权登记管理上，包括所有产权登记管理办法等。通过制度的建立，覆盖范围包含从最初的立项到最后项目的完成、评估备案，这一系列全流程式的管理。以体系化的方式固定下来，使管理有标准可依。

5. 战略投资管理

在专业化方面，北汽集团按照战略规划中心的四个中心建设，分为了投资和战略规划中心、决策中心、资源配置中心和监督服务中心。通过推动职能调整，从20多个部室调整到了18个部室，强调了战略研究、投资决策、资产管理及监督服务的专业功能。在完善国有资产监管方面，北汽集团建立了较为完善的战略投资，产权、资产评估、风控及财务管理的制度体系和业务流程。同时随着深化改革，北汽集团不断推动"双百""科改""对标"专项行动，加强资产专业化的监督和管理。在体系化方面，目前从投资和战略角度来看，北汽集团已经建立了"投、管、评、控、退"的闭环管理体系，并积极开展业务流程的优化。通过制度和业务流程的优化，体现监管效率化以及质量和水平的提升。

6. 合规管理

北汽集团从2014年便开始探索既适合本土也符合国际趋势的企业合规管理体系的建设之路，2018年北汽集团和北京汽车股份有限公司因近年来在企业合规管理领域作出了很多有益探索，受邀作为理事单位加入中国贸促会全国企业合规委员会。

目前，北汽集团已形成一套行之有效的合规管理体系，采用以直接管理、派出管理（包括工作组、区域或平台中心）为主、以报备管理为辅的模式，统一推进合规管理体系建设。通过合规管理制度的实施、合规机构及人员的设置、全面开展商业伙伴合规筛查、接收及处理合规举报、开展多层次的合规宣贯及培训、开发合规信息化系统、开展年度合规工作评估与改进等具体工作，为公司防控风险、规范经营、践行企业合规文化提供有力支撑。

（二）国有资产监管法治化成就及经验做法

北汽集团国有资产的法治化监管，主要体现在所有重大决策的有关规定，以及产权管理、投资监管等这些监管事项方面，其目的就是规范整个国资系统的权力运行。在具体执行层面上，北汽集团及其各下属公司，全面建立了总法律顾问制度，在总法律顾问制度的带领下设立了专属的法律合规以及风险控制机构，并且配备了相关人员。在专业人员的组织下，北汽集团建立健全了全部的法律生活制度，按照北京市国资委的要求，基本全面实现了100%的法律合规审核。

在工作的具体执行过程中，法治化监管主要体现在国有资产监管履职当中的各个相关部门监管制度制定的法律审核、合规审核，以及履职过程中法律监督的决策、法律问题咨询及其他服务支持。北汽集团在国有资产监管方面，已经建立了完全完备的国有资产监管的制度和管理体系，包括整个国有资产监管的全流程，从监管机构的设立，到职责权利的确定，如何去履行，如何去行使；覆盖了投资、管理、处置，还有法律责任的追究，都有明确规章制度的规定，且制度规定也都是依据国家的法律规定，依照各个部委的规章制度及相关政策规定，都是有据可循的。北汽集团当前设有境外投资管理办法，境内投资管理办法，国有资产处置、产权的转让，房屋土地的转让，国有资产评估以及国有投资清理管理，这一套的法律制度体系。

三、国有资产"三化"监管存在的问题及对策建议

（一）法律合规方面

1. 国有资产管理体系制度建设

问题：国有资产管理工作由来已久，相关法律制度的规定，存在一些滞后性且法律品类繁多。

建议：从国资委层面、国家法律制度层面，及时开展政策法规建设，以及相关国际规章制度的全面清理，形成规范精简的国有资产制度体系建设，从国资委层面，整体推出一个制度包或者管理包体系。

2. 国有参股公司的管理

问题：当前监管条例中对于国有参股公司的管理规定不明确，并且与《中华人民共和国公司法》的相关规定存在冲突。举例来讲，《企业国有资产监督管理暂行条例》（以下简称《监管条例》）第十三条第四款规定，国有资产监督管理机构要依照法定程序对所出资企业的企业负责人进行任免、考核，并根据考核结果对其进行奖惩。同时依照《监管条例》第二条，国有及国有控股企业、国有参股企业中的国有资产的监督管理，适用本条例。但是在具体的执行过程中，参股公司持股比例可能未超过50%，在实际的管理执行中，是按照股东协议和公司章程的管理去履行相应的职责职权，存在脱钩的问题。

建议：完善国有资产法监管条例，对法律的体系、框架、深度、广度进行调整。按照出资人应有的权利内容去规定国资委的职责，不能还是运用权力控制所出资企业以避免国有资产流失的旧思路，要改变带有行政化色彩的履职方式，以管资本为主，转变国有资产监管职能要通过履行出资人职责在企业落地。同时要重视公司章程的基础性作用，制定修改公司章程时注重依法保护国资权益。

（二）人力资源管理方面

1. 人才吸引及留用

问题：当前北汽集团的整个薪酬管理体系难以吸引和留住人才，缺少具备专业知识及丰富市场经验的人才，存在人才流失及专业人员相对匮乏的现象。

建议：在人才管理、吸引人才方面给予更多的政策支持，提供相应的激励机制，比如通过员工持股等激励措施，或者引进专业的职业经理人等，使北汽集团这种竞争型的国企能够保持企业活力以面对激烈的市场竞争环境。

2. 工资总额

问题：北汽集团属于竞争型国有企业，工资总额增长与经济效益挂钩，北汽集团通过强制减员等方式应对薪酬标准变化，但同时带来了员工工作强度增加、人才流失等问题。

建议：现行国有企业工资决定机制还存在市场化分配程度不高、分配秩序不够规范、监管体制尚不健全等问题，难以适应新阶段改革发展和激发国企活力的需求，因此为解决当前问题需要继续深化推进改革。

（三）国有资产监管方面

1. 重复监管、无效监管、过度监管问题

问题：各地方国资委的执行标准和操作细节上存在差异，各地方国资委之间存在互相不认可的情况。

建议：第一，要加强各个监管部门之间的信息共享和协作。通过建立信息交流机制，避免信息孤岛问题。第二，梳理和优化监管的制度和流程。对于国有资产监管，不同的部门会出台一些不同的行政法规或监管制度，因此需要进行全面的评估和梳理，从中甄别出一些管理的交叉点、盲点，以及"三不管"的一些灰色地带。

2. 保证国企高质量发展

问题：北汽集团作为一个纯竞争性企业，在市场上面对外企、民企以及造车新势力的多重冲击竞争下，压力较大。

建议：国资委在监管的同时也要给国有企业"减负""瘦身""松绑"，帮助国有企业提高其自身的竞争力，一方面使其能够更好地履行一个国企的社会责任与担当，另一方面也帮助其持续地做大做强，保持发展活力。

广东恒健投资控股有限公司

一、广东恒健投资控股有限公司概况

（一）简介

广东恒健投资控股有限公司（以下简称"恒健公司"）成立于 2007 年 8 月 20 日，是经广东省人民政府批准设立、由广东省国资委履行出资人职责的国有独资公司，是广东省级国有资本运营公司和省委、省政府重大战略投资平台，肩负着通过注入国有资本运营新动能，推动国有经济布局优化和结构调整，助力粤港澳大湾区腾飞的使命。

恒健公司在省委、省政府和省国资委的正确领导和大力支持下，以习近平新时代中国特色社会主义思想为指导，全面贯彻落实党的二十大精神，贯彻落实省委、省政府关于深化粤港澳合作、突出制造业当家、建设科技创新强省、推进城乡区域协调发展等重要部署，加强与各地市联动，积极发挥平台作用有效整合政策、资本、金融、科技等各类资源，建立新型基金架构体系、打造共生共享共赢的"恒健系"投资生态圈，共同促进广东省 20 个战略产业集群关键链条、关键环节、关键企业快速发展；以专业化多元化的资本运营手段，做强做优基金投资、资本运营、股权管理三大主业板块，提升资源整合和配置能力，引导和带动社会资本共同发展，助力我省产业集聚和转型升级。

恒健公司代表广东省政府持有中国南方电网有限责任公司、中国南方航空集团有限公司、中国广核集团有限公司、中国广核电力股份有限公司、宝钢湛江钢铁有限公司、中航通用飞机有限责任公司等央企股权，拥有全资及控股企业 30 多家。境内信用等级 AAA 级，境外获得三大国际评级机构高级别评级。截至 2023 年 3 月底，公司总资产 4273 亿元，净资产 1999 亿元，是广东省净资产规模最大、资本实力最雄厚的省属企业集团。在推动产业转型升级、赋能优势企业发展的过程中，公司也实现了自身快速发展，资产质量优、信用评级高、持续投资能力和资源整合能力强等优势更加突出，经营业绩和资产规模均跻身全国省级国有资本运营公司前列。

（二）恒健公司架构

恒健公司的组织架构可被划分为三个关键领域：业务部门、党委部门以及职能部门。这三个部门分别承担着不同的角色和责任，共同支持公司的运营和发展。

首先，业务部门是恒健公司的主要运营核心，当前包括 4 个部门。这些部门直接负责推动和执行公司的主要业务活动，包括但不限于战略研究、基金管理、资本运营、投资管理等。其次，党委部门共有 2 个，作为公司内部党群工作的主要执行机构。这些部门负责维护和推动党群工作的进程，包括党员管理、党的建设以及相关活动的组织和实施。最后，职能部门共有 7 个，这些部门主要负责支持恒健公司的日常运营，包括人力资源管理、财务审计、风控法务等。

通过这种三层架构，恒健公司能够实现业务、党群和职能活动的有序运作，从而推动其整体的战略目标并实现有效的管理和运营。

（三）业务板块

1. 资本运营

恒健公司坚持产业引导、资源整合、战略投资和价值投资的理念，通过定向增发、并购重组、Pre-IPO、可转债、基石投资、战略配售等资本运营方式和专业金融服务手段，引领产业发展方向，助力粤港澳大湾区的产业资源聚集和转型升级。恒健公司积极布局广东省需要优先发展的产业，增强国有资本的行业控制力，实现"引资引产引智"协同发展。通过支持优秀上市公司发展，强化资本运营和基金投资的协同效应，提高投资的综合收益，提升资本运营效率。

（1）积极布局战略性新兴产业和新基建产业，引导大湾区产业转型升级；积极投资行业领先企业，发挥国有资本运营公司的赋能效应，支持实体经济发展；通过资产证券化和多层次资本市场，实现国有资本的保值增值。

（2）为贯彻我国核心技术自主可控战略，积极领头投资中兴通讯等龙头企业，助力我国 5G 产业布局和产业链延伸。

（3）推动中国优质企业回归国内 A 股上市，通过优化明阳智能的融资结构和治理结构，持续支持新能源产业和现代装备制造业的发展。以财务投资的方式参与中京电子、格林美和光弘科技等企业的定向增发项目，助力企业并购重组和产业链整合，推动企业进入发展快车道。

（4）通过和中央企业的 H 股基石投资，实现重大项目落地，实现省属企业与中央企业的协同发展。

2. 基金投资

恒健公司以基金模式带动社会资本，推动国有经济布局优化和结构调整，打造形成广东粤澳合作发展基金、广东省农业供给侧结构性改革基金、广东美丽乡村振兴发展产业投资基金、广东先进制造产业投资基金等"恒健系"基金生态群，认缴规模近 1200 亿元，在推进粤港澳大湾区建设、农业供给侧结构性改革、乡村振兴、战略性新兴产业发展以及国资国企改革等方面发挥了积极作用。

①截至目前，粤澳基金共投放资金 173 亿元，紧密围绕大湾区基础设施、新型产业

园区、综合交通枢纽建设等主题投向重点项目，积极助力大湾区高质量发展。②2019年，粤澳基金作为金融开放创新最佳案例入选"广东自贸试验区四周年制度创新最佳案例"。③重点支持粤港澳大湾区基础设施建设，相关投资占总投资规模约八成。④围绕粤澳重点合作平台建设、科技创新、青年创新创业、基础设施、知识产权等粤澳合作重点领域开展投资。⑤深化粤澳合作，促进澳门产业适度多元化发展，保持澳门长期繁荣稳定。

3. 股权管理

通过股权管理和股权运作有效管理持有的央企、省属企业和市场化参股企业股权。以战略投资、持续增资、金融资本支持等方式支持持股企业改革发展，强化赋能协同，深化合作交流，管好、盘活股权资产体系，将资产优势进一步转化为资本优势。

①投资100亿元参与南航集团股权多元化改革，推动央企与广东经济深度融合。②投资中航通飞，助力国之重器——大型水陆两栖飞机"鲲龙"AG600研制。③支持湛江钢铁三高炉项目建设，助力打造智慧钢厂建设新标杆。④组建50亿元新能源基金参与中广核新能源板块投资，支持中广核持续加大在广东省的清洁能源开发力度。⑤增资韶钢集团，淘汰落后产能100多万吨，使企业实现结构调整和转型升级，经济效益显著提升。⑥协同推进中广核回归A股上市，中国广核于2019年8月在深交所挂牌上市，大幅提升了公司持有股权的价值和流动性。

（四）核心企业

1. 全资企业

广东恒健资本管理有限公司、恒健国际投资控股（香港）有限公司、广东恒阔投资管理有限公司、广东恒信基金管理有限公司、广东恒健资产管理有限公司、广东恒泰安投资有限公司。

2. 控股企业

广东省建筑设计研究院有限公司、广东粤澳合作发展基金管理有限公司、广东省农业供给侧结构性改革基金管理有限公司、广东省能源集团有限公司。

3. 参股企业

中国南方航空集团有限公司、中国南方电网有限责任公司、中国广核集团有限公司、中国广核电力股份有限公司、宝钢湛江钢铁有限公司、中航通用飞机有限责任公司、广东珠三角城际轨道交通有限公司、中兴通讯股份有限公司、易事特集团股份有限公司、明阳智慧能源集团股份公司、迪瑞医疗科技股份有限公司、商汤集团有限公司、盈峰环境科技集团股份有限公司、瀚蓝环境股份有限公司、惠州光弘科技股份有限公司、惠州中京电子科技股份有限公司、深圳市星源材质科技股份有限公司、光大证券股份有限公司、国银金融租赁股份有限公司、华润医药集团有限公司、广州资产管理有限公司、华强方特文化科技集团股份有限公司、中国广核新能源控股有限公司、中国能源建设股份有限公司、中国铁路通信信号股份有限公司、广东空港城投资有限公司、天合国际融资租赁有限公司、广州嘉诚国际物流股份有限公司、广东华隧建设股份有限公司。

（五）企业文化

1. 文化理念

（1）文化主旨。"恒"作为企业文化的主旨，体现了恒健人"以恒心办恒业"的专注，体现了恒健人"以打造一流国有资本运营公司的新担当诠释初心，以贯彻落实省委'1+1+9'工作部署的新作为践行使命"的文化基因。自2013年以来，恒健控股公司始终专注国有资本运营，由小变大，由弱变强，由最初注册资本仅0.5亿元，跃升至净资产规模最大（2019年末净资产为1752亿元）、资本实力最雄厚（2019年末总资产为2903亿元）的省属企业，实现了从"聚力"（搭建平台、整合资源）到"聚变"（善用平台、对外赋能）的蜕变。

（2）企业使命：服务国家战略，赋能产业升级。恒健公司作为省属唯一国有资本运营平台，通过股权运作、基金投资、培育孵化、价值管理、有序进退等方式，优化国有资本投向，向重点行业、关键领域和优势企业集中，推动国有资本布局优化和结构调整，提高国有资本配置和运营效率，提升产业竞争力，更好的服务国家战略需要。

（3）企业愿景：打造国内一流、具有国际竞争力的国有资本运营公司。2023年公司管理资产规模超5000亿元，2025年成为国内一流、具有国际竞争力的国有资本运营公司。

（4）核心价值观：做好自己，成就他人。立足企业功能定位，对标一流企业、行业标杆，始终保持永不懈怠的精神状态和一往无前的奋斗姿态，努力打造国有资本市场化运作的专业平台，建设系统完备、科学规范、运行高效的一流国有资本运营公司。秉持"共生共享"的理念，充分发挥国有资本运营平台作用，为粤港澳大湾区经济发展赋能，为利益相关方创造价值，通过对外赋能展现一流国有资本运营公司价值与形象。

2. 品牌体系

恒健公司品牌体系共分为公司品牌、业务品牌、产品品牌三个层级。品牌口号：资本赋能成就你我。资本赋能：突出国有资本平台的功能定位，通过融汇资本为产业发展赋能，成为赋能产业的资本践行者。你我："你"指公司的利益相关方，包括政府、员工、客户、合作伙伴、同业机构和社会公众等。"我"指恒健公司和恒健人。成就你我：赋能产业成长、陪伴产业成长、成就产业龙头，也通过这个过程成就恒健自身的发展。

二、广东恒健投资控股有限公司国有资产"三化"监管成就和经验做法

恒健公司认为，我国形成了国有资产监管机构履行出资人职责、以管资本为主加强国有资产监管这种行之有效的中国特色国有资产监管体制，经过不断探索完善，逐渐明晰了专业化、体系化、法治化监管的方向。专业化监管体现为针对性、专业性，实现了具有国有资产出资人特色的全链条、全方位监管；体系化监管体现为全面性、系统性，贯穿了出资人职责、监管职责、党的建设职责三位一体；法治化监管体现为合法性、合规性，实现了在法治轨道上推进监管体系和能力现代化。

（一）分类开展授权放权，实现放活与管好相统一

省国资委通过建立授权放权清单对国有资产监管事项的管理权限进行了明确，根据国资委印发相关政策文件，针对省属国有资本投资公司、运营公司在战略规划、主业管理、投资、薪酬、考核与激励、财务和产权管理等方面进一步加大授权放权的力度，赋予更多的经营自主权，实行省属企业投资项目负面清单管理，提出禁止非主业境外投资、单项投资额超过省属企业上年度归母所有者权益50%的境内投资项目、单项投资额超过省属企业上年度归母所有者权益25%的境外投资项目等17类禁止投资事项，明确投资项目的底线和红线。

2022年，公司出台了《恒健控股公司对二级企业授权放权清单（2022年版）》，结合二级企业的战略定位、商业模式、治理能力、管理水平等实际情况，给予不同范围、不同程度的授权放权。目前，已对所有二级企业下放事项10项，对重要子企业下放事项20项、授权事项4项。此外，用好分类考核指挥棒，出台下属企业经营绩效考核办法，进一步突出资本市场投资、基金投资和股权管理三大业务板块的分类管理、分类考核、施策和激励。

（二）发挥经营业绩考核指挥棒作用，实现高质量发展

国资委对公司的经营业绩考核。省国资委制定省属企业负责人高质量发展经营业绩考核方案，包括年度考核指标和任期指标。年度考核指标主要包括地位作用、经营成果、科技创新和关注事项。地位作用指标从世界500强排名、中国企业500强排名、主业所属行业排名、省属企业自身改善情况评价四种方式中选取适用的考核方法；经营成果指标考核净资产收益、净利润和政策类基金，设置资产负债率约束指标；科技创新考核研发投入并综合衡量创新投入成本，考虑新增战略性新兴产业领域企业户数及高新技术企业投资额；关注事项考核省委、省政府、省国资委重点关注的2~5项重点任务。任期指标包括国有资本保值增值率、规模效益和任期内年度考核结果，其中规模效益包括考核营业收入、利润总额、资产总额经济指标的增长，资产负债率作为约束指标。

公司对下属企业的经营业绩考核机制。一是差异化分类考核。分类明确经营考核内容，兼顾企业普遍性与特殊性，采用共性指标和个性指标相结合。分类制定经营目标下达的原则与策略。突出资本市场投资、基金投资和股权管理三大业务的分类管理、分类考核，结合企业不同商业模式、资源与能力禀赋、所处阶段，分类制定年度经营目标下达的原则与策略，不断提升绩效考核与公司战略意图的吻合度。分类建立下属企业增量激励的奖励机制。结合资本市场投资、基金投资、股权管理的业务模式特点，分类提出增量奖励的实施前提、计算公式和奖励上限等内容，如资本市场投资类企业要想获得增量奖励不仅要完成当年下达的绩效考核目标值，也要对标资本市场平均水平。二是落实

监督考核管理。督促各下属企业加强经营过程管理，按月跟踪经营情况并适时通报。严格落实"双70"改革要求，强化考核结果刚性兑现。

（三）推动公司治理改革成果制度化长效化

公司切实发挥好党委会"把方向，管大局，促落实"、董事会"定战略、做决策、防风险"和经理层"谋经营，抓落实，强管理"的作用。一是推动党的领导与公司治理相统一巩固深化。落实党建入章程，在符合条件的下属企业全部实现"一肩挑"和"双向进入、交叉任职"，坚持顶层设计和基层探索相结合。二是实现董事会应建尽建、配齐建强，建立外部董事人才库，科学落实子企业外部董事配备。本部及重要子企业均建立了董事会，均已100%实现外部董事占多数，且均有配备专职外部董事，累计入库23人，实施动态管理。三是规范董事会履职行权保障体系，强化外部董事规范管理评价。本部及重要子企业出台董事会议事规则，本部出台专委会议事规则、外部董事履职系列规则，定期对下属企业董事会和外部董事开展履职评价考核。四是完善授权管理制度，落实董事会向经理层授权。本部出台《董事会授权管理暂行办法》及配套的事项清单，本部及重要子企业总经理定期向董事会报告决议事项执行情况。

（四）完善中后台业务监督保障体系建设

推动财务、风控、审计三大中心组建落地并正式运行，建立相应工作机制并制定运行细则，加强中后台业务支撑资源整合调度管理并将其深度嵌入投资管理全过程，提升专业条线对业务一线的服务和管控能力。一是财务管理和资金保障能力持续提升。多渠道进行融资筹划，持续优化融资结构，优化后降低资金成本约1.65亿元，资产负债率较年初下降1.35个百分点，综合融资成本率同比下降0.31个百分点，债券融资工作获上交所表彰。二是风险防控、法律事务和内控合规体系不断健全。完善风险管理体系建设，优化风险防控"三道线"，明确风险管控重点内容，细化风险管控流程重点环节；加强合规管理体系建设，深入开展"合规管理强化年"行动，组织开展公司规章制度梳理，完善风险管理"1+N"制度体系；建立26份合同模板；开展健事前、事中、后全链条风险标准化建设，制定14类股权投资风险控制条款及五类管理机制，加强源头防控风险、常态化开展风险监测和有序推进重大风险化解和纠纷处置。三是审计体系和监督服务能力不断完善。深化审计体制机制改革，制定修订九份制度；推进内审五年规划及"六大强审"工程；推动审计体系变革，积极参与重大事项内控咨询与事前审核，提升监督与服务协同，实现由"事后"审计向"事前"监督转变。

（五）加强国有企业党的领导党的建设

一是着力增强政治功能和组织功能，以党建引领重大任务落实展现新作为。始终坚持和加强党的全面领导，围绕生产经营抓党建强党建、融入大局大势出思路定战略、聚焦主责主业谋经营促改革，总结深化形成"四看工法"，指引基层党组织推进党建与业务深度融合。二是层层压实党建责任。建立健全下属企业党组织向集团党委报告党建工作、党组织书记向集团党委现场述职、基层党组织书记抓党建述职评议全覆盖考核三项制度。三是加强思想文化引领，凝聚干事创业的强大合力，优化形成传承精神、融合创新的企业文化理念体系和品牌价值体系，领导班子示范引领，激发恒健人"激情、创造、担当、共享"精神。

三、国有资产"三化"监管存在的问题及对策建议

（1）问题：政策性产业引导基金涉及多个监管部门，如何平衡好政策性和市场化有一定难度。例如，广东省农业供给侧结构性改革基金是 2017 年 11 月由省级财政安排 100 亿元注资，并由恒健公司发起设立全国首只农业供给侧结构性改革基金，遵循"市场化、法治化、专业化"原则运作。省级财政注资设立农业基金的目的，是探索一种市场化的支农手段，引导带动农业转型升级、推动地方经济发展。在具体实践中，需要平衡好农业、财政、国资等主管部门的不同要求，既达到引导农业产业提质增效、带动农民增收的行业目标，又要实现国有资本保值增值以及带动社会资本投向，具有小散弱、回报周期长、资产证券化难度大等特质的农业产业要求，有一定难度。

建议：农业基金作为政策性基金，其设立以解决农业企业融资难、融资贵问题为首要目标。省主管部门重视对农业产业的扶持，为促进农业基金降低收益水平、让利农业企业，上级有关部门在制度设计、工作要求等多方面都作出了安排。建议政策性基金不纳入净资产收益率对标考核。

（2）问题：薪酬和激励体系有待进一步完善。由于历史基数较低等原因，恒健公司工资总额存在"先天不足"的问题，对比同行业、同区域、同规模、同性质企业，员工工资水平缺乏竞争力，与公司定位、规模和经营业绩不匹配，也给人才引进和内部激励造成了一定困难。

建议：支持公司业绩和薪酬对标工作。按照省国资委《关于进一步完善收入分配机制的通知》（粤国资函〔2022〕32 号）精神，开展了业绩和薪酬市场对标工作，实现业绩和薪酬匹配，增加企业员工活力和创造力。

（3）问题：国有资产监管体系目前是"专业化、体系化、法治化"三化，如果增加一个"数字化"，把"三化"变成"四化"，从企业的角度理解，是否合适？

建议：自党的十八大以来，国资委加快推进监管理念、重点、方式、导向等全方位转变，不断强化"专业化、体系化、法治化"监管，秉持"市场化出资人和有效有为监管者"理念，坚持以管资本为主，完善国有资产监管；大力推动授权与监管相结合、放活与管好相统一，有力促进国资国企高质量发展。构建有效有为国有资产监管运营体系。"三化"监管是科学有效的，"数字化"只是一个工具来更好地服务"三化"。

北京市国有资产经营有限责任公司

一、北京市国有资产经营有限责任公司概况

（一）简介

北京市国有资产经营有限责任公司（以下简称"北京国资公司"）的前身是成立于1992年、隶属于当时市国资局的事业单位——北京市国有资产经营公司。2001年4月，北京国资公司与原北京市境外融投资管理中心按照现代企业制度改制重组，成为专门从事资本运营的国有独资公司，主要职能是管理和运营国有资产，保证国有资产在流动中实现保值增值。

自北京国资公司成立以来，在组织资源服务首都发展、重大产业项目投融资、重要资产管理运营等方面开拓进取，形成了金融、节能环保、园区开发与运营管理、文化体育、信息服务五大产业板块。北京国资公司国内信用评级 AAA 级，国际信用评级 A 级，已发展成为具有核心竞争力的千亿级国有投资控股集团。

（二）使命、功能和目标

北京国资公司自觉肩负首都国企功能使命，牢牢把握首都城市战略定位，将服务北京"四个中心"功能建设和"五子"联动作为中心工作和投资重点。近年来，公司积极发挥金融产业优势，服务实体经济发展和高精尖产业构建；深耕节能环保产业，助推绿色发展战略；建设运营科技和文化产业园区，服务北京国际科创中心和国际消费中心城市建设；集聚文体产业资源，满足人民对美好生活的需要，为全国文化中心建设提供助力；加快信息产业发展，服务政务、产业、城市和生活数字化转型，为北京建设全球数字经济标杆城市提供支撑；心怀"国之大者"，统筹内外部资源，圆满完成亚洲文明对话大会亚洲文化嘉年华活动、中华人民共和国成立70周年庆祝活动、中国共产党成立100周年庆祝活动、北京冬奥会和冬残奥会等重大国事活动相关服务保障任务。

新时代，新征程，新作为。北京国资公司将坚持以习近平新时代中国特色社会主义思想为指引，紧紧围绕"全面建成社会主义现代化强国、实现第二个百年奋斗目标，以中国式现代化全面推进中华民族伟大复兴"的中心任务，贯彻新发展理念，融入新发展格局，深化综合性投资控股业务，做精、做优、做强公司主业，努力建设成为肩负

新时代首都国企功能与使命的国内一流经营性投资公司，大力推动新时代首都发展，为北京率先基本实现社会主义现代化作出国资贡献。

（三）运营模式

北京国资公司紧紧围绕北京市国资委对于北京国资公司"十四五"期间的"4+1"的产业规划，一方面，作为北京市属重点综合投资企业，通过股权投资的方式在"4+1"的主业领域进行产业培育和投资管理。另一方面，北京国资公司在资本运营方面进行相应的部署，由北京国资公司全额出资，成立北京工业发展投资管理有限公司（以下简称"北工投资"）。北工投资作为母基金投资高精尖科技项目，在人工智能、新材料、大数据和生物医药等领域进行布局。通过投资获取收益，到特定的时间如 IPO 时退出所投资或控股的企业。

北京国资公司的投资运营模式构建了"融、投、管、退"一体化的运营模式。"融、投、管、退"运营模式中的"融"是融资是前端；"投"和"管"是指既要投资也要管理，北京国资公司有十七家实际管理控制的企业。此外，北京国资公司参股北京银行和农商银行成为并表单位，派出董事监事，定期参加它们的董事会、股东大会，发表股东意见，是另外一种管理方式。"退"是北京国资公司在上级要求、市场变化、形势任务需求等合适时机，退出参股和管理的企业。

（四）运营成效

（1）北京国资公司资产规模持续扩大。截至 2022 年 12 月末北京国资公司资产总规模为 1830.90 亿元，所有者权益 656.78 亿元，比 2021 年末增加 35.18 亿元，实现国有资本的保值增值。

（2）经营业绩持续提升。截至 2022 年末，北京国资公司实现营业总收入为 197.13 亿元，利润总额为 41.05 亿元，归属于母公司所有者的净利润 21.09 亿元。2021 年，北京国资公司实现营业总收入 202.75 亿元，同比下降 2.57%；利润总额 55.66 亿元，同比增长 35.52%；归属于母公司所有者的净利润 23.33 亿元，同比增长 54.22%。截至 2021 年末，北京国资公司资产总额 1783.19 亿元；所有者权益 621.60 亿元，比年初增加 30.51 亿元，实现了国有资本保值增值。

二、国有资产监管成就

北京国资公司在坚持做强做优做大国有资本和国有企业的"一个目标"指导下，通过提高核心竞争力，优化布局，调整结构来增强核心功能的"两个途径"，在"建设现代产业体系、构建新发展格局中发挥好科技创新、产业控制、安全支撑"的"三个作用"。这对于我们的监管体系建设、完善、发展非常重要非常有意义。

北京国资公司在国有资产监管实践中取得了以下几个方面的成就：一是加强了党的领导，深化公司治理，提出了一些具体的举措。二是继续坚持市场化经营机制，提升企业活力和效率，这也是国有资产监管的一个重点。三是强化制度建设，制度先行，完善大监督体系。北京国资公司工作实践中积累了一些经验和做法，成效显著。四是科技创新。从中央到地方各企业和单位，科技创新都放在非常重要的位置上。北京国资公司未来面对的国有资产监管的课题和任务中，围绕数字经济和数字化转型工作展开，抓住科技创新是北京国资公司未来发展的抓手和重点。

北京国资公司在国有资产监管工作实践中的经验以及阶段性的成就介绍如下：

（一）公司治理

1. 加强党对国有企业的领导

（1）按照加强党对国有企业的领导的指导思想，北京国资公司系统内各级企业的党组织都实现了党建工作总体要求进章程，把加强党的领导嵌入到法人治理结构中。

（2）北京国资公司各级企业全部建立了"三重一大"事项决策制度体系。

（3）公司各级企业还实现了党组织对三重一大事项的前置研究。

2. 北京国资公司各级企业董事会的体系化建设

（1）北京国资公司系统 87 家应建立董事会的企业已经全部建立董事会。

（2）外部董事占大多数的 77 家企业全部实现了外部董事占大多数。

（3）充分发挥董事会"定战略、做决策、防风险"的作用，制定《董事会决策事项清单》，明确出资人、党委、董事会、经理层等主体的权责边界，合理推动公司董事会、经理层分层分级决策（授权）机制建设。

3. 加强母子公司管控

北京国资公司制定了《母子公司管控管理规定》，从公司治理、战略与计划管理、投资管理、资产交易管理、财务管理、审计管理、法律合规管理、人力资源管理、行政综合管理、品牌管理等多个方面明确了母子公司管控机制以及权力运行的边界。

（二）干部管理

1. 北京国资公司优化管理机制

（1）北京国资公司主要通过经理层成员签订契约，落实"契约制、任期制"，树立"业绩升、薪酬升，业绩降、薪酬降"的鲜明导向。落实了双向进入和交叉任职的领导体制。

（2）建立健全按业绩表现决定薪酬的分配机制，包括引导企业兼顾当期效益增长和中长期核心竞争力提高，建立对二级企业工资总额和负责人薪酬的管理机制；引导企业完善内部激励约束机制；推动中长期激励约束机制建设。

在引导企业兼顾当期绩效、当期效益增长和中长期核心竞争力提高的过程中，北京国资公司过去过于注重当期业绩考核，这导致了经营中出现了一系列问题。因此，北京国资公司在近两年的经营管理中进行了调整，既要考虑当期效益，又要兼顾中长期投资效益，进一步优化当前激励机制，保证国有资产更好的保值和增值。

（3）完善中高层管理人员竞争上岗和退出机制。

2. 北京国资公司完善各级领导班子建设

（1）北京国资公司配齐配强各级领导班子，强化行业领军人才和年轻干部培养，建立了百名优秀年轻干部和冬奥人才专库。

（2）北京国资公司在首都信息发展股份有限公司和北京数字认证股份有限公司开展职业经理人试点，落实北京市国资委的职业经理人试点文件要求。

（三）财务管理

建立财务垂直管控体系

北京国资公司强调三个垂直管控："财务、审计和法律合规要求管控"，每个管控都有自己的垂直管控要求。北京国资公司围绕"一个系统、一个标准、一套人马"的目标，落实财务垂直管控，打造"54321"蓝图。

（1）北京国资公司紧密围绕财务管理的"五大理念"，即制度集中统一、会计信息及时准确、财务人员统筹管理、集团资金集中运作、财务风险实时监控，制定了从上到下的财务垂直管控系统的重大举措，同时对于下属的一家上市公司，在财务信息的纳入上考虑到上市公司合规性要求，并采取相应的措施。

（2）健全夯实"四大体系"，即财务制度体系、会计核算体系、预算管理体系和资金管控体系。

（3）建立完善了"三个信息化系统"，即会计核算体系、资金管理系统、辅助管理系统。在建设完成三个信息化系统后大幅提高北京国资公司的母子公司管控水平和能力，并对于实现财务规范有效，提供了技术上面的支撑。

（4）集团财务管控的"两大目标"为决策支持目标、风险防控目标。

（5）构筑出一个上下一体、层次分明、功能完善、相互促进的具有国资公司特色的财务垂直管控体系。

（四）法治建设

1. 建立法律合规垂直管理体系

北京国资公司围绕"一个体系、一套系统、一支队伍"推进全系统"垂直管控、分级负责"的法律合规垂直管控体系，即建立贯穿母子公司的法律合规制度体系，即建立全系统使用的法务系统，建立一支统筹管理、"内外结合、以内为主"的高素质法律队伍。

法律合规强调垂直管控，分级负责。因为其涉及垂直管控内容，而且各个企业都是独立的法人，所以强调企业自己需要承担责任。因此，垂直管控、分级负责，包括决策责任和认定责任，按照建立的法律合规体系，贯彻垂直管控的法律合规制度体系，建立全系统使用的法务信息系统。同时，建立内外结合、以内为主的高素质法律顾问队伍。内外结合指的是既有北京国资公司自己的法务人员，也有外部律师。目前，北京国资公司的专职法务人员共102名，都通过了司法考试。

2. 强化依法治企考核

北京市国资委每年对市属各企业进行法治建设考核，并将考核结果纳入其经营班子的业绩考核。北京国资公司从 2019 年开始对所有二级企业进行法制考核，已经连续四年被评为北京市依法治企的优秀单位。

3. 强化纠纷案件管理

北京国资公司以及各级企业主要领导要督办重大案件，党组织委员会定期听取案件汇报情况，包案领导召开专题会议推动重大案件解决、细化案件考核指标。

4. 全面推进合规管理体系建设

北京国资公司持续开展制度体系建设，逐步加大合规风险管理，汇总整理合规风险信息台账，制定了《合规管理重点人员清单》，并对企业进行系统内控合规评价，开展本企业各部门和下属企业的合规考核评价。目前，北京国资公司已经实行了大合规融合，将内控和风控都纳入合规范围，实现三合一。

（五）监督管理

1. 构建大监督体系

（1）根据各条线的监督要求和各个业务条线形成的职能，推动纪检监督、巡察监督、审计监督、法律合规监督、财务监督等各监督主体协调联动，贯通协同。

（2）建立了党风廉政建设和反腐工作联席监督机制。定期召开联席会议，一方面定期沟通了解党建和反腐工作情况，另一方面进行联合检查，改变了以往每天对二级公司以及下级公司进行检查，即不影响正常工作，又实现了盈利和创造效益，既要监督到位，也要减负到位。

2. 充分发挥审计监督职能

审计部作为公司大监督的重要监督部门，通过开展内部审计体系建设，包括内控监督评价、违规经营投资责任追究等，不断强化内部监督水平。

（1）通过开展内部审计制度体系建设，将内部审计进行垂直化管理，建立内部审计体系。审计按照大合规三合一的方式，实现垂直管控要求。

（2）着力开展各种类型内部审计项目，主要包括经济责任审计、合规性审计、内部控制和风险管理审计。重点审计项目有 2022 年冬奥项目，涉及三大场馆重大建设项目的全过程跟踪审计，新建场馆有速滑馆，改造场馆有鸟巢、水立方。此外，还有重大活动审计。持续开展总部同级审计和境外审计监督，不断开展各类专项审计项目。

（3）不断加强投资后评价和内控监督评价工作。根据国资委要求对已投项目进行投后评价，并形成了评价工作制度。根据市国资委的要求，内控建设和监督评价实行建评分离，即内控建设和内控评价分别由不同部门负责。原本三合一的职能都由法律合规部负责，现在按照市国资委的要求，将内控分成建设和内控评价，把内控评价放到审计部。

（4）通过建立责任追究制度、工作组织体系，开展责任追究自查、加强违规投资责任追究工作。

（六）国资国企改革

1. 科技创新驱动公司实现高质量发展

（1）按照国资委的统一要求，建立了研发投入准备金制度。

（2）数字认证公司以密码技术为核心，积极承担国家和省部级课题、牵头参与制定行业标准。

（3）首都信息搭建了安全可控的国产化云平台。

2. 优化调整布局结构，全面完成"三降一减一提升"专项行动任务

以"十四五"战略规划为引领，聚焦五大产业布局；主动退出不具备竞争优势的领域；全面完成"三降一减一提升"专项行动任务。

目前，我们主要聚焦和布局了五大产业，将原本投入的十几个方向，按照国资委聚焦主业的要求，逐步退出了一些不具备竞争优势的业务领域，如养老产业集团和医疗产业集团。医疗产业卖给其他企业，而养老产业则直接按照市里的要求划转到兄弟单位。通过对非主业产业的不断处置和退出，将我们的主要资源和力量聚焦在五大产业基础上。

3. 持续深化劳动用工和收入分配机制改革，不断健全"三能"机制

（1）劳动用工改革方面，围绕公司主责主业，扎实推进公司总部和子企业的"三定"规定；规范公开招聘要求、建设公开招聘信息平台；大力推进电子劳动合同管理、加强全员绩效管理和完善不胜任退出机制建设。

当前，国企改革不断健全"能上能下、能进能出、能增能减"的"三能"制度。这个制度在践行过程中，挑战仍然很多。现在能增能减的方法相对来说都比较健全和常见，企业员工都能够接受，已经成为常态化的制度。但是，"能进能出"和"能升能降"还有很多挑战。例如：对于什么算"降"，根据什么"降"；在"能进能出"中，"进"好进，"出"怎么出，什么算"出"，根据什么、用什么机制"出"，是不是只有出现问题才能"出"，平时根据业绩考核怎么"降"、怎么"出"？国资公司在"三能"机制方面进行了不少的探索，并且在二级公司探索了业绩考核方式。例如，将以往的年考核，现在缩短了考核周期，如月考核、季度考核。强绩效的季度考核机制实行"亮灯机制"，考核不过就要亮黄灯或红灯，连续亮灯可能导致降职，甚至解除劳动合同。从2023年开始，在国资公司总部也实行了亮灯机制，对于完不成半年业绩考核的人员进行亮灯，亮灯后根据绩效考核实行相应措施，从而强化了约束机制。

（2）收入分配改革。

1）落实工资决策机制和改革精神，完善二级企业工资总额和负责人薪酬管理，提升工效联动水平。在二级企业根据业绩情况制定薪酬，强调了业绩和薪酬挂钩，拉开了员工薪酬差异，甚至高至两倍。

2）自上而下健全激励约束机制，推进经理层成员任期制和契约化管理，督导资企

业绩效薪酬制度修订。

3）大力推进中长期激励约束机制，实现股权激励与跟投、风险约束机制。

目前，北京国资公司已经在市国资委的支持下、批准下，在数字认证和首信两个业务板块进行了股权激励的探索。另外，北京国资公司在其他板块研究跟投和风险约束机制，主要研究的是延迟保证金和经营责任保证金。

（七）配合开展国有资产集中统一监管工作

1. 落实北京市经营性国有资产集中统一监管总体部署

北京国资公司落实北京市国资委的要求，由下属的北京市国通资产管理有限责任公司（以下简称"国通公司"）负责把一些从北京市其他领域划转过来的资产，按照其他市属行业条线特点，将企业经营性资产剥离出来，配合市国资委企改处、科规处统一部署处置，主要工作包括：

（1）统一监管政策及对部分外省市经验收集整理。

（2）对纳入集中统一监管企业资料进行梳理。

（3）建立纳入集中统一监管企业台账以及企业类别划分等。

2. 发挥国通公司和北京市地方资产管理公司的作用

发挥国有资产处置平台功能作用，国通公司拟设立特殊目的公司，在市国资委与原主管部门指导下开展相关工作。国通公司作为存在历史遗留问题等特殊情况暂不具备划转条件企业的接受平台，对此类企业进行进一步的处置和梳理。在此过程中，在市国资委组织协调下，对特殊目的公司提供畅通补贴、预算、人员、资产、考核等政策支持。

三、国有资产监管实践中的监管建议

北京国资公司在国有资产监管工作实践中取得了一些阶段性成绩的同时，也在实践中发现随着市场环境的变化，一些原有的管理方法和规章制度逐渐不适用于企业现在所处的市场环境的情况，为了更好地实施国有资产监管、保证国有资产保值增值，在此提出了以下一些建议；

（一）战略发展相关建议

（1）加强国有企业管理经验交流和学习。建议在国资委监管的市属企业之间以及中央企业和地方企业之间应该着力加强交流和合作，借鉴双方的优秀经验、工作方法，提高业务协作、行业协同、产业合作等方面的能力和效率。

（2）从上至下全面规划和建设国有企业监管体系。建议以国资委为核心进行顶层设计、制度设计，统一人员培训、管理制度学习体系，建立干部交流、干部轮岗等机制，促进国有资产监管体系的专业化、体系化、法治化进程。在国有企业之间拧成一股绳，打出组合拳，从制度体系建设上全面持续优化和完善国有资产监管体系和建设。

（二）资产交易相关建议

（1）国有资产管理的解释说明。建议对地方金融组织（如担保、融资租赁、小贷

等）涉及的主营业务资产（含不良债权资产）是否属于《企业国有资产交易监督管理办法》规定的国有资产的范畴给予指导，其评估、挂牌等程序是否必须严格按照《企业国有资产交易监督管理办法》执行？如果按照《企业国有资产交易监督管理办法》执行，对于资产评估条件受限但需处置的资产，对其他估值方式的采用建议给予指导，保障业务的正常推进。

（2）国有资产管理的执行中的解释。建议对低价值的国有资产转让（批量100万元以下、单宗50万元以下）是否须履行资产评估及评估备案程序，是否需要执行国有资产评估管理办法实施细则（《上市公司国有股权监督管理办法》）等相关细则提供具体的解释和说明。

（3）国有资产运营中特殊情况的解释说明。例如，《企业国有资产交易监督管理办法》规定，受让方确定后，转让方与受让方应当签订产权交易合同，交易双方不得以交易期间企业经营性损益等理由对已达成的交易条件和交易价格进行调整。

（4）部分交易所将"交易期间企业经营性损益等理由"扩大，认为交易双方不得调整已达成的交易条件和交易价格。在实践中，转让方需要设置交易价格调整机制，比如在挂牌时存在不确定的或有事项，最终支付价格会以该或有事项的实际发生概率进行调整。因此，交易条件和交易价格的调整不宜绝对禁止，建议出台明确的规则予以规范。

（三）法律合规建议

国有资产监管释法。法务部门认为国资公司的规章制度制定条文相对比较抽象，但是制度执行过程中，企业面临很多难以套用规章制度条文的具体问题。因此，建议建立一个常设机构或采用信息化的手段，对于国有资产监管的法律和规章制度提供咨询、建议、解释和说明的支持，对于执行中的政策边界、适用范围、合规内容等建立常设的、畅通的咨询和交流的渠道。

（四）内控合规相关建议

（1）内控体系与合规体系梳理和优化。审计部门建议国资委对内控体系建设与合规体系建设进一步统筹协调，将两个体系合一。目前在工作层面，因分属不同的管理部门，在工作要求、工作开展、工作报告报送等方面存在重复管理的情形。

（2）内控审计和内控评价在审计部门的工作内容有较多重复，而且内控评价工作颗粒度不够，难以达到预期效果。尤其在二级单位一个人负责合规、内控建设、内控评价和内控审计，因此工作内容重复情况更多。

（3）责任追究中对于未执行规定或未较好执行规定的情形在程度上难以把握，造成二级企业可能在遇到一些问题时，由于担心被追责而不敢决策。因此，责任追究是否也可以有一个"三个区分开来"的相对明确和具体的容错纠错指导机制，以保护干部的积极性，并且在执行这个制度和责任追究时，可以依据客观公正的标准进行评价。

（五）人力资源相关建议

（1）人力资源激励制度优化。建议拓展中长期激励政策力度，在现有政策基础上，进一步区分不同企业性质，确定员工股权激励额度政策。例如，对于非上市科技型企业综合企业性质、员工规模、创造利润等因素制定激励额度，而不是与传统企业一样单一考虑企业注册资本设定员工股权激励额度。

（2）人力资源管理制度优化。对于实施激励相对成熟的企业，建议适当下放审批权限，放宽员工股权入股形式，在资金入股的基础上，增加科技成果入股。例如，北京国资公司已经实施股权激励下属四家企业适当下放审批权限，让企业根据对企业的发展效益和效果决定员工入股形式。

（六）财务管理建议

国有资产监管中财务问题的梳理和调整。建议国务院国资委收集下属国有企业在财务管理上面临的一些共性的、缺少准确和严格的判断依据的问题，并统一解答，根据实践发展的情况修订之前的政策文件和实施细则，帮助企业更好地在工作中解决和执行财务管理的问题。例如，资产评估中按照财务报表的科目还是实际资产性质等标准区分资产类别？如何区分类似于债权的资产的评估和处置？如何界定收购，什么样的行为称为收购？

（七）董事会日常管理建议

（1）在市属国有企业之间，市属企业和市国资委之间进一步畅通沟通渠道。

（2）完善公司治理制度，区分不同规模和业务量的企业，分级分类实施相关制度措施。

（八）党建建议

为突出党建引领的定位，在国有资产监管中更应该注重加强党的领导，建议形成"党建引领带动'三化'监管"，形成"一引'三化'"的格局，有利于将党中央、国务院的政策及时贯彻到位。同时，通过全面从严治党这种润物细无声的方式弥补队伍、程序、流程、部门协同等方面的问题，使整个监管体系更流畅、更全面、更完备。

地方国有资产监管
研究报告

浙江省"三化"监管的实践

一、浙江省国有企业发展概况

国有企业是中国特色社会主义经济的"顶梁柱"。习近平总书记一直高度重视国资国企工作，其在浙江工作期间，就把推动以公有制为主体的多种所有制经济共同发展纳入"八八战略"，引领推动浙江破茧成蝶、凤凰涅槃，浙江国企已成为经济发展的"压舱石"。浙江省全面部署国企改革三年行动，推动浙江省国有企业高质量发展。

截至 2021 年底，浙江省共有 64 家国有控股上市公司，其中国资委系统监管上市公司 55 家，省属上市公司 23 家。浙江各级国企资产总额达 23.8 万亿元，资产总额、净资产、年营业收入、利润总额均居全国前列。浙江省在全国率先推进国企股改、混改，省属企业资产证券化率达 65%、混改面达 76%，拥有"千亿级"国企 21 家、世界 500 强企业 2 家。国有投资 90% 以上投向基础设施产业、传统优势产业和战略性新兴产业；从基础设施投资运营到能源产供储销、从服务构建新发展格局到助力高质量发展建设共同富裕示范区，处处活跃着国资国企的身影。

2022 年，浙江省国资国企坚决贯彻党中央、国务院和省委、省政府决策部署，聚焦政治领航、稳进提质、服务大局、改革攻坚、转型升级、监管赋能、党建引领，着力承担好责任、发挥好功能、发展好企业，国有经济稳中向好态势更加巩固，国企功能作用发挥更加充分，活力效率提升更加明显，高质量发展基础更加扎实，国有资产监管体制机制更加完善，党的领导、党的建设更加坚强有力。浙江省市两级国有资产监管企业实现营业收入 2.34 万亿元、利润总额 930 亿元；2022 年末资产总额 7.43 万亿元、净资产 2.27 万亿元，分别较 2021 年增长 12.5%、10.2%。

2023 年，浙江省国资国企按照省委、省政府部署，善作善成抓落实，深入实施国有企业数字化转型行动计划，加快世界一流企业建设，以昂扬向上的奋斗姿态做好国资国企各项工作，加快建设现代化产业体系、促进实体经济高质量发展作出更大贡献。一是着力提质增效稳增长，强化目标引领、投资拉动、市场开拓，全力助推浙江省十大工程建设，全力拼经济、抓发展，为全省勇挑大梁多作贡献。二是着力战略重塑强功能，找准战略定位、塑造发展优势，打造战略平台、强化战略支撑，加强战略协同、促进一体化发展，加强战略管理、打造一流企业，加强战略功能、推动共同富裕，不断提升战略目标指引下的核心竞争力和服务全局的战略能力。三是着力改革深化再行动，制定实施浙江省国企改革再行动方案，创新推动杭州区域综改扩面提升，推动中国特色国企现代公司治理再完善、市场化经营机制再落实、混合所有制改革再深化，更大力度打造现代新国企。四是着力创新攻坚再发力，加大科技攻关力度，提升创新平台能级，强化创新政策保障，构建协同创新生态，科技人才一体推进，加快打造原创技术策源地。五是着力优化布局促转型，深化战略性重组和专业化整合，进一步盘活存量资产，推进重点产业发展和产业链链长培育，加快传统产业转型升级，培育壮大战略性新兴产业，加快建设现代化产业体系。六是着力统筹联动强协同，加强数字化、专业化、体系化、法治化监管，促进国有资产监管大协同，强化重点领域大监督，维护国资国企大安全，开展国资国企大服务，持续增强国有资产监管效能，全力打造一流营商环境。七是着力强根铸魂聚合力，夯实基层基础，培育新风新貌，深化清廉建设，强化以巡促改，推动国企党建全企建强全域过硬，以高质量党建引领国企高质量发展。

二、浙江省国有资产监督管理现状

浙江省国资委准确把握国有资产监管机构职责定位，突出国有资本整体功能和效率，强化出资人战略引领，以数字化改革牵引撬动国有资产监管体制、运营机制和国企系统性变革，科学界定国有资产出资人监管边界，推进以管企业为主向以管资本为主的国有资产监管职能转变，出台推进国有资产监管机构职能转变方案，进一步管好国有资本布局、规范资本运作、提高资本回报、维护资本安全，坚持寓服务于监管，取消、下放、授权监管事项 20 项。

（一）国有资产监管专业化

浙江省国有资产监管制订了一系列相关制度文件，推动了国有资产监管专业化的进程。

1.《浙江省国资委关于推动构建全省国资监管大格局的指导意见》

2021 年 1 月 19 日，浙江省国资委出台了《浙江省国资委关于推动构建全省国资监管大格局的指导意见》，要求浙江省国资系统用两年左右的时间推动实现机构职能上下贯通、法规制度协同一致、行权履职规范统一、改革发展统筹有序、党的领导坚强有力、系统合力明显增强的工作格局。

构建浙江省国有资产监管大格局的重点任务是从建立健全国有资产监管组织体系、推动构建以管资本为主的国有资产管理体制、继续推进经营性国有资产集中统一监管、统筹推进国有企业改革、强化国有资产基础管理、健全全省国有资产协同监督机制、统筹推动全省国有企业党建工作高质量发展七个方面，统筹开展全省各级国有资产监管机构重点任务工作，加强各业务条线的指导监督，密切上下级纵向联系，推动全省国资系统机构职能上下贯通和行权履职规范统一。

构建浙江省国有资产监管大格局"四大体系"是体现浙江特色、在构建全省国有资产监管大格局、形成全省国有资产监管一盘棋中起到关键支撑作用的内容。浙江省各级国资国企按照统一发展目标体系、统一工作支撑体系、统一政策制度体系、统一考核评价体系的建设要求，融入全省目标发展规划，服从全省战略布局调整，大力推进智慧监管，以全省国有资产监管"一张网"为有力支撑，实现法规制度和考核评价协同一致，推动全省国资系统合力增强、全省国企高质量发展。

打造浙江省国有资产监管大格局"四大平台"是浙江省打造国有资产监管大格局的重要抓手，也是各级国资国企加强交流与合作的重要途径。"四大平台"包括：上市公司资本合作平台，支持上市公司灵活运用市场工具开展资本运作，提高国有资本配置和运营效率；国有企业创新合作平台，支持省内国有企业之间以及全省国企与科研院所、高等院校及民企的创新合作；省市国资联盟平台，发展壮大省市国资联盟平台，鼓励省市县国有企业交叉持股、相互融合；地方国资交流平台，围绕重点主题、发展难题等，打造定期地方片区交流平台，进一步畅通全省国资国企交流合作渠道。

加强构建全省国有资产监管大格局工作保障要求建立的组织领导机制，形成职责明确、分工负责、有效统筹的指导监督工作组织体系，建立联系指导、通报评价等制度，有效促进工作积极开展；建立完善重大事项报告和监督检查机制，加强上下级国有资产监管机构之间的沟通联系，增强国资系统合力；加强监管能力建设，提升履职能力，创新监管方式，提升监管专业化水平；营造良好外部环境，加强与有关部门的沟通协调，争取理解和支持，努力为企业排忧解难，协同推进落实国企社会责任。

2.《浙江省国资委关于进一步加强省属企业监事会监督工作的意见》

2021年5月31日，浙江省国资委颁布了《浙江省国资委关于进一步加强省属企业监事会监督工作的意见》，意见中明确要求强化日常监督和专项检查。监事会应根据法律法规和浙江省国资委赋予的职权，全面了解掌握企业情况，加强对企业决策过程、决策执行和重要经营管理活动的监督；围绕企业改革发展新动向新态势，及时调整监督重点；不断提高站位，与出资人年度重点工作同向发力、做好协同。在日常监督基础上，每年至少开展1次专项检查，内容应符合出资人监管意图和企业内在管控需求，必要时可聘请会计师事务所等中介机构协助工作。根据子公司地位作用、资产规模和管理情况等，确定一批重点检查企业并动态调整名单。监事会重点对企业以下方面进行监督检查：董事会和经理层运作情况；董事和高级管理人员忠诚履职和勤勉尽责情况；企业重大事项；企业财务情况；出资人重点关注事项。

3.《浙江省国资委关于明确省属企业功能定位实施分类监管的意见》

浙江省国资委出台《浙江省国资委关于明确省属企业功能定位实施分类监管的意见》，突出高质量发展、行业对标、分类监管，针对企业不同功能定位，分类实施深化改革、促进发展、定责考核、完善治理、加强监管。根据企业功能界定分类、治理能力、管理水平等改革发展实际，结合国有资本投资、运营公司和其他监管企业不同特点,有针对性地开展授权放权,充分激发微观主体活力。着眼构建省属企业新型考核分配体系,加快研究省属企业负责人经营业绩考核与薪酬核定办法、落实企业董事会考核分配职权实施意见,突出战略导向和功能作用发挥,实施以任期为主的考核模式,建立激励与约束并重的奖惩体系。

4. 《浙江省省属企业经营投资资产损失责任追究暂行办法》

浙江省人民政府通过印发《浙江省省属企业经营投资资产损失责任追究暂行办法》,健全违规经营投资责任追究工作体系和机制,持续优化工作机制,组织开展资产损失责任追究线索排查,建立企业责任追究工作报告机制,推动责任追究工作全面覆盖、上下贯通、落地落细,以追责强警示、促尽责、助发展,切实维护国有资产安全。在严肃追究违规经营投资责任的同时,注重保护经营管理人员开展正常生产经营活动的积极性,明确容错纠错机制的适用情况,探索建立容错正面清单,营造弘扬企业家精神、敢于改革创新、勇于履职担当的良好氛围。

5. 加强省属企业公司章程管理,体现出资人意志、履行出资人职责

浙江省采取了一系列举措,旨在完善中国特色现代企业制度,加强省属企业公司章程管理,通过公司治理结构体现出资人意志、履行出资人职责。重点是深化落实"两个一以贯之",健全完善国企党组织前置研究程序和"三重一大"决策、董事会授权管理等制度。目前,浙江省属企业已全部制定党组织前置研究讨论重大事项清单,省属企业本级和各级子企业全面完成"外大于内"董事会建设,全面实现经理层成员任期制和契约化管理,全面建立董事会向经理层授权管理制度,推动党委前置研究更加精准有效,"外大于内"董事会运行更加专业尽责、规范高效。

6. 授权与监管相结合、放活与管好相统一,建立监管权力清单和责任清单

浙江国资委将授权与监管相结合、放活与管好相统一,建立了监管权力清单和责任清单。该清单明确了经营性国有资产监管等八类工作职责、116项具体工作事项,以及浙江省国有产权转让、企业财务决算监管等各类事中事后监管制度,厘清了国资委监管职责边界。各地市进一步厘清了政企权责边界,推动实现授权与监管相结合、放活与管好相统一的监管模式。

7. 出台构建全省国有资产监管大格局,基本完成经营性国有资产集中统一监管

浙江省基本完成经营性国有资产集中统一监管,并出台了构建全省企业国有资产基础管理制度体系、构建全省国有资产监管大格局等指导意见,通过加大地方国资工作指导力度,推动各市把国有资产监管工作体系向县级延伸,促进市域一体、市县联动。同时,着力提升国有资产监管机构统筹能力,加强对企业发展战略、经营绩效、风险防控等方面综合研判,强化统筹协调、指导服务,加快形成全省国资国企"大格局、一盘棋"。

8. 数字化改革赋能国资国企整体智治,加快打造监管大脑和智治体系

浙江省国资委以数字化改革赋能国资国企整体智治,加快打造监管大脑和智治体

系，建成全省国资国企在线监管系统，构建国企大额资金监控预警等十大应用场景，建设并提升"国资云"平台等 13 个项目，将国资国企公权力智慧监督系统纳入浙江省数字化改革重大应用"一本账"。建成全省国有资产交易数字化平台"浙交汇"，实现省市两级国有资产交易全面贯通和信息披露、交易规则等"六统一"。

9. 协同高效监督，强化风险管控

浙江省国资委坚持统筹发展与安全，制定出台省属企业合规管理指引、违规经营投资问题线索移送办理、责任追究工作体系建设、深化内部审计监督、加强资金信用管理、规范资金存放管理、基金投资风险管理等多项制度，进一步扎密扎实风险防控制度体系，强化对省属企业基础管理、风险防范等规范性要求。

10. 构建完善综合监督工作体系，建立责任追究"四位一体"监督工作协同机制

浙江省着力构建完善的综合监督工作体系，建立出资人业务监督、审计监督、监事会监督、责任追究"四位一体"监督工作协同机制，做实监事会全过程、清单化监督功能，促进与党内监督、人大监督、社会监督等贯通协同，增强监督系统性。强化省属企业内控体系建设和内部审计工作，出台省属企业采购管理指导意见，规范企业采购行为，建立健全各级企业信息公开制度，实现信息公开全覆盖，增强监督穿透性。组织开展省属企业债务、金融业务、PPP 业务等风险排查和境外、省外企业资产管控专项检查，建立企业重大财务和金融风险季度报告制度，开展国有资产重大损失存量问题专项清理。

（二）国有资产监管体系化

1. 产权管理体系

（1）《浙江省企业国有产权转让管理暂行办法》。1997 年 9 月，浙江省人民政府发布了《浙江省企业国有产权转让管理暂行办法》，有效规范了企业国有产权转让行为，推动国有资产存量的合理流动，防止国有资产流失。该办法明确了企业国有产权是指企业中国家作为国有资产所有者依法取得或通过出资及收益形成的财产权益。企业国有产权转让，是指有偿出让或者受让企业国有产权的行为。明确了企业国有产权出让的审批权限和有关产权转让的范畴，产权交易机构从事企业国有产权转让业务应当具备的条件等。各级政府国有资产管理部门应按照规定的职责和权限，对企业国有产权转让活动实施监督和管理。企业国有产权的出让主体必须是县级以上人民政府授权投资的机构或政府指定的部门，以及对被出让产权的企业直接拥有出资权的国有企事业单位。被出让产权的企业本身不得作为产权出让主体。

（2）《浙江省产权交易机构从事国有产权转让资格管理暂行办法》。1998 年，浙江省国资委为了维护浙江省产权交易市场的正常秩序，规范产权交易机构从事国有产权转让业务的行为，根据《浙江省企业国有产权转让管理暂行办法》（浙政〔1997〕112 号）的有关规定，制定发布了《浙江省产权交易机构从事国有产权转让资格管理暂行办法》。该办法明确了从事国有产权转让业务的产权交易机构必须是取得从事国有产

转让业务资格的企业法人，并需要接受国有资产管理部门的监督管理。浙江省国有资产管理部门负责审批全省（不包括宁波计划单列市）产权交易机构从事国有产权转让业务的资格；市、地、县国有资产管理部门负责审查同级产权交易机构从事国有产权转让业务的资格，并逐级上报省国有资产管理部门审批。宁波市及所辖各县（市）产权交易机构从事国有资产转让业务的资格由宁波市国有资产管理部门负责审批。

（3）《浙江省人民政府办公厅转发省体改办等单位关于规范和发展产权交易市场若干意见的通知》。2002年4月，浙江省人民政府办公厅发布了《浙江省人民政府办公厅转发省体改办等单位关于规范和发展产权交易市场若干意见的通知》。该通知针对当时浙江省产权交易市场发展不平衡，市场化程度较低，交易行为不够规范以及产权市场与经济发展不相适应的现状，明确浙江省规范和发展产权交易市场的指导思想是：以规范交易行为为基础，增强交易机构功能为重点，信息网络为纽带，通过引导，健全制度，加强服务，逐步形成布局合理、功能健全、运作规范、监管有效的区域性产权交易市场。

一是要求合理布局产权交易机构。产权交易机构布局要充分考虑区域经济发展和中心城市功能，根据适度集中，兼顾地区发展的原则和产权市场的现有交易量和潜在需求等情况，合理布局，防止机构过多过滥，造成资源浪费和无序竞争。二是规范产权交易市场的运行体制。统一产权交易机构名称，按照国家有关规定加快与政府脱钩的步伐，真正做到政资分开、政企分开、管办分开，产权交易机构要按照统一的交易规则和程序运行，切实强化产权交易中介业务的管理，防止国有资产流失。三是培育和发展产权交易市场。企业、个人等委托人，不受企业注册地、行政区域的限制，可自主选择产权交易机构买卖产权（股权）。按照中央纪委有关建立产权交易进入市场的制度要求，对于股份有限公司（上市公司除外）的股份、有限公司股东出资的转让，国有、集体企业资产的转让，要引导其通过产权交易所进行。增强产权交易机构的活力和功能，建立全省产权交易信息网络。四是切实加强对产权交易市场规范和发展工作的领导，高度重视产权交易机构的规范和发展工作。新设立的产权交易机构，欲从事国有产权转让业务的，应先由产权交易机构的组建单位（或委托代理人）向国有资产管理部门报送有关申请文件，经同级国有资产管理部门审查，由省国有资产管理部门审核，并出具是否同意从事国有产权转让业务的证明，再到工商登记机关办理注册登记，领取企业法人营业执照。

（4）《浙江省国有产权交易监督管理暂行办法》。2002年，为进一步规范国有产权交易行为，促进国有资产合理流动和优化配置，浙江省财政厅印发《浙江省国有产权交易监督管理暂行办法》。该办法中明确国有产权是指国有有形资产、无形资产所有权以及与财产所有权有关的经营权、使用权、收益权、处分权等权利。具体包括：国有企业的整体或部分产权；有限责任公司和股份有限公司中的国有股权；行政事业性资产国有产权；国有特许经营权；法律、法规及规章规定的其他国有产权。国有产权交易，是指有偿出让或者受让国有产权的行为。各级政府财政（国资）部门按照规定的职责和权限，负责国有产权交易的监督和管理，省级财政部门负责对全省国有产权交易行为实施监督管理，市、县（市、区）财政（国资）部门负责对本辖区国有产权交易行为实施监督管理。

国有产权交易必须在依法设立并取得从事国有产权转让资格的产权交易机构内进行。产权交易机构的分支机构未取得从事国有产权转让资格的不得从事国有产权交易。国有产权严禁场外交易。产权交易机构申请从事国有产权交易业务，应当向同级财政（国资）部门提交规定的文件资料，经逐级审核后报省级财政部门审批。产权交易可以采取的方式有：拍卖；竞价转让；招标转让；协议转让；法律、法规、规章规定的其他方式。以拍卖的形式进行国有产权交易，除执行《浙江省企业国有产权转让管理暂行办法》《浙江省产权交易机构从事国有产权转让管理暂行办法》《浙江省国有产权交易监督管理暂行办法》的规定外，还应当符合《中华人民共和国拍卖法》的规定。国有产权交易的价格应以不低于中介机构出具的评估报告中的价值作为出让底价。凡低于评估价值的，出让方必须报同级财政（国资）部门批准。

产权交易机构应接受财政（国家）部门对国有产权交易的监督管理，并按要求如实提供有关材料。必要时财政（国资）部门可对国有产权交易实施现场监管。产权交易机构应当在交易现场公布财政（国资）部门、工商行政管理部门以及有关监督部门的举报电话，并向到场监督人员提供有关材料及工作条件。禁止交易的国有产权有：法律、法规和规章明文禁止的；产权归属关系不清的；处置权限有争议的；已实施抵押、担保和司法、行政、仲裁等强制措施的；合法契约约定期限内不得交易的；委托方提交文件不全或弄虚作假的；未经当地政府或财政（国资）部门审核批准的。

各级财政（国资）部门要建立健全国有产权交易备案制度，应认真审核国有产权交易备案材料，对违反法律法规及《浙江省国有产权交易监督管理暂行办法》规定的行为应及时依法处理。各级财政（国资）部门要根据《浙江省人民政府办公厅转发省体改办等单位关于规范和发展产权交易市场若干意见的通知》精神，对现有的已取得国有产权转让资格的交易机构进行必要的清理和规范，制定相应的措施；并报省财政厅备案；对上报申请国有产权转让资格的交易机构，须严格审查和报批。

2. 现代企业制度体系

（1）《浙江省国资委关于印发省属企业公司章程制定修改办事指南（试行）和公司章程模板（试行）的通知》。2021年，浙江省国资委根据国企改革三年行动部署要求，为促进浙江省属企业加快建立中国特色现代企业制度，充分发挥公司章程在公司治理中的基础作用，规范公司章程管理，按照《关于省属企业贯彻落实〈国有企业公司章程制定管理办法〉有关事项的通知》（浙国资发函〔2021〕114号）要求，结合省属企业实际和工作需要，制定了《省属企业公司章程制定与修改办事指南（试行）》和《省属企业（国有全资公司）公司章程模板（试行）》（适用于原国有独资公司部分股权划转社保基金后形成的国有全资公司），印发了《浙江省国资委关于印发省属企业公司章程制定修改办事指南（试行）和公司章程模板（试行）的通知》。

该通知中，明确了浙江省属企业公司章程制定修改的有关内容以及公司章程的模板。浙江省国资委制定公司章程的审批程序是：公司章程草案完成后，由浙江省国资委企业改革处征求委内相关职能部门意见并联合审查，相关职能部门根据各自的职能或公司章程审核的重点，对送审的公司章程草案出具书面审查意见；浙江省国资委企业改革处会同委相关职能部门就公司章程草案听取相关公司意见；对公司章程草案存在重大分歧意见的，由企业改革处提交省国资委专题会议审定；公司章程草案经修改后形成送审稿，经省国资委主任办公会议审议通过后，由省国资委发文批复。符合省国资委章程指引要求的，经相关处室会签报分管委领导签发后，由省国资委发文批复。

（2）公司章程审批。浙江省国资委授权国有独资公司或国有全资公司董事会制定的公司章程的审批程序是：公司章程草案经国有独资公司或国有全资公司董事会审核后报省国资委初审，省国资委按照前款第一、第二项的程序进行审查，并将初审意见以书面形式告知国有独资公司或国有全资公司董事会。国有独资公司或国有全资公司董事会根据省国资委的初审意见，对公司章程草案修改完善后，形成送审稿。国有独资公司或国有全资公司形成公司章程送审稿后，以正式公文形式向省国资委提交审核公司章程的请示，经省国资委主任办公会议审议通过后发文批复。符合省国资委章程指引要求的，经相关处室会签报分管委领导签发后，由省国资委发文批复。出资企业中国有控股公司章程的审核则由省国资委出资的国有控股公司章程，按照《中华人民共和国公司法》规定由公司股东共同制定。

省国资委控股或参股的国有公司将制定或修改的公司章程草案提交股东会表决前，由省国资委派出的产权代表将公司章程草案提交省国资委初审，并通过法定程序将省国资委提出的审核意见提交公司股东会。

3. 投资规划体系

（1）《浙江省省属企业投资监督管理办法》。2017年，为依法履行出资人职责，建立完善以管资本为主的国有资产监管体制，引导和规范省属企业投资活动，促进国有资本优化布局，根据《中华人民共和国公司法》、《中华人民共和国企业国有资产法》、《关于深化国有企业改革的指导意见》（中发〔2015〕22号）、《关于改革和完善国有资产管理体制的若干意见》（国发〔2015〕63号）、《关于进一步深化国有企业改革的意见》（浙委发〔2014〕24号）等法律法规和文件，浙江省国资委制定了《浙江省省属企业投资监督管理办法》。该办法所称投资是指省属企业在境内外从事的固定资产投资、股权投资和金融投资。固定资产投资是指基本建设投资、技术改造和购置不动产等；股权投资是指以各种形式出资形成的对其他企业的权益投资；金融投资是指一年期以上（不含一年）股票、债券、外汇、保险和以获取财务性投资收益为目的其他金融衍生业务投资。企业投资管理制度应包括的主要内容有：投资活动应遵循的基本原则；

投资管理流程、管理部门及相关职责；投资决策程序、决策机构及其职责；投资信息化管理制度；投资项目负面清单制度；非主业投资管理制度；投资风险管控制度；投资项目完成、中止、终止或退出制度；投资项目后评价制度；违规投资责任追究制度；对所属企业投资活动的授权、监督与管理制度；其他应纳入投资制度的内容。省属企业投资管理制度，应当经董事会审议通过后报送省国资委。

省国资委建立省属企业投资管理信息系统，对省属企业年度投资计划、季度及年度投资完成情况、重大投资项目实施情况等投资信息进行监测、分析和管理。省属企业建立完善本企业投资管理信息系统，加强投资基础信息管理，提升投资管理信息化水平，通过信息系统对企业年度投资计划执行、投资项目实施等情况进行全面全程的动态监控和管理。省国资委根据有关规定和监管要求，发布省属企业投资项目负面清单。列入负面清单的投资项目，省属企业一律不得投资。省属企业投资项目负面清单的内容保持相对稳定，并适时动态调整。省属企业应在省国资委发布的省属企业投资项目负面清单基础上，结合企业实际，制定本企业更为严格、具体的投资项目负面清单。省国资委建立完善投资监管联动机制，发挥战略规划、财务监督、产权管理、考核分配、监事会监督、监察审计、干部管理等相关监管职能合力，实现对省属企业投资活动过程监管全覆盖，及时发现投资风险，减少投资损失。

（2）《浙江省省属企业战略规划管理暂行办法》。2021年，浙江省国资委为更好地发挥战略引领导向作用，规范省属企业战略规划编制与管理工作，落实以管资本为主依法履行出资人职责，根据《中华人民共和国公司法》《中华人民共和国企业国有资产法》《企业国有资产监督管理暂行条例》《关于深化国有企业改革的指导意见》《关于改革和完善国有资产管理体制的若干意见》以及新时代推进国有经济布局优化和结构调整意见、我省国企改革三年行动实施方案等法律法规和文件，制定了《浙江省省属企业战略规划管理暂行办法》。该办法中明确了企业战略规划是指由省政府国有资产监督管理委员会（以下简称"国有资产监管机构"）履行监管职责的企业（以下简称"省属企业"），根据国家和浙江省发展规划、产业政策和国有资产监管机构要求，在分析外部环境和内部条件现状及其变化趋势的基础上，为企业未来改革发展作出方向性、总体性、全局性的总体谋划，是引领企业改革发展的基本纲领和实施国有资产监管的重要依据。战略规划管理包括省属企业战略规划的研究制定、贯彻执行、评估调整、考核评价等全过程闭环管理，以及与战略规划管理相关的省属企业主业管理和布局结构调整工作。

国有资产监管机构按照以管资本为主健全国有资产监管体制的要求，围绕省委、省政府重大战略和省属企业功能定位，以战略规划管理为先导，强化出资人对企业的战略引导和实施管控，加强企业战略规划管理与各项国有资产监管工作衔接联动，进一步构建战略引领型的国有资产监管体系。坚持以把握方向、优化制度、规范程序、强化执行为重点，建立国有资产监管机构和省属企业权责清晰、运行有效、协同联动的战略规划闭环监督管理机制，推动省属企业提高战略规划编制和执行水平，有效引领企业高质量发展。

国有资产监管机构对企业战略规划进行管理应当坚持的原则是：坚持依法合规、服务大局，依法履行出资人职责，维护所有者权益，重点围绕省委、省政府重大战略，体现国有企业功能定位和战略作用；坚持企业主体、系统规划，省属企业是自身战略规划编制和执行的主体，国有资产监管机构在战略规划管理中应当尊重和维护企业合法权益，充分调动企业发展积极性；坚持规划引领、统筹协调，省属企业战略规划是国有资产监管机构履行各项出资人职责的重要依据，必须坚持以战略引领统筹推动国有经济布局结构战略性调整和国有企业改革发展、国有资产监管等各项工作；坚持因企制宜、科学发展，战略规划工作应当遵循经济社会发展规律和企业发展规律，结合企业实际，突出科学性、约束力和可操作性，减少随意性和盲目性，使战略规划可检查、易评估。

省属企业是本企业战略规划的责任主体和实施主体，应构建完善的战略规划管理制度、完整的战略规划体系、有效的决策和执行工作机制，强化上下衔接、横向协同、纵向贯通、有效管控，实现战略规划全过程闭环管理，形成以战略规划引领企业改革发展的高效工作机制。省属企业应按照国有资产监管机构规划体系建设要求，根据自身发展阶段和管理要求，重点构建形成以战略规划为统领、专项规划为支撑、子企业规划为基础的战略规划体系。专项规划应包括但不限于产业规划、职能规划等。应明确各级各类规划功能定位，下位规划支撑落实上位规划，等位规划相互协调，确保边界清晰、功能互补、相互衔接。有条件的省属企业可根据自身情况编制中长期或远景战略规划。省属企业在战略规划管理中，要落实党委"把方向、管大局、保落实"的领导作用。

省属企业要按照全省国资国企三级规划体系要求，根据全省国资国企规划和省属国资总体规划等上位规划，结合产业发展规划和企业自身情况，编制本企业战略规划。省属企业规划编制应当履行前期研究、编制起草、征求意见、衔接协调、论证评估、报送审核等程序。规范编制工作方案，明确进度安排、衔接要求、论证方式，按程序做好战略规划编制工作。履行决策程序前，战略规划应在企业内部和有关部门进行广泛征求意见，鼓励聘请符合要求的专业咨询评估机构或行业专家对战略规划进行论证。省属企业战略规划草案应与全省国民经济和社会发展五年规划、省重点产业规划等相衔接，重点衔接发展目标、发展方向、总体布局、重大政策、重大工程、重大项目、风险防控等方面内容，必要时由国有资产监管机构会同有关部门组织开展审查论证。

国有资产监管机构负责审核各省属企业战略规划，并出具审核意见。其中，对国有资本运营公司与国有资本投资公司战略规划实施备案管理，国有资产监管机构认为战略规划不符合有关规定的，企业应对战略规划进行修改完善。各省属企业负责审核批准集团下属企业发展战略和规划。国有资产监管机构成立战略规划领导小组，负责各省属企业发展战略和规划的审核把关。国有资产监管机构对省属企业战略规划重点审核的内容有：是否符合国家发展规划和产业政策；是否符合省属国有资本布局结构战略性调整方向；内容要素和体例结构是否完整；发展目标是否与先进一流企业开展对比，是否设置远景目标和近期规划目标、年度分解目标；发展目标与速度是否与企业规模实力和承受能力相匹配；落实规划的保障措施是否具备可操作性；重大项目投融资能力是否相匹配；规划制定和决策程序是否科学合规。国有资产监管机构建立省属企业负责人述规划制度。

国有资产监管机构以战略规划为基础，加强省属企业主业管理，建立健全权责对等、分级管理、运行规范的主业管理体系。省属企业依据省属国资总体规划和经国有资产监管机构审核的本企业战略规划，提出本企业主业目录并明确主业范围和内涵。国有资产监管机构经研究论证、征求意见，经领导小组审议后公布省属企业主业目录和主业管理要求。同一规划期内，除国有资本布局结构调整有新要求或企业战略规划发生重大变化外，省属企业不得随意变更主业。省属企业应当建立健全本企业主业管理制度体系，加强子企业主业管理，科学制定子企业主业范围、主业管理流程、主业发展评价办法、主业发展支持措施、非主业转型退出方案等。主业管理制度经董事会或类似决策机构审议通过后，报国有资产监管机构备案。省属企业应当围绕集团总体战略和各子企业功能定位，加强各子企业主业管理。

省属企业负责组织实施本企业发展规划，制定实施方案，明确责任分工，确定工作时间表，构建战略规划与年度工作计划、投资、预算、考核、分配等联动实施机制，完善监测分析和监督管理，保障战略规划落地。国有资产监管机构负责组织开展省属企业总体规划的解读宣传。各省属企业负责组织开展本企业发展规划的对内培训和对外宣传工作，确保各实施主体准确理解把握战略规划安排。省属企业按年度对战略规划进行任务分解形成工作计划和年度目标，确定年度工作重点，明确重大任务、重大工程、关键举措的年度实施要求，通过绩效责任目标分解、布局结构调整方案、全面预算管理、经济运行监测、资源要素配置等环节加强工作落实。省属企业应当根据战略规划，制定本企业国有资本布局结构调整方案报国有资产监管机构。

省属企业原则上在规划实施第三年开展中期评估工作，密切跟踪经济社会行业发展形势，系统总结规划实施情况和存在问题，根据实际提出调整规划目标、政策举措、保障机制等方面的建议。国有资产监管机构根据省委、省政府要求开展战略规划中期评估工作。省属企业应当于规划期末当年开展总结评估，系统总结分析战略规划执行情况，开展战略规划管理工作评价，作为推进战略规划实施、编制下一期战略规划的重要依据。国有资产监管机构组织对省属企业总体发展情况进行评估。强化省属企业战略规划权威性、严肃性，省属企业战略规划总体思路和发展重点一般不予调整。确需对企业总体思路和发展重点等进行重大调整的，企业应及时与领导小组办公室沟通，经内部决策程序后报国有资产监管机构重新履行审核程序，并做好与下一期战略规划的统筹谋划。涉及规划具体指标、政策举措、保障机制等方面的调整，由企业经与战略规划领导小组办公室沟通后，报国有资产监管机构备案。

国有资产监管机构建立省属企业战略规划联动监管机制，将战略规划作为主业管理、布局结构调整、产权管理、预算管理、风险防控、考核评价、综合监督、董事会评价、监事会监督和人才建设等工作的重要基础和依据。战略规划未明确的产业发展方向和任务不得安排投资，不得配置相关资源。省属企业战略规划明确的发展目标应当作为省属企业领导人员经营业绩考核目标的重要参考依据和制定基础。国有资产监管机构建设国有经济布局数字化管理系统，对省属企业产业发展情况开展动态监测分析。省属企业应建立本企业产业布局监测评价体系，建设数字化监测平台，与国有资产监管机构国有经济布局管理信息系统对接，定期报送布局结构调整和产业发展情况。国有资产监管机构建立省属企业国有资本布局结构管理评价体系，结合省属企业战略规划评估和执行情况，对省属企业国有资本布局结构调整工作进行综合评价，必要时对重点产业和企业组织开展专项评估。省属企业根据战略规划分解形成的年度工作计划和目标，应与企业负责人经营业绩考核相衔接。国有资产监管机构建立战略规划管理专家咨询机制，支撑省属企业战略规划管理。

（3）《浙江省省属国有资本布局结构调整优化实施方案》。2016 年，为贯彻落实中央和省委、省政府关于深化国有企业改革的决策部署，进一步优化国有资本配置，加快省属国有经济布局结构调整，促进省属企业瘦身健体、提质增效、转型升级，根据《中共浙江省委浙江省人民政府关于进一步深化国有企业改革的意见》（浙委发〔2014〕24 号）和《浙江省人民政府关于加快供给侧结构性改革的意见》（浙政发〔2016〕11号），结合浙江省属企业实际，浙江省国资委制定了《浙江省省属国有资本布局结构调整优化实施方案》，该方案鼓励国有资本加快向战略性新兴产业拓展。方案的主要目标是立足深化改革、促进发展，以供给侧结构性改革为重点，充分发挥市场配置资源的决定性作用，更好地发挥政府引导作用，着力调整优化省属国有经济结构，促进企业做强做优主业，加快瘦身健体，进一步提升省属企业发展质量和效益。具体目标是：布局结构更加合理、资源配置更加高效、发展质量有效提升。基本原则是：坚持功能匹配、坚持市场导向、坚持分类推进、坚持依法依规、坚持统筹协调。重点任务是：强化资源重组整合、加快处置"僵尸企业"、大力压缩管理层级、有效引导增量布局、发挥各类平台作用。

4. 资本运营体系

（1）《浙江省深化国有资本投资、运营公司改革试点实施方案》。2020 年，浙江省人民政府印发了《浙江省深化国有资本投资、运营公司改革试点实施方案》，争取 2022年底前，通过改革试点在全省培育一批实力雄厚、竞争力强的国有资本投资、运营主体，实行国有资本市场化运作，加快国有产权顺畅流动和有效整合，推动国有经济布局优化和结构调整，提高国有资本配置和运营效率。进一步完善国有资产监督管理体制，优化国有资本授权经营体制，加强国有企业行权能力建设，全面激发各层级国有企业活力，更好地服务经济高质量发展和"两个高水平"建设。

国有资本投资、运营公司（以下简称"两类公司"）均为在本级政府授权范围内履行国有资本出资人职责的国有独资公司或国有全资公司，是国有资本市场化运作的专业平台。国有资本投资公司以服务本地区发展战略、优化国有资本布局、提升产业竞争力为目标，以对核心业务战略管控和财务管控为主，依托资本市场开展投资融资、产业培育、资本运作等，发挥投资引导和结构调整作用，推动产业集聚、化解过剩产能和转型升级，培育核心竞争力和创新能力，引领区域经济高质量发展。国有资本运营公司以提升国有资本运营效率、提高国有资本回报率为目标，以财务管控为主，通过股权运作、基金投资、资本整合、培育孵化、价值管理、有序进退等方式，盘活国有资产存量，引导和带动社会资本共同发展，实现国有资本合理流动和保值增值。

经本级政府批准，可采取改组和新设两种方式设立"两类公司"。根据本级国有资本布局需要和"两类公司"功能定位，通过无偿划转或市场化方式重组整合相关国有资本，提升资本运作能力和市场竞争力。股权划转涉及上市公司的，应符合证券监管相关规定。"两类公司"一般为国有独资公司。划转部分国有股权充实社保基金形成的国有全资公司和根据省委、省政府决定整合相关资源重组成立的省市共同持股的国有全资公司，经批准后可改组为国有资本投资公司。

政府授权国有资产监管机构依法对"两类公司"履行出资人职责。国有资产监管机构根据"两类公司"实际，按照"一企一策"和"动态授权"原则，授权其履行出资人职责，制定监管清单和责任清单，明确对"两类公司"的监管内容和方式，依法落实"两类公司"董事会职权。国有资产监管机构可授权"两类公司"董事会行使部分股东会权力，具体授权内容和运行规则须在公司组建方案和公司章程中予以明确。国有资产监管机构定期对"两类公司"授权的执行情况和实施效果进行评估，采取扩大、收回等方式动态调整授权事项，并负责对"两类公司"进行业绩考核和评价，定期向本级政府报告。"两类公司"是试点工作的责任主体，负责按照本地区发展目标和国有资本总体规划、布局方向制定并实施企业的战略目标和具体规划，对授权范围内的国有资本履行出资人职责，并在企业内部先行探索，根据实际做好对下属子企业的分级授权工作。

国有独资的"两类公司"不设股东会，由国有资产监管机构行使股东会职权。国有全资的国有资本投资公司依法设立股东会，经过股东授权和必要程序，国有资产监管机构可以代表股东会授权国有资本投资公司董事会行使股东会部分职权。按照中国特色现代国有企业制度要求，"两类公司"设立党组织、董事会、经理层，建立健全权责对等、运转协调、制衡有效的决策执行监督机制。国有资产监管机构可按规定向企业派出监事。"两类公司"要按照市场化、规范化、专业化的管理导向，建立职责清晰、精简高效、运行专业的管控模式，分别结合职能定位具体负责战略规划、制度建设、资源配置、资本运营、财务监管、风险管控、绩效评价等事项。"两类公司"应积极推动所持股企业建立规范、完善的法人治理结构，并通过股东会表决、委派董事和监事等方式行使股东权利，形成以资本为纽带的投资与被投资关系，协调和引导所持股企业发展，在不干预所持股企业日常经营的前提下实现有关战略意图。"两类公司"要建立派出董事、监事候选人员库，董事由董事会下设的提名委员会根据拟任职公司情况提出差额适任人选，报董事会审议、任命，并加强对派出董事、监事的业务培训、管理和考核评价。"两类公司"应当严格按照国家有关规定，加强公司财务管理，防范财务风险。督促所持股企业加强财务管理，落实风险管控责任，提高运营效率。"两类公司"以出资人身份，按照有关法律法规、公司章程以及相关授权，对所持股企业的利润分配进行审议表决，及时收取分红，并依规上交国有资本收益和使用管理留存收益。国有资本投资公司建立以战略目标和财务效益为主的管控模式，对所持股企业考核侧重于执行公司战略和资本回报状况。国有资本运营公司建立财务管控模式，对所持股企业考核侧重于国有资本流动和保值增值状况。

建立监督工作全覆盖网络架构，整合出资人监管和审计、纪检监察、巡视巡察等监督力量，按照事前规范制度、事中加强监控、事后强化问责的原则，加强对"两类公司"的监督。纪检监察机构加强对"两类公司"党组织、董事会、经理层的监督，重点强化对公司领导人员廉洁从业、行使权力等的监督。"两类公司"要建立内部常态化监督审计机制和信息公开制度，加强对权力集中、资金密集、资源富集、资产聚集等重点部门和岗位的监管，在不涉及国家秘密和企业商业秘密的前提下，依法依规、及时准确地披露公司治理以及管理架构、国有资本整体运营状况、关联交易、企业负责人薪酬等信息。"两类公司"接受国有资产监管机构的考核评价。考核评价内容主要包括：贯彻本地区发展战略、落实国有资本布局和结构优化目标、执行各项法律法规制度和公司章程，重大问题决策，国有资本运营效率、保值增值、整体财务效益等方面。"两类公司"在授权范围内依法依规经营，对违反相关法律法规、未履行或未正确履行职责，在经营、投资中造成国有资产损失或其他严重不良后果的，经调查核实和责任认定，对相关责任人依法依规进行追责，并追究企业党组织的主体责任和企业纪检监察机构的监督责任。

国有资产监管机构要切实转变履职方式，强化事中、事后监管，加快优化监管流程、创新监管手段，充分运用信息技术，整合包括产权、投资和财务等在内的信息系统，搭建连通国有资产监管机构与"两类公司"的网络平台，实现监管信息系统全覆盖和实时在线监管。建立模块化、专业化的信息采集、分析和报告机制，加强信息共享，增强监管的针对性和及时性，不断提高监管效能。严格落实国家关于国有企业重组整合涉及的资产评估增值、土地变更登记和国有资产无偿划转等方面的税收优惠政策。简化市场监督管理、税务登记及变更程序。鼓励"两类公司"妥善解决历史遗留问题、处置低效无效资产。鼓励以"两类公司"为主推进国有资本优化重组，支持"两类公司"做强做优做大。

（2）浙江省国有资本运营公司。浙江省国有资本运营公司组建成立于 2017 年 2 月，作为全国首批"两类公司"试点企业，其发展之路并没有现成的经验模式可以参考。截至 2021 年，浙江省国有资本运营公司在改革发展中摸索经验，试体制、试机制、试模式，国资运营平台的"浙江模式"逐步成型，获得国务院领导、中央有关部门和省委、省政府主要领导的充分肯定。

国资运营平台"浙江模式"可概括为"3333"模式，即遵循三大理念、探索三大机制、做强三大平台、突出三大服务。三大理念指党建引领、价值创造、依法治企的运营理念；三大机制指对标一流机制、授权经营机制、市场激励机制；三大平台指资源配置平台、资本运作平台、战略投资平台；三大服务指服务全省重大战略部署、服务全省国资国企改革、服务全省产业转型升级。

5. 科技创新体系

（1）创新驱动高质量发展。浙江国资国企始终把创新驱动高质量发展作为一项事关战略全局的重大任务，相继出台浙江国有经济布局优化和结构调整实施意见、省属企业制造业高质量发展和科技创新行动计划等指导性文件，进一步推动产业形态、创新形态、企业形态全面重塑。同时，多家国企在化工、新材料、装备制造等多个重点领域实现了关键技术的新突破。2022 年 7 月，浙江省成立浙江国资国企创新联合会，是浙江首个以创新发展领军国有企业为主体的科技创新服务主平台，积极推动了国资国企产业升级和协同创新，力争打造在长三角乃至全国具有影响力的国资创新生态圈。浙江省第十五次党代会将"创新制胜"作为必须深刻把握的"五大工作导向"之一，把"着力推动全面转入创新驱动发展模式"作为今后五年"10 个着力"主要任务的第一项，充分体现了浙江省委、省政府推进创新驱动发展的战略定力和坚定决心。

浙江国资国企深刻把握创新制胜工作导向，把"创新制胜、变革重塑"作为第一要务，将科技创新这一"关键变量"有效转化为最大"发展增量"，在创新发展上定好位、定平台、定目标、定规划、定机制、定突破性举措，在创新制胜、创新驱动上形成"强大推力"，在创新机制、创新政策上增强"支撑助力"，在深化改革、体系重塑上打造"引领能力"，在研发投入、科技攻关上修炼"内生动力"，在协同创新、开放生态上凝聚"齐心合力"，全力打造国有企业创新策源地，以创新制胜为国资国企服务"两个先行"提供澎湃动力。例如，浙江省能源集团有限公司（以下简称"浙能集团"）始终把创新摆在企业发展全局的核心位置，紧盯创新目标、落实创新举措，先后引进和培养国家和省高层次人才 22 名，累计获省部级以上科技奖励 13 项，燃煤电厂超低排放技术获国家技术发明一等奖；废水零排放、光纤振动预警系统等技术研发处国内领先地位；浙能集团船舶尾气净化技术获 2021 年度浙江省科学技术进步奖一等奖；2022 年 6 月 7 日，浙能集团牵头，联合浙江大学、西湖大学组建的白马湖省实验室高能级创新平台揭牌成立等。

（2）《推进省属企业科技创新和高质量发展合作备忘录》。浙江省国资委还与浙江省科技厅签署《推进省属企业科技创新和高质量发展合作备忘录》。双方围绕落实科技创新首位战略、大力提升国企创新竞争力，共同在推进省属企业关键技术攻关、高能级创新平台建设、创新型人才培育、科技体制机制改革、科技成果转化、战略性新兴产业和未来产业布局等方面深化战略合作，推动浙江省属企业科技创新取得显著成效。

6. 财务监控体系

（1）《浙江省省属国有企业内部审计管理暂行办法》。2005 年，浙江省国资委为加强对浙江省人民政府国有资产监督管理委员会履行出资人职责企业的内部监督和风险控制，规范企业内部审计工作，保障企业财务管理、会计核算和生产经营符合国家各项法律法规要求，根据《企业国有资产监督管理暂行条例》和国家有关法律法规，并参照《中央企业内部审计管理暂行办法》，制定了《浙江省省属国有企业内部审计管理暂行办法》。该办法中明确，企业内部审计是指企业内部审计机构依据国家有关法律法规、财务会计制度和企业内部管理规定，对企业及所属单位财务收支、财务预算、财务决算、资产质量、经营绩效、建设项目或者有关经济活动的真实性、合法性、效益性进行监督和评价工作。企业审计委员会的主要职责是：审议企业年度内部审计工作计划；监督企业内部审计质量与财务信息披露；监督企业内部审计机构负责人的任免，提出有关意见；监督企业社会中介机构等的聘用、更换和报酬支付；审查企业内部控制程序的有效性，并接受有关方面的投诉；审议其他重要内部审计事项。企业内部审计机构的主要职责是：制定企业内部审计工作制度，编制企业年度内部审计工作计划；按企业内部分工参与企业年度财务决算的审计工作，并对企业年度财务决算的审计质量进行监督；对国家法律法规规定不适宜或者未规定须由社会中介机构进行年度财务决算审计的有关内容组织进行内部审计；对企业及所属单位的财务收支、财务预算、财务决算、资产质量、经营绩效以及其他有关的经济活动进行审计监督；组织对企业内设机构及所属单位的负责人进行任期经济责任审计；组织对发生重大财务异常情况的所属单位进行专项经济责任审计工作；对企业及其所属单位的基建工程和重大技术改造、大修等的立项、概（预）算、决算和竣工交付使用进行审计监督；对企业及所属单位的物资（劳务）采购、产品销售、工程招标、对外投资及风险控制等经济活动和重要的经济合同等进行审计监督；对企业及所属单位内部控制系统的健全性、合理性和有效性进行检查、评价和意见反馈，对企业有关业务的经营风险进行评估和意见反馈；对企业年度工资总额来源、使用和结算情况进行检查；法律、法规规定和企业主要负责人要求办理的其他事项。

（2）《浙江省国资委关于加强和改进省属企业财务管理工作的通知》。2007 年，浙江省国资委为进一步规范企业财务行为，完善公司法人治理结构，建立现代企业制度，促进国有企业健康发展，发布了《浙江省国资委关于加强和改进省属企业财务管理工作的通知》。该通知要求，浙江省属国有企业要加强和改进财务管理，具体有：完善公司法人治理结构，强化集团内部控制；强化财务基础工作管理，全面提高财务人员素质;严格加强资金的管理监控,提高资金使用效率;推动全面预算管理,建立健全财务管理体制;开展全面风险管理,规范对外投资和资产转让行为;建立健全省属企业内部审计机构,进一步发挥内部审计作用;积极组织做好省属企业领导人员离任经济事项交接工作。

（3）《浙江省国资委关于深化省属企业内部审计监督工作的实施意见》。2021年,为进一步推动浙江省属企业构建集中统一、全面覆盖、权威高效的审计监督体系,充分发挥审计在党和国家监督体系中的作用,根据《中华人民共和国企业国有资产法》《中华人民共和国审计法》,按照《国企改革三年行动方案（2020—2022年）》《审计署关于内部审计工作的规定》（审计署令第11号）和《浙江省人民政府关于进一步加强内部审计工作的意见》（浙政发〔2015〕17号）等有关要求,浙江省国资委就深化省属企业内部审计监督工作发布了《浙江省国资委关于深化省属企业内部审计监督工作的实施意见》。该意见旨在推动浙江省属企业建立符合中国特色现代企业制度要求的内部审计领导和管理体制机制;落实内部审计全覆盖要求,做到应审尽审、凡审必严;提升公司治理水平和风险防范能力;助力省属企业加快实现转型升级、高质量发展和做强做优做大。

浙江省属企业构建内部审计与责任追究、纪检监察、巡察、法务、风控、财务、组织（人力资源）、监事会等部门之间的工作协同联动机制,通过联席会议、联合检查等方式,加强协作配合和信息沟通共享,形成监督合力。充分利用外部审计成果,加强与浙江省国资委、省审计厅等部门沟通交流,做到审计计划互通,防止重复审计,消除监督盲区,切实提高审计监督工作实效。省属企业要全面履行审计监督职责,根据国家有关规定和企业内部管理需要,全面规范开展各类内部审计监督,坚持应审尽审、凡审必严。重点关注企业贯彻落实重大政策措施、内控制度建设和风险资产事项处理以及"三重一大"决策制度执行等情况,强化各类专项审计,实现有重点、有深度、有步骤、有成效的审计全覆盖,促进企业纠正违规行为,防范和化解经营风险,实现国有资产保值增值。对除审计机关负责审计之外的所有下属全资及控股企业,每3年至少审计1次,确保完成全覆盖审计要求。省属企业要围绕权力运行和责任落实,坚持以任中经济责任审计为主、任中与离任经济责任审计有效结合,规范开展子公司领导人员经济责任审计工作。聚焦经济责任,完善组织协调、审计程序、审计评价、审计结果运用等工作机制,突出对落实党和国家重大方针政策、国有资产监管工作要求、企业改革发展目标任务等情况,对企业法人治理结构健全完善、投资经营、风险管控、内控体系建设与运行、整改落实等情况,以及对企业领导人员廉洁从业和贯彻落实中央八项规定精神情况的监督检查,对企业领导人员应承担的直接责任、领导责任分别作出界定,促进各级企业领导人员切实履职尽责、主动作为。对企业领导人员履行经济责任情况,在其任期内至少审计1次。

围绕提质增效稳增长开展全面监督。加大对成本费用管控目标实现情况、"两金"

管控目标完成情况、资金信用管控情况、人工成本管控情况和降杠杆减负债等工作的审计力度；对国有资产监管机构政策措施和监管要求落实情况进行跟踪审计，推动各项工作要求落实到位。对混合所有制改革监管全过程进行审计监督。将混合所有制改革过程中的决策审批、审计评估、交易定价、资产处置、职工安置、实施成效等环节纳入内部审计重点工作任务；规范开展混合所有制改革中参股企业的审计，通过公司章程、参股协议等保障国有股东审计监督权限，坚决杜绝只投不管现象。强化大额资金管控监督。重点关注关键岗位授权、不相容岗位分离等内控环节的健全完善及执行情况，深入揭示资金审批、结算、对账等各日常业务环节的薄弱点。对资金中心等资金管理机构每2年至少应审计1次，对负责资金审批和具体操作的关键岗位和重要环节应进行常态化监督。加强对赌模式并购投资监督。将使用对赌模式开展的并购投资项目纳入内部审计重点工作任务，对对赌期内的被并购企业开展跟踪审计，对赌期结束后开展专项审计；重点关注对赌指标完成情况的真实性、完整性以及作为分期支付投资款或限售股份解禁、收取对赌补偿等程序重要依据的合规性，及时揭示问题，防止国有资产流失。加大高风险金融业务监督力度。重点关注脱离主业盲目发展金融业务、风险隐患较大业务清理整顿，以及投机开展金融衍生业务、"一把手"越权操作、超授权交易等内容；对重点金融子企业和信托、债券、金融衍生品等高风险金融业务每2年至少开展1次专项审计，切实防止风险交叉传导。

将企业内控体系审计纳入内部审计重点工作任务，围绕企业内部权力运行和责任落实、制度制定和执行、授权审批控制和不相容职务分离控制等开展监督，倒查企业内控体系设计和运行缺陷。突出重大风险防控审计，重点检查企业重大风险评估、监测、预警和重大风险事件及时报告及应急处置等工作开展情况，以及企业合规建设、合规审查、合规事件应对等情况。规范开展对投资决策、资金管理、招投标、物资采购、担保、委托贷款、高风险贸易业务、金融衍生业务、PPP业务等重点环节、重要事项，以及行业监管机构发现风险和问题的专项内控审计，不断提升内控体系有效性。结合境外企业所在国家或地区的法律法规及政治、经济、文化特点，研究制定境外企业内部审计制度规定，完善审计方式方法。聚焦境外经营投资立项、决策、签约、风险管理等关键环节，围绕境外经营投资重点领域以及境外大额资金使用、大额采购等重要事项，对重大决策机制、重要管控制度和内控体系有效性进行监督。切实推进境外审计全覆盖、常态化，对重点境外经营投资项目或重要境外企业（机构），每2年至少应审计1次。

省属企业要将审计结果和整改情况作为考核、任免、奖惩领导干部的重要依据，其中企业领导人员经济责任审计结果和审计发现问题的整改情况，要纳入所在单位领导班子民主生活会及党风廉政建设责任制检查考核内容，作为领导班子成员述职述廉、年度考核、任职考核的重要依据。建立内部审计公开机制，采取内部通报、公告等形式，对审计结果和整改情况在一定范围内予以公开，切实发挥内部审计的警示教育作用。省属企业要把审计监督与党管干部、纪律检查、追责问责结合起来，建立健全审计问责机制，实现审计监督闭环。落实审计工作结果签字背书责任制度，明确审计人员对审计结论和审计程序应承担的审计责任，对于未按规定履行工作职责，以及重大问题应当发现而未发现、查办不力或审计程序不到位等，要追究审计人员责任；对于审计制度不健全，未按要求开展审计业务，或发现重大问题后拖延不查、敷衍不追、隐匿不报等失职渎职行为，要追究企业负责人和直接责任人员责任；对于整改不力、屡审屡犯的，采取约谈、通报批评等措施，严肃追究有关人员责任。审计发现的违规违纪违法问题线索，按程序及时移送相关部门处理。省属企业要加强对内部审计工作的统筹谋划和资源整合，使内部审计工作服从和服务于企业发展总体规划，找准审计监督服务和企业经营发展的最佳切入点和结合点，充分发挥内部审计力量在国有资产监管工作中的专业优势。对内部审计中发现的典型性、普遍性、倾向性问题，要从体制机制、制度等层面深入分析原因、研究对策，为企业加强管理、防范风险提供有针对性的决策参考，促进企业高质量发展。

省属企业要加强出资人对内部审计工作的监管。省属企业原则上要在每年 2 月底前，向浙江省国资委报送上年度内部审计工作报告和本年度内部审计工作计划，及时报送审计发现的重大资产损失、重要事件和重大风险等情况，内部审计机构负责人变更要及时向浙江省国资委报备。加强内部审计理论研究，将内部审计转型发展中摸索出来的先进理念、实务经验和优秀案例进行总结提炼，充分利用企业内部刊物、浙江国资信息、内部审计杂志等，加大对内部审计工作的宣传报道和分享交流。浙江省国资委将加强对企业内部审计工作情况的分析和评价，并对内部审计体系建设、审计监督、整改落实等工作开展抽查；根据风险管控和资产损失实际情况，探索提级审计、交叉审计工作试点；对内部审计工作开展不力或存在重大问题的企业进行约谈或通报，压紧压实内部审计监督责任。

（4）《浙江国有企业大额资金监控预警系统建设完成》。2021 年，浙江国有企业大额资金监控预警系统建设完成，并在浙江省属企业全面铺开应用。这是浙江国资国企在线监管系统的重要组成部分，也是浙江省属企业日常经营管理中"牵一发动全身"的重要小切口，对加强国资国企数字化监管、提升公司治理和管控能力、防范经营风险具有重要意义。

大额资金监控预警以国有企业"银行账户"为监控对象，采用"政企两端、各司其职"方式进行设计实现。"企业端"即各浙江省属企业原有的资金管理系统，负责将本企业 100 万元以上大额资金交易数据收集上报；"政府端"即浙江省国资委建设的大额资金监控预警系统，负责对浙江各省属企业上报的大额资金交易数据进行研判预警。"政企两端"通过网络专线实现互联，确保数据快速安全传输。截至 2021 年 9 月底，大额资金监控预警系统共计纳管浙江省属企业本级 16 家，下属企业 2298 户，覆盖银行账户 9477 个，每日上报各类大额资金交易信息 1 万余条，累计上报信息总数超 20万条。

浙江省国资委在落实国务院国资委大额资金监控预警要求的过程中，加强创新实践，重点在省属企业中普及推广"银企直联"，即要求各省属企业自身资金管理系统与各银行综合业务系统实现对接打通，保障在各银行间的交易信息第一时间传回企业。借助"银企直联"普及推广，最大限度减少数据受人为干预的风险，从根本上改善了大额资金监控预警系统数据质量，有效提升了数据及时性、准确性和完整性。截至2021年9月底，浙江省属企业平均银企直联率已达50%，预计2021年底将达70%，并已实现大额资金交易数据小时级更新、账户余额数据每日更新。

为最大限度发挥大额资金监控预警系统效能，浙江省国资委以预警效果为导向，加强跨层级、跨系统数据收集，特别是将省属企业各类业务系统数据与大额资金交易数据进行比对排查，进而发现企业应收账款、现金流、存货、虚假交易等领域的潜在风险，及时反馈企业进行风险追踪和处置。以应收账款风险预警为例，大额资金监控预警系统通过与来自企业合同管理系统的数据比对，对企业销售回款情况进行监控，若发现在合同约定期限内无相关大额资金收入流水信息，即触发应收账款逾期风险预警，提醒企业对该合同履约情况进行追踪。截至2021年9月底，大额资金监控预警系统依托已建立的20余个交易预警模型，共捕捉发现省属企业异常交易、多频交易、敏感交易等预警信息140余条。

为充分发挥大额资金交易数据"颗粒度细、质量好、更新快"的优势，浙江省国资委按照"知家底、明流向、晓分布"的监管要求，借助最新大数据分析工具和大屏展示技术，将省属企业资金存量、地域分布、纳税、参与全省重点项目等重大关键性指标信息以可视化图表方式直观呈现，并从国资监管、企业经营两个不同管理视角进行深度剖析。截至2021年9月底，浙江已建设完成大额资金监控预警六大领域33个展示主题、相关财务月报四大领域17个展示主题。

7. 考核分配体系

（1）《浙江省省属企业负责人经营业绩考核与薪酬核定办法》。2019年，为深入贯彻习近平新时代中国特色社会主义思想，全面贯彻党的十九大精神和党中央、国务院以及省委、省政府关于深化国有企业改革、完善国有资产管理体制的重大决策部署，切实履行企业国有资产出资人职责，维护所有者权益，落实国有资产保值增值责任，建立健全有效的激励约束机制，引导省属企业实现高质量发展，根据《企业国有资产法》《企业国有资产监督管理暂行条例》等有关法律法规，按照党中央、国务院《关于深化国有企业改革的指导意见》和省委、省政府《关于进一步深化国有企业改革的意见》《关于深化省管企业负责人薪酬制度改革的实施意见》等规定，浙江省国资委制定了《浙江省省属企业负责人经营业绩考核与薪酬核定办法》。该办法适用于浙江省人民政府国有资产监督管理委员会履行出资人职责的国有独资公司及国有资本控股公司。

该办法中明确，经营业绩考核实行分类考核，根据企业的功能定位、经营性质和业务特点，对企业采取不同的考核导向，实行差异化的分类考核，不断提高经营业绩考核的科学性、针对性。遵循的原则是：促进发展原则。以提高发展质量和效益为重心，引导企业树立新发展理念，深入实施创新驱动发展战略，聚焦主业、做强实业，强化风险防控，不断提升核心竞争力，实现高质量、可持续发展。坚持权责利相统一，强化正向激励、健全问责机制，建立与企业负责人选任方式相匹配、与企业功能性质相适应、与经营业绩相挂钩的差异化激励约束机制。企业负责人经营业绩考核，实行年度考核与任期考核相结合的考核制度。企业负责人经营业绩考核实施目标管理，通过差异化的目标分档管理，充分发挥考核目标的引领功能。企业负责人经营业绩考核按照契约化管理模式，采取由省国资委主任或者其授权代表与企业主要负责人签订经营业绩考核责任书的方式进行。根据国有资本的战略定位和发展目标，结合企业实际，对不同功能和类别的企业，突出不同考核重点，合理设置经营业绩考核指标及权重，确定差异化考核标准，实施分类考核。竞争类企业以增强国有经济活力、实现国有资本保值增值为导向，重点考核企业经济效益、资本回报水平和市场竞争能力，引导企业提高资本运营效率，提升价值创造力，鼓励企业积极参与全省重大战略项目和承担社会责任。功能类企业以支持企业可持续发展、服务全省重大战略为导向，在合理保证国有资本保值增值的基础上，加强对企业履行功能职责、推进重大战略任务和专项任务完成情况的考核，引导企业切实履行功能职责，提高营运效率和质量，实现社会效益和经济效益有效提升。根据企业行业特点、发展阶段、管理短板等，设置有针对性的差异化考核指标。

（2）《关于深化省管企业负责人薪酬制度改革的实施意见》。2020年，浙江省委、省政府印发的《关于深化省管企业负责人薪酬制度改革的实施意见》强调以组织任命的省管企业负责人为改革重点，同时对省管企业市场化选聘的职业经理人实行市场化薪酬分配机制。该意见规定，省管企业负责人薪酬由基本年薪、绩效年薪、任期激励收入构成。同时，还将对企业负责人的履职情况进行全面综合考核评价，并将结果与薪酬挂钩。建立健全薪酬备案制度、薪酬信息公开制度，接受企业职工和社会公众的监督。此外，国企负责人享受的待遇将一并纳入薪酬体系统筹管理，不再享受企业发放的福利性货币收入。

（3）《浙江省省属国有独资公司董事会及董事评价办法（试行）》。2019年，为适应以管资本为主加强国有资产监管和省属国有独资公司改革发展的要求，推动规范董事会建设，推进浙江省属国有独资公司董事会和董事评价工作的科学化、制度化、规范化，根据《浙江省人民政府关于加强省属国有独资公司董事会建设的指导意见》（浙政办发〔2018〕48号）、《浙江省省属国有独资公司董事会工作指引》（浙国资发〔2018〕5号）等规定，浙江省国资委制定了《浙江省省属国有独资公司董事会及董事评价办法（试行）》。该办法适用于评价浙江省人民政府国有资产监督管理委员会履行出资人职责的省属国有独资公司董事会和董事（不含职工董事）。

评价内容包括：一是对董事会重点评价其运行的规范性和有效性。规范性主要评价董事会及其相关制度政策建设的完整性，执行的严肃性、规范性，公司治理权责运行、相关治理主体建设等情况;有效性主要评价董事会在战略引领、重大决策、风险防控、董事会决议执行情况监督管理,以及推动企业改革发展稳定的成效及负面影响等。二是对董事重点评价其行为操守和履职表现。行为操守主要评价忠实履职、勤勉工作、廉洁从业等情况;履职表现主要评价决策效果和对董事会建设的价值贡献,包括敢于坚持原则、敢于建言,在决策把关、风险防控等方面发挥作用,以及引领支持经理层开展工作等情况。

评价方式包括综合采取日常评价、年度述职、征求意见、实地调研、查阅资料等多种途径和方式,全面深入掌握董事会运行和董事履职情况。一是实行日常工作评价机制。浙江省国资委评估企业董事会建设情况,登记和分析企业董事会会议召开情况备案制度履行情况,视情况列席集团及下属企业董事会会议,也可列席企业董事会专门委员会等相关会议,收集信息、跟踪记录、作出评价。二是实行年度情况述职制度。企业应当在规定时间内将董事会年度工作报告、董事年度履职情况统一送浙江省国资委。开展企业董事会年度情况述职和评议工作,对企业董事会及董事履职情况进行评议。三是开展征求意见工作。浙江省国资委征求企业党委、监事会、经理层、下属单位负责人、职工群众及相关人员的意见,在企业党委班子成员、监事会成员、经理层人员及其他了解企业董事会运行情况的人员等范围中,进行测评并谈话了解情况。根据工作需要,查阅董事会及专门委员会会议记录、会议录音等有关资料。企业应当建立董事履职档案,由董事会办公室记录董事在任期内的履职尽责情况,履职档案应包含董事出席会议、发表意见、表决结果、开展调研、参加座谈、提出指导和咨询意见等方面情况。四是形成评价意见。综合分析各方面数据、资料、意见等,经浙江省国资委党委研究,并征求省委组织部意见,形成董事会和董事评价意见。董事会和董事评价意见应与省属企业领导班子和领导人员年度考核情况相互印证。其中,对于进入公司领导班子的委派董事,将其董事职务履职表现初步评价意见纳入领导人员年度考核评价,不再单独形成评价意见。对董事会的评价中,日常评价占30%,述职评议占50%,征求意见占20%。对董事的评价中,日常评价占30%,述职评议占40%,征求意见占30%。五是反馈评价意见。评价意见由浙江省国资委采取个别谈话等适当方式,分别向董事会、外部董事本人反馈。董事会应根据评价意见所指出的问题及建议,研究制定整改措施并认真落实。

8. 资本收益体系

(1)《浙江省人民政府关于试行国有资本经营预算的意见》。2008年,浙江省人民政府根据《国务院关于试行国有资本经营预算的意见》(国发〔2007〕26号)精神,结合浙江省实际,制定了《浙江省人民政府关于试行国有资本经营预算的意见》,该意见有利于建立国有资本经营预算制度,增强政府宏观调控能力,完善国有企业收入分配制度,推进国有经济布局结构调整。

试行国有资本经营预算的指导思想和原则是以邓小平理论和"三个代表"重要思

想为指导，认真贯彻落实科学发展观，通过对国有资本收益的合理分配及使用，完善国有企业收入分配制度，推进国有资本的合理配置，推动国有企业的改革和发展，不断增强国有经济综合实力，促进浙江省经济又好又快发展。试行国有资本经营预算坚持的原则是：统筹兼顾、适度集中；保证重点、兼顾一般；相对独立、相互衔接；分级编制、分步实施；统一上交、量入为出。

国有资本经营预算收入是指各级政府及其部门、机构履行出资人职责的企业上交的国有资本收益，主要包括：利润收入；国有股股利、股息收入；国有产权转让收入；清算收入和其他国有资本收益收入。国有资本经营预算支出主要包括：资本性支出、费用性支出、研发性支出和其他支出。

各级财政部门为国有资本经营预算的主管部门。各级国有资产监管机构以及其他有国有企业监管职能的部门和单位，为国有资本经营预算单位（以下简称"预算单位"）。试行期间，各级财政部门负责布置国有资本经营预算编制工作，商国有资产监管机构、发展改革等部门后编制国有资本经营预算草案，报经本级政府批准后下达各预算单位；各预算单位在规定时间内下达所监管（或所属）企业，并抄送同级财政部门备案。各级财政部门应按规定向上级财政部门报送本地区国有资本经营预算报表。

国有资本经营预算的职责分工。财政部门的主要职责是：负责制（修）订本地区国有资本经营预算的各项管理制度、预算编制办法；负责本级国有资本经营预算收支核算；编制本地区及本级国有资本经营预算草案、国有资本经营预算收支月报，报告国有资本经营预算执行情况；汇总编报本地区国有资本经营决算；会同有关部门制定本级企业国有资本收益收取办法；收取本级企业国有资本收益。省财政厅负责审核和汇总编制全省国有资本经营预、决算草案。各预算单位的主要职责是：负责研究制定本单位国有经济布局和结构调整的政策措施，参与制定国有资本经营预算有关管理制度；根据预算编制要求，提出本单位国有资本经营预算建议草案；组织和监督本单位国有资本经营预算的执行；根据决算编制要求，提出本单位国有资本经营决算草案；负责所监管（或所属）企业上交国有资本收益的监交工作；按规定接受有关部门的监督检查。各预算单位所监管（或所属）企业的主要职责是：根据预算编制要求，提出本企业年度国有资本经营预算建议书；根据批准的预算按规定使用预算资金，并定期向预算单位报送预算执行情况；编报本企业国有资本经营预算收支月报和年度决算草案；及时上交国有资本收益；按规定接受有关部门的监督检查。

（2）《浙江省省本级企业国有资本收益收取管理试行办法》。2009年，为建立国有资本经营预算制度，规范国家与企业的分配关系，加强浙江省省本级企业国有资本收益管理，依据《中华人民共和国公司法》《中华人民共和国预算法》《浙江省人民政府关于试行国有资本经营预算的意见》（浙政发〔2008〕25号），结合浙江省省本级企业实际情况，印发了《浙江省省本级企业国有资本收益收取管理试行办法》。该办法中的国有资本收益是指国家以所有者身份依法取得的国有资本投资收益，具体包括：应交利润，即国有独资企业按规定应当上交国家的利润；国有股股利、股息，即国有控股、参股企业国有股权（股份）获得的股利、股息收入；国有产权转让收入，即转让国有产权、股权（股份）获得的收入（扣除转让费用）；企业清算收入，即国有独资企业清算收入（扣除清算费用），国有控股、参股企业国有股权（股份）分享的公司清算收入（扣除清算费用）；其他国有资本收益。该办法中规定省本级企业应及时上交国有资本收益，省财政厅和各预算单位应加强对省本级企业国有资本收益收缴的监管工作。省本级企业按规定上交国有资本收益的总体情况，应列入预算单位对企业的经营业绩考核内容；企业年度经营业绩考核专项审计报告应对各项国有资本收益及上交情况进行披露。省财政厅会同预算单位或委托中介机构对省本级企业应交国有资本收益进行检查，各企业、预算单位授权的机构、清算组（管理人）和负责企业年报审计的中介机构应当予以配合，如实反映情况，不得拒绝、阻挠和拖延。省本级企业、社会中介机构，以及国家机关工作人员、企业工作人员和注册会计师等有违法违规行为的，将依照《中华人民共和国会计法》《中华人民共和国注册会计师法》《财政违法行为处罚处分条例》《行政机关公务员处分条例》等有关法律法规进行查处。

9. 监督追责体系

（1）《浙江省省属企业经营投资资产损失责任追究暂行办法》。2015年，为维护企业国有资产权益，控制经营投资风险，建立健全国有企业经营投资责任追究制度，根据《中华人民共和国企业国有资产法》《企业国有资产监督管理暂行条例》《国有企业领导人员廉洁从业若干规定》《浙江省企业国有资产监督管理办法》等有关规定，制定了《浙江省省属企业经营投资资产损失责任追究暂行办法》。该办法作为规范企业经营投资行为、控制经营投资风险的一项重要制度，遵循以管资本为主加强国有资产监管的改革导向，按照事前规范制度、事中加强监控、事后强化问责的监管思路，明确了经营投资资产损失责任追究所涉及各方的权利、义务和责任，是对浙江省省属企业经营投资资产损失实施有效问责的重要依据。该办法明确了企业违反国家和浙江省有关规定及企业规章制度，在经营投资中未履行或者未正确履行职责，或者企业内部控制存在重大缺陷，致使企业国有资产权益减少、灭失的，对负有责任的企业负责人及其他人员予以责任追究。办法明确了资产损失责任追究范围、资产损失认定、资产损失责任划分、资产损失责任人处理、责任追究工作职责、责任追究程序和时限等内容。

浙江省国资委主要负责省属企业经营投资资产损失责任追究工作，具体职责是：制订实施省属企业资产损失责任追究工作制度；建立健全省属企业资产损失责任认定专家库；指导监督省属企业资产损失责任追究工作；组织开展资产损失认定依据确认工作，负责省属企业本级资产损失、企业单笔资产损失价值2000万元以上、3年内发生2次以上企业单笔资产损失价值1000万元以上等情形的责任追究，负责其他应当由省国资委查处的资产损失责任追究工作；负责管理权限范围内相关责任人的处理，提出对其他相关责任人的处理建议；受理省属企业本级直接处理的相关责任人的申诉或者复查申请；负责将责任追究有关案宗整理建档，档案副本送有权部门查阅。浙江省属企业本级主要负责本企业下属全资、控股各级企业经营投资资产损失责任追究工作，具体职责是：制订实施本企业资产损失责任追究工作制度；配合开展由省国资委负责的本企业资产损失责任追究工作；组织开展资产损失认定依据确认工作，负责本企业下属全资、控股各级企业除省国资委查处范围以外的资产损失责任追究工作；负责管理权限范围内相关责任人的处理，提出对其他相关责任人的处理建议；负责将责任追究有关案宗整理建档，档案副本报省国资委备案并送有权部门查阅；加强本企业及下属全资、控股各级企业资产损失风险防范和财产保全工作。浙江省监察厅、省财政厅、省审计厅及省各级公安等执法机关协同做好企业经营投资资产损失责任追究工作。经办企业经营投资资产损失责任追究的相关工作人员，与有关事项或者相关责任人有利害关系的，应当实行回避或者自行回避。对违反工作程序、泄露工作秘密、徇私舞弊，以及协助相关责任人逃避责任，或者收受相关责任人财物的，依纪依法给予纪律处分；涉嫌犯罪的，依法移送司法机关处理。受委托对企业经营投资资产损失事项进行专项审计的中介机构，应当如实反映客观事实，并对审计结果的真实性负责。

（2）《浙江省国资委关于加强省属企业违规经营投资责任追究工作体系建设的意见》。2020年，浙江省国资委根据《国务院办公厅关于建立国有企业违规经营投资责任追究制度的意见》（国办发〔2016〕63号）和《浙江省人民政府关于印发浙江省省属企业经营投资资产损失责任追究暂行办法的通知》（浙政发〔2015〕20号）精神，为切实加强浙江省属企业违规经营投资责任追究体系建设工作，提出了《浙江省国资委关于加强省属企业违规经营投资责任追究工作体系建设的意见》。该意见的总体要求是坚持以习近平新时代中国特色社会主义思想为指导，聚焦企业关键业务、改革重点领域、运营重要环节，以权力集中、资金密集、资产集聚部门（岗位）为监督重点，构建体系、完善机制，严格问责，全面推进省属企业治理体系和治理能力现代化。坚持"依法合规、违规必究"，以法律法规为准绳，严格执行国有资产监管制度和企业内部管理规定；坚持"客观公正、责罚适当"，充分调查核实，认定责任，实事求是确定资产损失程度和责任追究范围；坚持"惩教结合、纠建并举"，做好责任追究"后半篇文章"，完善制度，堵塞漏洞，补齐短板。到2020年底，实现省属企业违规经营投资责任追究工作体系全覆盖，构建依法合规、权责清晰、约束有效的责任体系和职责明确、流程清晰、规范有序的工作机制，不断增强国有经济抗风险能力，促进省属企业持续稳健经营和高质量发展。

该意见中提到要深入推进责任追究组织体系建设。一是强化工作统筹。浙江省国资委设立综合监督处，专司监督追责问责职能。成立省属企业违规经营投资责任追究工作领导小组，领导小组办公室设在综合监督处，统筹承担省属企业违规经营投资责任追究工作。二是加强组织领导。省属企业本级要建立责任追究工作领导机构，加强对责任追究工作的领导。企业主要负责人要主持研究审议责任追究工作重要事项，统筹谋划，部署推动。分管负责人要靠前指挥，指导把关，督促工作深入开展。职能部门要切实担负起直接责任，抓好具体组织实施。三是组建职能部门。省属企业本级原则上要设立综合监督部门；资产总额和经营规模较大或风险管控责任较重的二级公司，也要科学设立综合监督部门，或在履行监督追责问责职能的部门加挂综合监督部门牌子，承担责任追究日常工作，落实部门编制、人员、资金等工作保障，配齐配强配优责任追究工作队伍。四是在实现责任追究对象全覆盖。追责问责对象要覆盖全级次企业，并进一步延伸至参股企业，真正做到事有人管、责有人担，形成全面覆盖、上下贯通的责任追究组织体系。

该意见明确要持续完善责任追究制度体系建设。一是建立健全制度体系。浙江省国资委根据国办发〔2016〕63号、浙政发〔2015〕20号和国务院国资委第37号令精神，研究制定《省国资委约谈工作规定》《省属企业违规经营投资问题和线索移送办理工作规则》《关于加强省属企业内部审计工作的指导意见》等文件，构建内容清晰、流程规范、配套完备、有效管用的责任追究制度体系，形成业务监督、综合监督和责任追究三位一体工作闭环，不断提高工作规范化、制度化、科学化水平。二是坚持制度刚性约束和有效执行。省属企业要制定完善违规经营投资责任追究制度，规范追责标准和工作流程，确保责任追究工作标准一致、有章可循、规范有序，防止尺度范围宽松、责任约束不足。根据规模体量差异和业务模式实际，出台责任追究专项制度或补充规定，细化各类违规经营投资责任条款和清单，明确岗位职责和履职程序；在有关外聘董事、职业经理人聘任合同中，明确违规经营投资责任追究的原则要求。

该意见要求强化各方协同工作机制建设。一是发挥协同监管合力。浙江省国资委综合监督处与驻委纪检监察组、各职能处室、省属企业专职监事加强监管职责协同，强化事前制度规范、事中跟踪检查、事后监督追责的国有资产监管体系。省属企业综合监督部门要主动加强与审计、风控、财务、法务、纪检监察、巡察等部门联系与沟通，形成全面覆盖、分工明确、配合联动、齐抓共管的部门协同联动工作机制。二是规范问题和线索移送办理工作。浙江省国资委根据《省属企业违规经营投资问题和线索移送办理工作规则》，推动移送办理工作规范化，提高责任追究工作的及时性和有效性。省属企业业务监督管理部门工作中发现的违规经营投资问题和线索，要及时移送综合监督部门，做到应移交尽移交，综合监督部门要及时核查并反馈办理情况。该意见要求扎实做好问题线索查处工作，实行台账管理、全面合规处置、加强信息化支撑、严肃追究问责。要提升以追责促发展的监管效能，防范化解重大风险，提升综合监管效能，促进建立长效机制，切实加大督导力度。

10. 党建引领体系

（1）《浙江省深化国有资本投资、运营公司改革试点实施方案》。根据浙江省人民政府2020年发布的《浙江省深化国有资本投资、运营公司改革试点实施方案》，浙江省把加强党的领导和完善公司治理统一起来，坚持和落实党的建设与国有企业改革同步谋划、党的组织及工作机构同步设置、党组织负责人及党务工作人员同步配备、党建工作同步开展。坚持党管干部原则与董事会依法选择经营管理者、经营管理者依法行使用人权相结合,发挥党组织的领导把关作用。完善"双向进入、交叉任职"领导体制,符合条件的党组织领导班子成员可以通过法定程序进入董事会、经理层,董事会、经理层成员中符合条件的党员可以依照有关规定和程序进入党组织领导班子。党组织书记、董事长一般由同一人担任,党员总经理兼任党组织副书记。对于重大经营管理事项,党组织研究讨论是董事会、经理层决策的前置程序。纪检监察机关依照相关规定,在"两类公司"设置纪检监察机构,履行相应职责。国有资本投资、运营公司党组织隶属国有资产监管机构党组织管理。

(2)《浙江省国资委关于印发省属企业公司章程制定修改办事指南(试行)和公司章程模板(试行)的通知》。根据浙江省国资委2021年印发的《浙江省国资委关于印发省属企业公司章程制定修改办事指南(试行)和公司章程模板(试行)的通知》和《中国共产党章程》,浙江省国有企业设立党委,党委书记、副书记、委员的职数按上级党组织批复设置,并按照《中国共产党章程》等有关规定选举或任命产生。公司党委书记和董事长原则上由一人担任,设立主抓企业党建工作的专职副书记。坚持和完善"双向进入、交叉任职"领导体制,符合条件的公司党委领导班子成员通过法定程序进入董事会、监事会、经理层,董事会、监事会、经理层成员中符合条件的党员可依照有关规定和程序进入党委领导班子。公司设立专门的党务工作机构,按照不少于内设机构员工平均数配备党务工作人员,党务工作人员与经营管理人员同职级同待遇;公司按照有关要求配备专兼职工作人员从事纪检工作;同时依法建立工会、共青团等群众组织,维护职工合法权益。党组织机构设置及其人员编制纳入公司管理机构和编制,党建工作经费纳入公司管理费用列支。

公司党委根据《中国共产党章程》及有关规定,履行以下职责:保证监督党和国家的方针政策在公司的贯彻执行,落实党中央、国务院、省委和省政府重大战略决策,执行浙江省国资委党委以及上级党组织有关重要工作部署;参与企业重大决策,研究讨论公司改革发展稳定、重大经营管理事项和涉及职工切身利益的重大问题并提出意见建议,支持董事会、监事会、经理层依法行使职权;坚持党管干部原则与董事会依法选择经营管理者以及经营管理者依法行使用人权相结合,公司党委要在确定标准、规范程序、参与考察、推荐人选方面把好关,切实加强本单位干部队伍建设。坚持党管人才原则,全面深入实施人才强企战略;加强对企业领导人员的监督,完善内部监督体系,统筹内部监督资源,建立健全权力运行监督机制;加强基层党组织建设、党员发展和教育管理工作,充分发挥基层党组织战斗堡垒和党员先锋模范作用;履行党风廉政建设主体责任,抓好党风廉政建设和反腐败工作,支持纪律检查组织开展工作;领导公司思想政治工作、统战工作、精神文明建设、企业文化建设和工会、共青团等群团工作;研究其他应由公司党组织参与或决定的事项。

公司党委参与决策的主要程序：党委会先议。党委召开会议，对董事会、经理层拟决策的重大问题进行讨论研究，提出意见和建议。党委认为另有需要董事会、经理层决定的重大问题，可向董事会、经理层提出。会前沟通。进入董事会、经理层尤其是任董事长或总经理的党委成员，要在议案正式提交董事会或总经理办公会前就党委研究讨论的有关意见和建议与董事会、经理层其他成员进行沟通。会上表达。进入董事会、经理层的党委成员在董事会、经理层决定时，要充分表达党委研究的意见和建议，并将决定情况及时向党委报告。及时纠偏。党委发现董事会、经理层拟决问题或事项不符合党的路线方针政策和国家法律法规，或可能损害国家、社会公众利益和企业、职工的合法权益时，要提出撤销或缓议该决策事项的意见。如得不到纠正，要及时向上级党组织报告。公司党委议事决策应当坚持集体领导、民主集中、个别酝酿、会议决定，重大事项应当充分协商，实行科学决策、民主决策、依法决策。

（三）国有资产监管法治化

浙江省国资委出台了一系列的法律规章制度，规范和完善浙江省国有企业监督管理。

2013 年，浙江省人民政府审议通过《浙江省企业国有资产监督管理办法》，有效规范了浙江省企业国有资产的监督管理工作。

2014 年 9 月，浙江省委、省政府印发《关于进一步深化国有企业改革的意见》，明确提出"以国有资产证券化为抓手积极发展混合所有制经济"。

2015 年 6 月，浙江省人民政府出台《浙江省省属企业经营投资资产损失责任追究暂行办法》，进一步明确企业风险管控主体责任，省属企业本级对集团范围内国有资产保值增值、安全运营、风险防范负总责，推动企业设立专门机构，做好追责工作。

2015 年 5 月，浙江省国资委出台《加快推进省属国有资产证券化工作的实施意见》，鼓励更多的国有企业改制上市，利用资本市场发展壮大混合所有制经济。

2016 年，浙江省国资委出台《关于明确省属企业功能定位实施分类监管的意见》，浙江省属企业按照突出主业、分层确定、鼓励竞争等原则，将 19 家省属企业本级划分为功能类和竞争类两种，为后续推进国有企业分类改革、分类监管、分类发展提供了前提依据。

2016 年，浙江省根据《浙江省国资委监管企业负责人经营业绩考核暂行办法》和 4 个配套实施方案，建立了新的经营业绩考核"1+4"制度框架体系。"一企一策"推进分类考核，发挥好经营业绩考核的激励约束导向作用。

2016 年 8 月，浙江省国资委出台了《关于推进省属企业职业经理人制度建设的试行意见》，对省属企业下属企业和市县国有企业引进使用职业经理人情况进行调研，已在物产中大、国贸、杭钢等集团二三级企业开展职业经理人制度试点。

2016 年 12 月，浙江省深化国企改革工作领导小组第二次会议审议通过《省国有资本运营公司运营管理方案》，正式成立了浙江省国有资本运营有限公司，作为浙江首家省级国有资本市场化运营专业平台。

2018年2月，浙江省国资委、浙江省财政厅和浙江证监局三部门联合下发《关于公布第二批国有控股混合所有制企业员工持股试点企业名单的通知》，试点企业包括4家企业，即物产中大公用环境投资有限公司、物产中大国际云商有限公司、浙江诺和机电股份有限公司、浙江中国科技五金城集团有限公司。

2018年9月，浙江省国资委制定了《浙江省省属国有独资公司董事会工作指引》，明确了浙江省省属国有独资公司董事会的有关工作内容。

2020年6月，浙江省国资委印发了《浙江省国资委关于印发浙江省省属企业资金信用监督管理暂行办法的通知》，规范了省属企业资金存放等有关工作，明确了集团资金存放管理制度制定后应及时报浙江省国资委备案。

2021年1月，浙江省国资委发布了《浙江省国资委关于推动构建全省国资监管大格局的指导意见》，对浙江省构建全身国有资产监管大格局提出了总体要求，明确了构建全省国有资产监管大格局的重点任务和"四大体系"，提到了打造全省国有资产监管发格局的"四大平台"，以及加强构建全省国有资产监管大格局的相关工作保障。

2021年1月，浙江省国资委还发布了《浙江省国资委关于深化省属企业内部审计监督工作的实施意见》，要求推动浙江省属企业建立符合中国特色现代企业制度要求的内部审计领导和管理体制机制。省属企业要按照国家和我省有关规定，建立健全内部审计工作制度，研究出台相关配套办法，明确内部审计机构工作职责、审计内容、审计权限、审计程序等，确保内部审计工作有法可依、有规可循，持续构建符合国有资产监管要求和公司治理需要的企业内部审计制度体系。

2021年5月，浙江省国资委发布的《浙江省国资委关于进一步加强省属企业监事会监督工作的意见》明确了监事会对企业的监督检查工作的有关内容，是浙江省省属企业监事会开展监督工作的文件依据。监事会应根据法律法规和省国资委赋予的职权，全面了解掌握企业情况，加强对企业决策过程、决策执行和重要经营管理活动的监督；围绕企业改革发展新动向新态势，及时调整监督重点；不断提高站位，与出资人年度重点工作同向发力、做好协同。

2022年，浙江省国资委发布了《浙江省省属企业混合所有制改革操作指引》，进一步推动了省属企业积极稳妥深化混合所有制改革，规范有序实施操作，促进改革取得实效。

三、"三化"监管的成就

一是在授权与监管相结合、放活与管好相统一方面，建立监管权力清单和责任清单。明确了经营性国有资产监管等八类工作职责、116项具体工作事项，以及浙江省国有产权转让、企业财务决算监管等各类事中事后监管制度，厘清了国资委监管职责边界。各地市进一步厘清了政企权责边界，推动实现授权与监管相结合、放活与管好相统一的监管模式。杭州市制定了《杭州市国资委权力和责任清单（2021年版）》，梳理涉及审批、备案、审核后上报等事项46项；绍兴市制定了《绍兴市国资委以管资本为主推进职能转变实施方案》，取消监管事项4项，下放监管事项8项，授权监管事项10项。

二是出台了《浙江省省属企业经营投资资产损失责任追究暂行办法》，健全了违规经营投资责任追究工作体系和机制。健全完善了相关制度，持续优化工作机制，组织开展资产损失责任追究线索排查，建立企业责任追究工作报告机制，推动责任追究工作全面覆盖、上下贯通、落地落细，以追责强警示、促尽责、助发展，切实维护国有资产安全。

三是在国企资金和公权力方面，建成全省国资国企在线监管系统，构建国企大额资金监控预警等十大应用场景，建设并提升"国资云"平台等13个项目，将国资国企公权力智慧监督系统纳入浙江省数字化改革重大应用"一本账"。

四是在综合监督工作体系方面，建立出资人业务监督、审计监督、监事会监督、责任追究"四位一体"监督工作协同机制，做实监事会全过程、清单化监督功能。

五是在省属企业内控体系建设和内部审计工作方面，出台省属企业采购管理指导意见，规范企业采购行为，建立健全各级企业信息公开制度，实现信息公开全覆盖，增强监督穿透性。组织开展省属企业债务、金融业务、PPP业务等风险排查和境外、省外企业资产管控专项检查，建立企业重大财务和金融风险季度报告制度，开展国有资产重大损失存量问题专项清理。

四、"三化"监管存在的问题与对策建议

（一）"三化"监管存在的问题

一是在国务院国资委对经营性国有资产、行政性国有资产、资源型国有资产的监管方面，国有资产使用管理混乱，行政事业性设备的增添积极性大大降低。国有资本投资运营功能尚不完善、承担政府投资项目建设任务的能力不足、资产投资营利性和流动性较弱；国有资产证券化水平不高、推进混改力度不够、优质资源并购重组及整合运营成效不够明显。对于资源性国有资产得不到良好的保护，易遭到破坏，导致国有资产使用效率低下、资源流失严重。中国国资没有实行统一监管，而是按照金融国资和产业国资分类监管，形成了财政部管金融、国资委管实业的格局。但是，从资本的内在属性来看，以所属行业为标准对国资进行分类缺乏依据且不利于对国资整体情况的掌控。当前国资委对国有资产的监管主要集中在对经营性国有资产上，而对行政性国有资产和资源型国有资产的监管很少涉及。

二是在国务院国资委对企业法人治理结构的监管方面，企业法人治理结构不够完善，监事会制度建设未能引起足够的重视，在相应的履行手段上缺乏力度。国有企业的董事会建立存在问题，经常出现国有股东"一股独大"的现象，董事会成员中大部分

是行政干部，缺乏外部董事和独立董事，而且国企领导的薪酬制定没有市场化，缺乏奖罚激励机制，职业经理人无法兼顾企业经营决策和行政工作。在国企的监事会和董事会的成员中有一部分是政工干部，相对缺乏财务、法律方面的知识，难以对国有资产监督起到有效作用。

三是在国务院国资委本身的监管体系方面，监督监管体系不够完善，责任追究存在定责难、追究难的问题，放管结合的长效机制没有建立，没有从权力制约的角度去限制政府和国有资产监管部门天然的扩权冲动。国有资产监管还存在权责不明确的问题，没有实现监管统一和全面覆盖，国企主体地位不够突出，机关化、行政化等现象不同程度的存在，部分关键环节、重点领域存在较大廉政风险，惩防体系建设还不够完善。

（二）"三化"监管问题的对策建议

一是在国务院国资委对经营性国有资产、行政性国有资产、资源型国有资产的监管方面，要完善国有资产监管内容和范围边界，理清监管职责。创新监管方式，完善国有资产保值增值目标责任体系和经营目标考核办法，加强对出资企业重大事项的监管，建立严格的出资企业重大事项报告制度，对企业的发展战略规划、重组、股权转让、投融资这样的重大事项按程序进行报告。

二是在国务院国资委对企业法人治理结构的监管方面，要进行股份多元化改造，组成股权多元化的企业，改变国企独资或者一股独大的格局。同时，要在股东会、董事会、监事会的建设上和经营管理层的构建工作中下足功夫，在权力机构、决策机构、监督机构三个机构与管理者之间形成制衡，同时还要全面推行外部董事制度，落实监事会的法定职权，形成权责明确、各司其职的公司内部决策。对于董事会的成员安排，董事会成员必须要来自政府、下属企业、民间人士等多个领域，形成多方利益的不同立场。像淡马锡这样的董事会由多立场构成，使董事构成人员市场化、国际化、背景多元化，有利于薪酬激励和与国际市场接轨，这也有利于吸引高素质人才。

三是在国务院国资委本身的监管体系方面，要建立放管结合的长效机制，从权力制约的角度去限制政府和国有资产监管部门天然的扩权冲动，建立对国务院国资委的考核、激励和约束机制。善用系统思维整合监督力量、盘活监督资源，充分发挥党内监督、政府监督、人大监督、国资委监督、国企内部监督、纪检监察、巡视监督、审计监督、统计监督、群众监督、舆论监督以及第三方机构监督等职能作用，高质量推进形成全面覆盖、分工明确、协同配合、监督有力的国有资产监督体系。

广东省"三化"监管的实践

一、广东省人民政府国有资产监督管理委员会发展概况

(一) 简介

广东省人民政府国有资产监督管理委员会(以下简称"广东省国资委")于2004年6月26日正式挂牌成立。作为省政府直属特设机构,根据省政府授权代表省政府对监管企业依法履行出资人职责,专司国有资产监管,不行使社会公共管理职能,不干预企业依法行使自主经营权,以管资本为主加强国有资产监管,"放活、管好、优化、放大"国有资本,重点管好国有资本布局、规范国有资本运作、提高国有资本回报、维护国有资本安全。

广东作为改革开放的排头兵、先行地、试验区,国有企业为其积极分子构建了坚实基础。在几十年的改革开放过程中,广东的国有企业逐渐整合、合并,最后留下来的都是重要的关系国计民生的关键行业,或者是转化为以投融资为主的控股型企业集团。广东省国有资产监管企业覆盖了电力、物流、交通运输、建筑、外经外贸、金属冶炼、旅游酒店等多个行业,为广东省经济社会正常运行发挥了重要的保障作用。在关系国计民生的重要领域,全省大部分供水、供气和公共交通,90%以上的机场建设管理,80%以上的高速公路建设,40%以上的电力装机容量等由国有企业承担,彰显了国有企业的重要地位。

截至目前,广东省共有69家国有控股上市公司,省属上市公司18家。2022年,广东省国资委监管企业资产总额2.33万亿元、在全国省级监管企业中排名第13、同比增长3.8%,所有者权益总额8816.55亿元、同比增长0.1%,负债总额1.45万亿元、资产负债率62.18%、低于全国国资系统监管企业4.92个百分点。省属企业实现营业收入6576.92亿元、利润总额274.2亿元,在全国省级监管企业中排名第15、第14,同比增长16%、0.4%。

2023年,广东省国资委进一步壮大国有企业,优化资本运营治理体制,优化国有资本布局;积极推进国有企业改革,盘活企业国有资产,激发企业活力。

（二）主要职责

第一，根据省政府授权、依照《中华人民共和国公司法》《中华人民共和国企业有资产法》等法律法规，以及省政府有关规定履行出资人职责。

第二，承担所监管企业国有资产保值增值的监督职责；维护国有资产出资人权益。

第三，负责指导所监管企业以及其他党组织关系隶属广东省国资委党委管理的省属企业、中央驻穗企业党的建设工作。指导所监管企业思想政治、精神文明、企业文化建设等工作。按规定权限对所监管企业所属企业开展巡察监督。

第四，承担全省国有企业改革工作的统筹协调职责，研究解决国企改革中的重大问题和难点问题，指导服务省属国有企业改革。负责国资国企管理体制的研究，对国资国企改革发展提出意见建议。

第五，负责规范国有资本运作，优化国有资本布局结构，指导推进所监管企业战略性重组。研究提出省属国有经济布局优化和结构战略性调整的政策建议，推动省属企业优化资源配置，发挥国有经济的主导作用。

第六，负责组织所监管企业上交国有资本收益，参与拟订国有资本经营预算有关管理制度和办法，负责所监管企业国有资本经营预决算编制和执行，组织所管企业实施全面预算管理。

第七，对企业实行差异化考核，完善经营者激励和约束制度，建立差异化薪酬分配制度。负责所监管企业工资收入分配制度改革，完善工资总额决定机制，深化省属企业负责人薪酬制度改革。

第八，推进国有企业的现代企业制度建设，指导完善公司治理结构。

第九，统筹指导所监管企业人才队伍建设，组织实施企业家人才培养工程。

第十，按照出资人职责，负责督促检查所监管企业贯彻落实国家安全生产方针政策及有关法律法规、标准等工作。

第十一，负责企业国有资产的产权界定、产权登记、资产评估监管、清产核资、资产统计、综合评价等基础管理工作。

第十二，起草企业国有资产监管的地方性法规、规章草案，制定有关制度。依法对全省国有资产管理工作进行指导和监督。

第十三，完成省委、省政府和国务院国有资产监督管理委员会交办的其他任务。

第十四，职能转变。

（1）依法履行出资人职责，专司国有资产监管，不行使社会公共管理职能，不干预企业依法行使自主经营权。

（2）强化所监管企业经营风险管控，建立健全风险防范和整改机制，加强境外国有资产监督，建立健全违法违规经营投资责任追究制度体系。

（3）加强经济运行分析和统计评价，强化全面预算管理、财务动态监测分析、财务监督检查和财务决算审计等工作。

（4）加强董事会建设，建立健全董事会和董事考核评价制度，建立健全权责对等、运转协调、有效制衡的决策执行监督机制。

（三）机构设置

广东省国资委设下列内设机构：

第一，办公室（党委办公室）。负责委机关文电、会务、机要、档案等机关日常运转工作。承担信息、安全、保密、政务公开工作，承担委机关财务、资产管理等工作。承担委党委日常工作。

第二，机关党委（党建工作处）。负责机关的党群工作。承担委党委党风廉政建设工作。负责指导所监管企业以及其他党组织关系隶属广东省国资委党委管理的省属企业、中央驻穗企业党的建设工作。负责建立健全党建工作责任制。指导所监管企业思想政治、精神文明、企业文化建设工作。指导所监管企业的统战和群团工作。

第三，综合研究处。负责国资国企管理体制的研究，对国资国企改革发展提出意见建议。负责起草重要文件和报告。承担对外宣传和新闻工作。

第四，规划发展一处。研究提出省属国有经济布局优化和结构战略性调整的政策建议。审核所监管企业的主业。制定所监管企业投资监督管理办法和投资负面清单，对所监管企业重大投资和境外投资进行监管。开展所监管企业投资分析。负责所监管企业战略性重组和专业化整合等相关工作。指导服务所监管企业推进重大项目建设。

第五，规划发展二处。指导所监管企业落实区域协调发展战略。指导协调所监管企业与市县、各级国有企业对接合作。督促指导所监管企业能源节约、生态环境保护、碳达峰碳中和等工作。

第六，资本运营处。研究提出所监管企业资本运营的政策措施。指导所监管企业资本运营工作。推动国有资本投资、运营公司改革试点。负责所监管企业股份制改革等相关工作。协调指导所监管企业改制上市。指导规范省属国有控股上市公司国有股权变动行为。研究提出全省国有控股混合所有制企业员工持股的政策意见并推动落实。

第七，考核分配处。完善所监管企业负责人经营业绩考核制度和企业绩效评价制度。对所监管企业负责人进行年度和任期的经营业绩考核。指导所监管企业收入分配制度改革，调控所监管企工资分配总体水平，根据考核结果规范所监管企业负责人薪酬水平，完善所监管企业激励与约束机制。对省属企业工资总额预算编制、申报、执行及清算工作进行指导和监督管理。规范所监管企业职工福利保障和企业负责人履职待遇、业务支出。

第八，产权管理处。研究提出完善企业国有产权管理意见，制定国有产权管理的制度和规则，监督检查国有产权管理工作情况。监督规范国有产权交易工作。承担所监管企业产权界定、登记、转让、处置及纠纷调处等工作。承担所监管企业国有资产评估项目的核准、备案和评估管理工作。承担全省股份公司（含上市公司）国有股权管理相关工作和中央企业省属股权管理工作。

第九，财务监管处。承担全省国有资产监管企业运行分析和国有资产统计工作。监督指导所监管业发债、全面预算管理、财务决算有关工作。规范所监管企业财务管理工作，指导所监管企业债务风险管控。承担所监管企业国有资本经营预算、执行有关工作。审核所监管企业留存收益转增资本金事项。组织开展向省人大常委会报告非金融类国有资产管理情况工作。

第十，综合监督处（巡察工作办公室）。牵头负责对所监管企业执行国有资产监管制度情况的监督，组织开展对所监管企业共性问题和重大问题的专项检查。指导所监管企业风险管理与内部控制规范体系建设。负责委机关和指导所监管企业内部审计工作。负责对所监管企业违规经营投资责任追究工作。负责分类处置和督办所监管企业需要整改的问题。组织开展国有资产重大损失调查，提出有关责任追究的意见建议。按照管理权限组织实施对省属二级企业党组织的巡察工作，对巡察整改情况和移交问题线索办理情况进行督办。

第十一，企业领导人员管理处（人事处）。按照管理权限负责和协助所监管企业领导班子建设和领导人员管理。指导所监管企人才工作、教育培训工作。组织实施企业家人才培养工程。负责所监管企业外部董事的任免工作。承担委机关的干部人事、机构编制、劳动工资等工作。承担委机关离退休人员服务工作。

第十二，政策法规处（董事会工作处）。组织起草国资国企地方性法规、规章草案。承担委机关规范性文件、重大决策等合法性审查工作。牵头党内法规制度建设。指导所监管企业法律事务工作。审核所监管企业公司章程。指导国有企业建立中国特色现代企业制度。负责所监管企业规范董事会建设。组织实施所监管企业董事会、董事的考核评价工作。负责所监管企业外部董事日常管理工作。

第十三，社会责任处。研究提出推动国有企业履行社会责任的政策建议，指导所监管企业履行社会责任、发布社会责任报告。建立所监管企业突发事件应急处置协调联动机制。负责委机关和督促指导所监管企业信访、维稳、应急管理工作。督促所监管企业安全生产、消防安全、乡村振兴、援藏援疆、食品安全等工作。指导推进剥离国有企业办社会职能和解决历史遗留问题等工作。

第十四，科技创新处。组织指导所监管企业科技创新工作，提出推动所监管企业科技创新的政策建议，推动所监管企业实施创新驱动发展战略。指导推动原创技术策源地建设，组织开展关键核心技术攻关，促进科技成果转化和应用推广。推进所监管企业两化融合和数字化转型，培育战略性新兴产业，提升所监管企业科技创新体系能力。负责机关和指导所监管企业信息化工作。督促指导所监管企业军民融合发展、质量管理、品牌建设等工作。

二、广东省国有资产监管"三化"经验做法

广东省国资委推进以管企业为主向以管资本为主的国有资产监管职能转变，调整监

管重点，改进监管方式；着力建立数据产权制度、流通和交易制度、收益分配制度和要素治理制度；持续深化政企分开、政资分开，促进国有资产保值增值；实施专业化、法治化、体系化监管；移动重要环节交易阳光公开，加强境外企业财务监督，统筹企业内部监督资源，构建全覆盖责任追究体系。

（一）国有资产监管专业化

广东省国有资产监管制订了一系列相关制度文件，推动了国有资产监管专业化的进程。

1. 《广东省省属企业投资监督管理办法（试行）》

2020年3月5日发布了《广东省省属企业投资监督管理办法（试行）》，指导省属企业建立健全投资管理制度，推动省属企业对投资活动进行全程全面管理；要求组织实施投资项目，明确并落实投资项目实施责任主体，加强项目管理和风险控制；要求组织开展项目后评价，省属企业投资管理制度经董事会或企业必要决策程序审议通过后报送广东省国资委。

做好投资事前、事中、事后管理。省属企业应按照发展战略和规划、主业发展方向编制年度投资计划，与年度财务预算相衔接，省属企业年度投资活动原则上按年度投资计划执行，承担省重大工程建设项目等国家或广东省政府确定省属企业参与的投资项目的省属企业，应按照国家和省的规划及部署，依法依规履行项目开工前所需各项手续，并制订项目实施进度计划；企业应依法依规组织开展项目投资，对项目实施各环节进行梳理，明确相关法律法规和行业管理的规定，建立项目实施的标准和管理要求，严格依法依规组织项目实施，切实加强对投资项目实施过程的管理，出现问题的及时协调处置，省国资委对省属企业实施中的投资项目进行抽查，对发现的问题向省属企业进行通报；省属企业每年选择部分已完成投资并投入使用或运营（含试运营）三个完整会计年度的重大投资项目开展后评价。通过项目后评价，将投资项目所达到的实际效果与项目可行性研究、决策确定的目标及内容进行对比分析，提出对策建议，为后续投资活动提供参考，提高投资管理水平。

做好投资风险管理，省属企业应建立健全投资全过程风险管理体系，将投资风险作为全面风险管理、加强廉洁风险防控的重要内容。强化投资前期风险评估，制定风险防控和合规性管理方案，做好项目实施过程中的风险监控，防范投资后项目运营、整合风险；建立投资风险识别预警机制，全面系统梳理投资过程中存在的各类风险，针对发现的风险制定应对预案，采取有效措施，及时应对处置。

明确并落实投资项目责任主体，建立投资项目容错机制，综合考量省属企业投资管理能力，把因缺乏经验先行先试出现的失误与明知故犯行为区分开来，把国家尚无明确规定时的探索性试验与国家明令禁止后的有规不依行为区分开来，把为推动改革的无意过失与为谋取私利的故意行为区分开来。对投资项目未能实现预期目标，但有关单位和个人依照法律、国家和省有关规定决策、实施，且勤勉尽责、未牟取私利的，可按规定从轻、减轻或免于责任追究。

2.《广东省省属企业主要负责人履行推进法治建设第一责任人职责实施办法》

2021 年 5 月 7 日，广东省国资委印发了《广东省省属企业主要负责人履行推进法治建设第一责任人职责实施办法》，明确要求各省属企业要及时成立法治建设领导机构，在董事会有关专门委员会中明确推进法治建设职责，设立与经营规模和业务需要相适应的法律事务机构。要求省属企业主要负责人履行推进法治建设第一责任人职责，落实法治国企建设相关要求。

省属企业主要负责人履行推进法治建设第一责任人职责，必须以习近平法治思想为指导，坚持党的领导，充分发挥党委领导作用；坚持统筹协调，做到依法治理、依法经营、依法管理共同推进，法治体系、法治能力、法治文化一体建设；坚持权责一致，确保有权必有责、有责要担当、失责必追究；坚持以身作则、以上率下，带头尊法学法守法用法。省属企业主要负责人作为推进法治建设的第一责任人，应当切实履行依法治企重要组织者、推动者和实践者的职责。省属企业党委应当将子企业主要负责人履行推进法治建设第一责任人职责情况纳入领导人员综合考核评价指标体系，作为考察使用干部、推进干部能上能下的重要依据。

3.《关于加强省属企业全面风险管理与内部控制工作的实施意见》

2021 年 11 月 26 日，广东省国资委印发了《关于加强省属企业全面风险管理与内部控制工作的实施意见》，要求省属企业提高认识，重视全面风险管理与内部控制工作，深刻理解风险管理于内控是协调统一的整体，明确"强内控、防风险、促合规"的管控目标，形成全面、全员、全过程、全体系的风险防控机制，切实全面提升内控体系有效性，加快实现高质量发展。

在完善公司治理中持续加强党的领导，落实主体责任，建立省属企业主要领导负责制，强化董事会履职；完善体系，提高制度化规范化水平；突出重点，狠抓重大专项风险管控；技术赋能，结合国有资产监管信息化建设要求，加强风险管理与内控信息化建设力度，强化信息技术对企业风险管理和内控工作的促进作用，进一步提升集团管控能力；建立多层次内控评价体系，加强对省属企业国有资产监管政策制度执行情况的综合检查工作；强化整改落实工作，提升风险与内控体系有效性。

4.《广东省省属企业混合所有制改革操作指引》和《省属企业混合所有制改革工作三年行动计划（2020—2022 年）》

为深入贯彻党中央、国务院和广东省委、省政府有关积极稳妥深化混合所有制改革的决策部署，落实省属国资国企改革发展的若干措施，积极推进省属企业混改工作，近日广东省国资委印发了《广东省省属企业混合所有制改革操作指引》和《省属企业混合所有制改革工作三年行动计划（2020—2022 年）》。操作指引系统规范了混改操作流程，明确了关键问题和考量因素；三年行动计划，系统部署了 2020～2022 年省属二级企业混改工作，包括研究改革方向、制定混改方案、履行决策程序、资产审计评估、引进非国有投资者、推进运营机制改革等。着重解决四方面问题。一是研究确定改革方向，解决"要不要混"问题；二是合理制定混改方案，解决"为什么混""与谁混"问题；三是规范混改操作要求，解决"怎么混"问题；四是明确运营机制改革要求，解决"怎么改"问题。

5. 全力推动监管企业规范董事会建设实现全覆盖

制度层面，加大政策文件供给。2011～2021 年，先后出台监管企业董事会规范运作办法等 20 多份相关制度文件。自 2020 年以来，出台监管企业董事会工作规则等 10 份文件，指导监管企业加强董事会建设，提升董事会治理效能。

实际操作层面，强化业务持续督导。坚持从严督导、从严把关，按照"成熟一家推一家"原则，分批推进监管企业规范董事会建设提速。成立专项小组，分管领导任组长，董事会工作处负责人任副组长，成员由相关处室组成；按照"前置制度初审+现场督导检查"方式，用不到 1 年时间指导剩余 5 家监管企业完成规范董事会建设验收。

（二）国有资产监管体系化

1. 国有资产监管职责体系

以管资本为主推进职能转变，推动董事会治理效能提升。以管资本为主推进职能转变。聚焦国有资本授权经营体制改革，2020 年制定纲领性文件（《广州市国资委关于以管资本为主推进职能转变改革国有资本授权经营体制的实施方案》），以市政府办公厅名义印发，从市政府层面高规格推动落实。制定《广州市国资委授权放权清单（2020 版）》，对企业授予 42 项授权放权事项。2022 年对授权放权运行情况进行评估并对清单作动态调整，形成《广州市国资委授权放权事项清单（2022 年版）》。

构建"1 规则+N"政策文件体系。2021 年出台监管企业董事会工作规则文件，在全省率先出台监管企业董事会议事实施细则、监管企业总经理办公会议事规则范本等文件，为企业公司治理体系规范运作提供指导。

构建两个考评体系。构建董事会考评体系，采取"试点先行、整体推进"模式，预评价后再出台文件，确保考评体系科学性、实操性和有效性。完善外董履职考评体系，实施专兼职外董差异化管理，强化考评结果运用，从出资人、履职企业、委托监管机构等维度进行年度和任期考评。

健全事前事中监管防范风险机制。2021 年建立列席旁听企业董事会现场会制度，同步落实录音录像制；2022 年深化旁听董事会现场会机制，建立线上旁听机制，强化风险防范和管控。

强化外部董事报告机制。为压实外部董事履职责任，提升忠诚勤勉履职能力，2021 年出台外部董事重大事项报告及意见建议办理文件。2022 年出台进一步完善外部董事报告制度文件，强化出资人代表意识、报告意识和责任意识，明确落实专职外部董事报告、外部董事召集人等制度。

2. 健全外部董事勤勉履职支撑体系

健全优化准入、动态调整和退出机制。完善外董准入机制，建立外董动态调整和退出机制，对任期届满、年龄偏大、履职能力不足、考评不称职等情形予以退出，严把外董专家库入口关，为国企高质量发展提供智力支持。

建立董事会工作简报机制。2020 年启动 5 家企业试点简报制度，2021 年全面推行，为及时掌握企业经营情况、理解国有资产监管政策、跟进董事会决议执行情况提供支持。

建立董事沙龙机制。2020 年启动首期董事沙龙，以破解企业高质量发展难点热点为导向，深度研讨、充分交流，搭建建言献策平台。

强化年度及专题培训。举办外部董事和专职外部董事培训，提升专兼职外董履职能力。开展理论与实践探讨，形成调研成果，每年编印监管企业外部董事文集。

3. 现代企业制度体系

为规范省属企业的组织和行为，加强企业公司章程管理，广东省国资委参照《中央企业公司章程指引（试行）》制定了《广东省省属企业公司章程指引（国有独资公司篇）》，明确了国有独资企业的经营宗旨、范围和期限，公司由广东省人民政府单独出资，广东省国资委作为履行出资人职责的机构依据有关法律、法规和国务院授权，代表省政府对公司履行出资人职责，享有出资人权限。明确了公司党委的主要职责，坚持和完善"双向进入、交叉任职"领导机制，符合条件的党委班子成员可以通过法定程序进入董事会、经理层。明确了董事会和经理层的组成及其职责、职工民主管理与劳动人事制度、财务与法律顾问制度等。

4. 财务监控体系

（1）《广东省省属企业财务监督管理办法》。构建以管资本为主的国有资产监管体系，提高财务监管水平，切实履行出资人职责，加强省属企业财务监管，促进国有资产保值增值，广东省国资委根据《中华人民共和国公司法》《中华人民共和国企业国有资产法》《企业国有资产监督管理暂行条例》《中华人民共和国会计法》《企业财务通则》《企业内部控制基本规范》《管理会计基本指引》及应用指引等有关法律法规和管理指引，制定本管理办法。

明确了广东省国资委应完善财务监管制度体系，对省属企业执行财经法规以及财务管理工作进行指导、监督、检查和评价，督促省属企业建立完善的财务监管体系。省属企业应建立健全财务、会计管理制度，制定财务监管办法，依照法律、行政法规以及企业章程的规定向出资人提供真实、完整的财务、会计信息。完善重大财务事项审核程序，积极探索完善上市公司、金融企业、境外企业、参股企业和合伙企业的财务监管制度。省属企业法定代表人对本企业财务工作和会计资料的真实性、完整性以及财务监管制度的建立健全和有效实施负全责，是本企业财务监管的第一责任人；主管财务工作负责人是本企业财务监管的主要责任人；财务机构负责人是本企业财务监管的直接责任人。省国资委以优化国有资本布局、规范国有资本运作、提高国有资本回报、维护国有资本安全为重点，开展省属企业财务监管。

（2）《关印发〈广东省省属企业内部审计工作规定〉的通知》。为有效推动省属企业构建集中统一、全面覆盖、权威高效的审计监督体系，规范省属企业内部审计工作，促进省属企业落实党和国家各项方针政策以及国有资产监管各项政策制度，加强企业内部监督和风险控制，根据《中华人民共和国企业国有资产法》《中华人民共和国审计法》《中共中央办公厅、国务院办公厅关于深化国有企业和国有资本审计监督的若干意见》《审计署关于内部审计工作的规定》《广东省内部审计工作规定》等有关要求，结合省属企业实际，制定本规定。

省属企业应当依照有关法律法规以及本规定，结合本企业实际情况，建立健全内部审计制度，明确内部审计工作的领导体制、机构设置、人员配备、经费保障、职责权限、审计程序、审计结果运用和责任追究等。省属企业应当按照内部审计全覆盖的要求，制定集团内部审计工作"五年轮审规划"，每5年至少对本企业及所属子企业审计一次。其中，对所属二级子企业主要领导人员履行经济责任情况任期内至少审计1次；对重大投资项目、重大风险领域和重要子企业（包括资金中心等资金管理机构，重点金融子企业和信托、债券、金融衍生品等高风险金融业务等）实施重点审计，每年至少审计1次；对所属各级境外企业每5年至少审计1次，其中对重点境外经营投资项目或重要境外企业（机构）每年至少审计1次。省属企业加强各类审计的融通和结合，实现项目统筹安排、协同实施。内部审计机构和内部审计人员从事内部审计工作，应当严格遵守有关法律法规、本规定和内部审计职业规范，忠于职守，做到独立、客观、公正、保密。内部审计机构和内部审计人员不得参与可能影响独立、客观履行审计职责的工作。

5. 监督追责体系

为加强和规范省属企业违规经营投资责任追究工作，进一步完善国有资产监督管理制度，落实国有资产保值增值责任，有效防止国有资产流失，广东省国资委根据《中华人民共和国公司法》《中华人民共和国企业国有资产法》《企业国有资产监督管理暂行条例》《国务院办公厅关于建立国有企业违规经营投资责任追究制度的意见》等法律法规和文件，参照《中央企业违规经营投资责任追究实施办法（试行）》，结合省属企业实际，制定《广东省省属企业违规经营投资责任追究实施办法》。

坚持依法依规问责。以国家法律法规为准绳，按照国有资产监管规章制度、省有关规定和企业内部管理规定等，对违反规定、未履行或未正确履行职责造成国有资产损失或其他严重不良后果的企业经营管理有关人员，严肃追究责任，实行重大决策终身问责。

坚持客观公正定责。贯彻落实"三个区分开来"重要要求，结合企业实际情况，调查核实违规行为的事实、性质及其造成的损失和影响，既考虑量的标准也考虑质的不同，认定相关人员责任，保护企业经营管理有关人员干事创业的积极性，恰当公正地处理相关责任人。

坚持分级分层追责。广东省国资委和省属企业原则上按照国有资本出资关系和干部管理权限，界定责任追究工作职责，分级组织开展责任追究工作，分别对企业不同层级经营管理人员进行追究处理，形成分级分层、有效衔接、上下贯通的责任追究工作体系。

坚持惩治教育和制度建设相结合。在对违规经营投资相关责任人严肃问责的同时，加大典型案例总结和通报力度，加强警示教育，发挥震慑作用，推动省属企业不断完善规章制度，堵塞经营管理漏洞，提高经营管理水平，实现国有资产保值增值。

在责任追究工作过程中，发现企业经营管理有关人员违纪或职务违法的问题和线索，应当移送相应的纪检监察机构查处；涉嫌犯罪的，应当移送监察机关或司法机关查处。

（三）国有资产监管法治化

1. 《广东省国资委关于进一步深化法治国企建设的意见》

为深入学习贯彻习近平法治思想，认真落实全面依法治国战略部署，持续深化法治国企建设，更好发挥法治工作对"十四五"时期省属企业改革发展的支撑保障作用，广东省国资委根据《法治中国建设规划（2020—2025 年）》《法治社会建设实施纲要（2020—2025 年）》等文件精神，就进一步做好省属企业法治工作制定了《广东省国资委关于进一步深化法治国企建设的意见》（以下简称《意见》）。

《意见》指出各省属企业要坚持以习近平新时代中国特色社会主义思想为指导，认真落实习近平法治思想，深入贯彻党的十九大和十九届历次全会精神，按照中央全面依法治国工作会议部署，立足新发展阶段，贯彻新发展理念，构建新发展格局，紧紧围绕国企改革三年行动和省属企业"十四五"发展规划，着力健全领导责任体系、依法治理体系、规章制度体系、合规管理体系、工作组织体系，持续提升法治工作引领支撑能力、合规风险管控能力、涉外保障能力、主动维权能力和数字化管理能力，不断深化治理完善、经营合规、管理规范、守法诚信的法治国企建设，为加快建设世界一流企业筑牢坚实法治基础。

2. 《广东省省属企业合规管理办法》

为深入贯彻习近平法治思想，落实全面依法治国战略部署，深化法治国企建设，推动省属企业加强合规管理，切实防控风险，有力保障深化改革与高质量发展，广东省国资委根据《中国共产党章程》《中华人民共和国公司法》《中华人民共和国企业国有资产法》等有关法律法规和党内法规，制定本办法。

广东省国资委负责指导、监督省属企业合规管理工作，对合规管理体系建设情况及其有效性进行考核评价，依据相关规定对违规行为开展责任追究。省属企业应当按照GB/T 35770-2022《合规管理体系要求及使用指南》要求，制定合规管理制度，明确总体目标、机构职责、运行机制、考核评价、监督问责等内容。不断完善合规管理组织架构，明确合规管理责任，全面构建合规管理体系，树立依法合规、守法诚信的价值观，研究探索重点领域、新兴领域、涉外领域合规管理建设，不断提升广大员工的合规意识和行为自觉，营造依规办事、按章操作的合规氛围，确保企业依法合规经营，有效防控合规风险。

三、广东省国有资产监管"三化"主要成就

1. 更好地促进和保障国有企业成为独立的市场主体

进一步理顺了政府和国有企业的出资关系，巩固了国有资产出资人制度，厘清了出资人代表与监管企业的职责边界，更加注重通过法人治理结构来履行出资人职责，维护好企业法人财产权和经营自主权。

2020年印发《广州市国资委关于以管资本为主推进职能转变改革国有资本授权经营体制的实施方案》，坚持精简监管事项与完善国有企业法人治理结构相结合，42项事项分类授予企业，减少对企业内部决策事项的直接管理，重点加大在对外投资、规划战略制定方面的授权放权，加强规范指导。2022年动态调整授权放权事项清单，全面评估2020年授权放权事项清单运行效果，形成9项授权放权事项调整、1项收回、32项不变的调整方案。结合企业发展阶段、行业特点、治理能力、管理基础等，分别对直接监管企业、国有资本投资运营公司、"双百企业"等不同类型企业给予不同范围、不同程度的授权放权。自2021年以来，市国资委分别对国有资本投资公司、国有资本运营公司、"双百企业"完成一企一策授权放权，构建起以管资本为核心，强监管与赋动能双轮驱动的国有资本授权经营体制。

2. 以管资本为主加强国有资产监管

加快推进国有资产监管职能转变，动态调整权力和责任清单，把监管重点放在管好资本布局、规范资本运作、提高资本回报、维护资本安全上来。改革国有资本授权经营体制，结合企业的功能定位、治理能力、管理水平等企业改革发展实际，对国有资本投资公司、运营公司、产业集团给予不同范围、不同程度的授权放权。依托国资国企在线监管系统，进一步提升好数字化监管能力和水平。

3. 实施专业化、体系化、法治化监管

专业化体现在监管的针对性、专业性，涵盖了规划指引、产权管理、财务监管、考核分配、监督追责等各个环节，实现了具有出资人特色的全链条、全过程、全方位的监管。体系化体现在监管的全面性、系统性，贯通了出资人职责、国有资产监管职责、企业党的建设职责，覆盖了国有企业改革发展和党的建设的各方面。法治化体现在监管的合法性、合规性，健全了国有资产监管法规制度体系，实现在法治轨道上推进监管体系和监管能力现代化。

4. 战略性重组构建大国资生态

过去两年，6组8家一级企业重组、新设2家功能型企业，广州国资大刀阔斧、真抓实干。以培育具有全球竞争力的世界一流企业为目标，强化"大国资意识"，构建"大国资生态"，加快推进以抱团发展、合作共赢为目标的"大国资战略"，在推动广州经济社会高质量发展过程中勇挑大梁。

2019年，广钢集团、万宝集团、万力集团三家联合重组成广州工控集团，2021年进一步重组广智集团，肩负"打造更多工业行业龙头、优化广州现代工业体系"的重要使命。重组成立以来，在高端装备制造、材料制造、制冷家电、橡胶化工等多个领域实现技术升级与市场创新；推动优化资源配置，关闭了部分海外企业和亏损企业，做到有进有退、有所为有所不为，大幅降低财务成本和管理费用；强化资本运作，先后并购高科技上市公司山河智能、鼎汉技术、润邦股份，将资本链转化为产业链，实现延链补链。

2021年，为加快广州市战略性新兴产业和支柱产业的发展，将广州国发改组为广州产业投资集团，打造市场化、专业化、国际化的一流国有资本运营和战略投资平台和龙头企业。改组后的广州产业投资集团，聚焦战略投资，与社会资本强强联手，按照"边组建边投资边招商"的工作思路，自2022年以来已投资13个前沿项目，布局半导体集成电路、新能源、生物医药与健康、人工智能、先进制造等产业领域，逐步打造形成"上市公司集群+功能平台集群+基金集群+价值园区集群"的整体运营模式，助力广州产业布局优化和高质量发展。

5. 资本链赋能打造产业新高地

广州国资大力打造"链网"工程，落实重点产业"链长制"，推进稳链补链强链控链，强化资本运作，依托产业链延伸资本链，通过搭建资本链，抓住时机跨地区并购具有规模的头部企业以及行业单打冠军，并将资本链转化为产业链，形成"以投促引、以投促产"的产业投资模式，成为全市构建新发展格局的重要战略支点。

珠江实业联合广州国资产业并购基金，成功通过"协议转让+参与定增"并购上市企业苏交科集团股份有限公司（以下简称"苏交科"）。苏交科是国内一家位列ENR全球和国际工程设计公司双五十强的民营企业，拥有2个国家级重点实验室，30个部省市级科研平台，覆盖了公路、城轨、环境、节能减排、水运、地下工程及智能交通等领域，科研实力不容小觑。珠江实业作为唯一拥有城市开发建设与运营全产业链资质的市属国企，两者的深度融合，有效推动企业的转型升级，助力产业的协同发展。战略并购完成后，苏交科在广州筹备建立大湾区地区综合检测研发中心，积极深入参与粤港澳大湾区建设；与珠江实业在设计、检测监测、智慧园区、环境保护等一系列链条业务上达成共识，加快双方同类同质资产的重组整合，提高资源配置的效率；与广州交投集团和广州工控集团建立战略合作关系，在地下空间、橡胶沥青新型材料、智慧交通、高速公路特色服务区等方面展开合作，从整体布局上推动本地产业链的完善和提升，将基金的资本运作优势与产业集团的产业优势、产业链的资源优势有机结合起来，助推广州市实体产业发展壮大。

6. 持续深化分类分层差异化监管

根据企业的战略定位和发展目标，将企业分为商业类和公益类企业两大类，商业类企业细分为竞争类和功能类企业，突出不同考核重点，实施科学的分类考核。稳妥有序开展职业经理人试点，2018 年，广汽集团率先在全省大型国企集团层面开展职业经理人试点，根据广州市《关于在市管企业开展职业经理人试点工作的指导意见》，严格按照业绩与薪酬双对标、增量业绩决定增量薪酬等原则，根据行业特点、企业发展战略目标、薪酬策略、经营业绩及在行业排位等因素，合理确定职业经理人薪酬水平。同时，积极指导越秀集团、广州无线电集团等"双百企业"研究制订实施方案，拟待条件成熟时按程序推进试点推动新组建的广州人才集团有限公司实施职业经理人制度，指导广州轻工工贸集团有限公司（以下简称"广州轻工集团"）等市场化选聘了一批二级企业职业经理人，推动老企业焕发新活力。目前，全市 358 户各级子企业开展了职业经理人选聘，在职职业经理人 1134 人。

四、国有资产监管"三化"实践中亟待解决的问题和建议

（一）"三化"监管存在的问题

1. 对于不同类型国有企业监管机制不明确

当前国有企业实行集团化经营，由于国务院国资委规定集团公司作为股东享有子公司所有权，并将经营权授予子公司董事会，其主要资产都下沉到了各级子企业，有些是全资子公司，有些是绝对控股，有些是相对控股，有些是实际控制，有些是参股企业。那么，哪些类型的企业的财务报表要并入集团，成为国有企业的成员单位；哪些子企业不需要合并报表，不视为"国有企业"呢？如果该合并的子企业没有合并，就是"合并范围不完整"，会导致国有资产少计；如果本不应合并的（如参股企业）却合并了，就是"将非所属企业纳入合并范围"，会虚增国有资产，造成多计。关于子企业财务报表合并范围，财政部、国务院国资委、证监会都有明确的标准，基本的原则是"实际控制"原则，只要国有股东的意志能够层层贯彻到子企业，那么这家子企业就要纳入合并范围。因此，国有资本绝对控股企业、相对控股企业以及实际控制企业原则上都要纳入的。此外，国有控股企业的控股企业也是国有企业，也要纳入。但是，随着混合所有制改革的深入以及差异化管控模式的实施推广，导致并表范围越来越模糊，典型的"灰色地带"是无实际控制人企业和共同控制企业。另外，有些合资企业，虽然国资持股比例超过 50%，但外方要求其委派的董事有"一票否决权"，这种企业可以视为"控股不控权"，不应并表管理。还有一些混改之后的企业，国有股东与民营股东是并列第一的大股东，不应该纳入合并范围，但有些企业却纳入了。

2. 监管督查的智能监测和数据共享缺乏融会贯通

目前国资系统督查工作普遍还是沿用人工统计、线下监管的传统工作方式，对"互联网+督查""国资云"等平台和大数据应用等应用滞后，国资运营监测系统尚未完全开发利用，上下一体、多跨协同的互联网督查督办管理系统还未建立，日常监管"要数据、报资料、写总结"现状改变不大。国有资产监管部门和纪检、巡察、审计等单位跨部门、跨区域、跨系统合作不够、联动不足，专业系统数据资源未充分互联共享，"七张问题清单""人大系统""审计局系统""国资系统"等应用融合不深，存在多方监督、重复督查现象，增加了被督查对象的工作量，影响督查工作的质效。

3. 国有资产监管不严，仍存在资产流失风险

一方面，大量的存量资产作为经营性国有资产，国有企业没有对此类资产采取有效的经营措施，导致资产缺乏流动性，利用效率低；另一方面，一些国有企业却大量举债，"捧着金饭碗讨饭"，没有充分发挥存量资产的作用。部分国有企业存在固定资产等闲置或利用率偏低、实物资产管理混乱、违规出租出借资产资金等问题。

4. 监督监管的力量建设和作用发挥还有薄弱环节

从目前看，国有资产监管部门和集团企业督查和内审职能处室较为健全，但下属企业内审部门还有缺位，专职人员较少且主要是财务审计类人才，国资系统具有实践经验的复合型人才普遍匮乏。目前，市属企业监督力量包括纪委书记、总会计师、专职外部董事、审计专员、监事会主席（监事长）、总法律顾问，各监督主体分属于不同部门，监督工作规划独立制定，工作开展方式各有不同，出资人监督和纪检监察监督、巡视监督、审计监督法务合规监督、社会监督等协同监督机制尚未有效建立，牵头监督的职责未落实到具体主体，在统一行使监督职责、集中调度监督资源、形成有效监督合力方面未能做到有机衔接。督查工作开展多以外包中介为主，一定程度上影响了综合监督工作职能的发挥。同时，问责追责虽与督考相结合，但还存在不敢追责、不愿追责、不会追责的问题，如上级不追究不问责，碍于情面不追责，考核中缺乏量化指标，对责任单位工作推进快慢、成效好坏、问题整改和责任追究约束力不够，难以取得督查的实质效果。

5. 智能化监管水平有待进一步提高

虽然建立了智慧国有资产监管系统，但是信息化、智能化应用不足，有待进一步优化升级，与监管企业系统互联互通、数据共享、实时对接工作仍在推进中，还未能彻底实现实时动态监管，数据分析及利用不够，难以精准发现问题和识别重大风险。

（二）解决"三化"监管问题的对策建议

1. 深化分类监管，多维度对企业进行科学分类，并探索不同类别业务层面的监管

国家三年行动方案明确提出，国有资产监管机构对持有股权的混合所有制企业、股权多元化的国有全资公司，探索实施有别于国有独资公司的治理和监管机制。对于国有相对控股混合所有制企业，特别是通过并购进入国资系统的市场化程度比较高的企业，

如何完善党建模式、实施更灵活的监管，建议进一步明确监管思路。

在此基础上，夯实分类监管基础，根据不同功能、不同行业、不同发展阶段等多维度，对省属企业进行科学分类，区分为公益基础类、市场竞争类、金控投资运营类企业，并准确把握不同类别特征。出台公益性业务分类核算和分类考核改革实施方案，指导省属企业按照不同类别业务开展分类核算，客观反映公益性业务成本费用及损益。实施投资分类监管，引导企业围绕主业开展投资，严控非主业投资，公益基础类企业、市场竞争类企业、国有资本投资公司和金控类企业的非主业投资比例不得高于3%、10%、15%，国有资本运营公司不设限制。单项境内、境外投资不得超过集团上年度归母净资产50%、25%，省属企业在港澳地区的投资视同境内投资管理。深化分类考核，持续优化考核评价体系，把利润指标考核全覆盖、推动企业创新发展作为重点，有针对性地完善各省属企业考核指标，"一企一策"实施市场化对标考核，鼓励对标世界500强、中国500强、行业龙头，力争充分发挥考核"指挥棒"作用，推动企业实现结构更优、效益更好、质量更高的发展。

2. 科学授权放权，加强企业行权能力建设，强化对授放权的跟踪督导

聚焦"授得准"，分类开展授权放权。出台《广东省国资委授权放权清单（2020年版）》，对省属企业取消9项、下放10项、授权10项监管事项，对国有资本投资、运营公司授权9项监管事项。在此基础上，继续做好对省属企业的精准授权放权，根据不同类型企业功能定位的愈加清晰，进一步调整优化授放权事项。推动省属企业集团总部要对子企业合理授权放权，按照权责匹配原则，进一步完善授权放权清单，整合多头审批、多头报备事项，做到层层"松绑"。聚焦"接得住"，加强企业行权能力建设。优化集团管控，健全完善风险、内控和合规体系，出台合规管理指引，选取广东省广晟控股集团有限公司、广东省广新控股集团有限公司等六家企业开展合规体系建设试点，充分发挥现代公司治理模式高效运转、自我约束的作用。配齐建强董事会，充分发挥董事会在行权能力建设中的重要作用。聚焦"管得好"，强化对授放权的跟踪督导。坚持授权与监管相结合，定期评估授放权的执行情况和实施效果，针对行权能力不足、获得授权但未能规范行权或出现重大问题的企业，整改问责，并及时调整授放权事项和范围。

3. 实施差异化管控，对混合所有制企业和股权多元化公司，探索实施有别于国有独资公司的治理和监管机制

坚持以人为本，完善法人治理结构，健全市场化经营机制，不断激发微观主体活力，提高国有资本运行效率。探索差异化管控有效路径，鼓励混合所有制企业较多或者有一定分类管理基础或需求的集团，先行探索建立更加市场化的管控方式。比如，广东省广新控股集团有限公司从董监高、资金管理、投资和审批权限等方面，对绝对控股企业、相对控股企业和上市公司实行分类管理；广东省广物控股集团有限公司在客户授信、贸易业务审批、新业务开拓等方面给予更多自主权，在安全生产、环境保护、产权

管理等方面从严管控。国有控股和实际控制混改企业，均按要求开展党建工作，对重大经营管理事项决策进行前置研究把关。

4. 加快信息化建设，推动信息化与监管业务深度融合，打造数字化智能化国有资产监管

深入贯彻习近平总书记关于网络强国的重要论述，通过数字化智能化不断提升国有资产监管水平。建设"数字国资""智慧国企"。建设国有资产监管数据采集共享平台，实现了国家、省、市三级国资委平台"数据通"；打通电子政务外网，实现省、市两级国资委平台"网络通"；建设国资业务专网，整合"粤企云"云专线资源和原有网络资源，有效提升监管业务网络的承载能力、管控能力和安全保障能力。建立分层、分类、分地域及分行业的完备指标体系，建设"数看国资"应用，为决策分析提供数据支撑，实现了一屏统揽。推动信息化与监管业务深度融合。通过"数字国资"，实现对企业"三重一大"决策运行、大额资金流转、投资项目、改革督办、财务、产权、党建、责任追究等业务和基本信息的在线监管全覆盖。建立全面风险预警模型，对企业战略、财务、市场、运营、法律等各方面的风险因素进行综合评估，实现对监管企业重大风险预警管理，同时融合内审、内控，以及问题整改等业务流程，实现全面风险监管。

5. 加强对重要环节、重点领域监督，筑牢防止国有资产流失堤坝

推动重要环节交易阳光公开。在资金密集、资源富集、资产聚集等重要环节建设国企阳光平台，"粤资汇"通过"八大在线"推进银企对接阳光化，促进企业提高资金资产运营效率，集中资源优势实现降本增效；"粤易租"通过"四位管理"推进资产租赁阳光化，规范了省属企业资产租赁行为，提升资产管理质量；"粤采易"通过"三方对接"推进企业采购阳光化，提高省属企业采购质量和效益，防止国有资产流失。开展重点领域专项检查。组织开展租赁性资产专项调查、持有资质情况专项检查、基金业务管理情况专项检查、小规模企业情况专项调查、采购业务情况专项调查等多项省属企业专项监督检查，提高企业依法合规经营水平。加强境外企业财务监督。要求省属企业对重要境外机构（项目）必须直派财务负责人，并推行向境外机构（项目）下派财务主管全覆盖，强化境外企业财务监督。

6. 强化监督协同，加快形成全面覆盖、分工明确、协同配合、制约有力的国有资产监督体系

加强协同汇聚监管合力。统筹制订年度监督检查计划，广东省国资委印发的《关于深化广东省省属企业内部审计监督工作的实施意见》的通知提到集团总部要对所属子企业确保每5年至少轮审1次。组织召开协同监督工作会商会议，健全协同高效的监管机制。落实审计委员会成员单位职责，积极与省委审计委员会办公室、省经济责任审计联席会议办公室对接有关工作，配合审计署、省审计厅对广东省国资委及省属企业外部审计事宜。统计地市和省属企业监事会数据情况，配合做好国有企业监事会改革相关工作。配合做好省委巡视组巡视和人大国资管理报告工作，协助开展违规对外投资担保

专项治理工作。统筹企业内部监督资源。推动省属企业在党委领导下，构建纪检监察、监事会、财务、内审、内控、风控等各监管主体协同联动的"大监管"体系，综合运用内控合规体系、内部追责体系、内审体系等，以避免多头分散、重复监督为目标，实现各种手段统筹协调、互联互通和资源共享。

7. 严格违规责任追究，充分发挥企业内部责任追究工作体系功能作用，强化违规责任追究和落实

构建全覆盖责任追究组织体系。组织省属企业从责任主体、专门制度、工作机制等方面逐条进行查缺补漏，18 家省属企业都已设立或明确承担责任追究职能的部门、配备专门人员 98 人，确保实现责任追究工作主体和监管范围"无死角""全覆盖"建立责任追究工作报告机制。对经营投资中发生的重大资产损失、损失风险、产生严重不良后果的风险事项，要求省属企业在初核之日起 15 个工作日内向广东省国资委报送违规责任追究工作实时报告，并及时准确报告进展情况。推动各省属企业将当年办结的一半以上核查项目形成管理提升建议书，针对突出违规问题，深入挖掘制度缺失和管理漏洞，书面提出促进管理提升的工作建议，并将建议落实情况作为评估整改效果和问题线索办结销号的依据。严肃查处重大违规问题线索。压紧压实省属企业监督追责主体责任，加大违规问题线索查处力度，严肃追究相关人员责任，推动解决"不愿追责、不敢追责、不会追责"问题。近年来，开展违规问题线索核查 89 宗、追责问责 121 人次、挽回损失或降低风险 2.89 亿元。

实践证明，专业化体系化法治化监管推进了政企分开、政资分开，有力保障了国企改革发展，有效维护了国有资产保值增值、防范了风险。但也要清醒看到，在专业化体系化法治化监管还存在一些突出问题，分类监管有待进一步深化、授权放权精准度有待进一步提高、监督协调还不够、监管盲区仍然存在等。对此，我们要充分认识加强专业化体系化法治化监管的重要意义，切实加强党的领导和党的建设，准确把握国资委和国有企业的职责定位，持续完善国有资产监管制度体系，加快构建国有资产监管大格局，持续提高监管能力和水平，更好推动国有资本和国有企业做强做优做大。

8. 明确广东省国资委履行出资人监管职能的边界

根据《企业国有资产监督管理暂行条例》（国令第 378 号）第七条规定，国有资产监督管理机构不行使政府的社会公共管理职能。而国有资产监管机构的出资人职责与行政监管职责仍然存在交织，两种身份时常不易区分，"越位"和"缺位"并存，还不完全适应基于出资关系以市场化方式参与企业治理；派出的部分国有股权董事、监事履职不够到位。一些国有资产监管机构仍然习惯通过发文件等行政管理方式参与企业经营管理。目前，广东省国资委仍承担了大量的社会公共管理职能，如安全生产、信访维稳、环保等，建议进一步厘清行业监管与出资人监管的边界。

9. 明确出资人追责机制的法律依据

广东省国资委 2019 年印发的《广东省省属企业违规经营投资责任追究实施办法

（试行）》规定了责任追究的范围、认定和相关处理，但在实践中，如有国企员工对追责有异议，提请法院裁决，法院会倾向于认为责任追究规定是国资系统内部的政策文件，不能作为法院判决的依据。因此，只有国资系统内部的政策法规是不够的，目前的违规经营投资责任追究还缺乏相应的法律法规依据，这会造成责任追究的实际操作性不强，实际追责效果不理想。

后　记

　　为期一年半的课题研究成果终于出版了，在此对以下课题组成员表示感谢：防灾科技学院经济管理学院的安世强博士，他作为课题联络人承担了国有资产监管体系化的主要成就部分的写作；北京青年政治学院的杨敏捷博士，她承担了国有资产监管专业化的历史成就部分的写作；吕梁国投集团有限公司张彩霞总经理，她撰写了构建专业化、体系化、法治化国有资产监管体系的理论基础的初稿；潘艺总经济师、黄静副教授撰写了国有资产监管体系化梳理一部分的初稿；中民幸福生命科技（广州）有限公司姜洪汝总经理撰写了广东省"三化"监管的实践和广州越秀集团股份有限公司的调研报告；深圳市五洲宾馆集团有限责任公司何飞财务总监撰写了广州无线电集团有限公司和广州地铁集团的调研报告初稿；张沥幻博士撰写了北京市国有资产经营管理有限公司和首钢集团有限公司的调研报告；尉威总工程师、黄静副教授撰写了信息化、数字化和智能化监管的部分内容；蒋陆维撰写了浙江省"三化"监管的实践的调研报告；郝长静硕士承担了广东恒健投资控股有限公司调研报告的初稿撰写；陈婧瑶硕士承担了北京汽车集团有限公司调研报告的初稿撰写。

张金昌

2024 年 12 月